民航专业融媒体系列教材

客舱安全保障与应急处置实训

李 力 包晓春 主 编
王燕萍 苏 佳 副主编

清华大学出版社
北京

内 容 简 介

本书遵循民航乘务专业建设需求及客舱乘务员岗位的实际工作要求精心编撰。全书规划为7个项目，囊括了18个民航客舱安全保障与应急处置实践任务，旨在全方位提升客舱乘务员在应急情况下的处置能力。从客舱舱门操作、客舱颠簸处置、客舱释压处置、客舱灭火处置、迫降（撤离）前的客舱准备、组织撤离以及撤离后求生这七个关键维度，助力学生高效掌握客舱应急处置程序。

本书体系新颖独特、内容丰富、实用性极强，创新性地将应急处置胜任力的培育融入其中；适用对象广泛，包括空中乘务员、空中安全员等直接参与民航客舱应急与安全保障工作的人员。在编写特色上，本书高度重视真实应急场景下的处置技能应用，理论讲解以满足实际操作需求为准则，简洁实用。编写组精心设计了大量具有可操作性的应急处置实践场景，极大地方便了教学过程中的互动与实践。

本书不仅可作为高职高专民航空中乘务类专业的核心教材，也适用于应用型本科院校、成人教育、中职院校以及各类民航乘务员培训课程，更是民航企业以及相关岗位人员提升应急处置能力的权威参考工具书。

本书封面贴有清华大学出版社防伪标签，无标签者不得销售。
版权所有，侵权必究。举报：010-62782989，beiqinquan@tup.tsinghua.edu.cn。

图书在版编目（CIP）数据

客舱安全保障与应急处置实训 / 李力，包晓春主编．
北京：清华大学出版社，2025.9．——（民航专业融媒体系列教材）．——ISBN 978-7-302-70334-1

Ⅰ．F560.82

中国国家版本馆 CIP 数据核字第 2025453TV2 号

责任编辑：杜 晓
封面设计：曹 来
责任校对：刘 静
责任印制：宋 林

出版发行：清华大学出版社
网　　址：https://www.tup.com.cn, https://www.wqxuetang.com
地　　址：北京清华大学学研大厦A座　　邮　编：100084
社 总 机：010-83470000　　邮　购：010-62786544
投稿与读者服务：010-62776969，c-service@tup.tsinghua.edu.cn
质量反馈：010-62772015，zhiliang@tup.tsinghua.edu.cn

印 装 者：三河市铭诚印务有限公司
经　　销：全国新华书店
开　　本：185mm×260mm　　印　张：14　　字　数：335千字
版　　次：2025年9月第1版　　印　次：2025年9月第1次印刷
定　　价：49.00元

产品编号：111339-01

前言

"飞行工作年复一年、日复一日，看似平凡，但保障每一个航班安全就是不平凡。"作为民航客舱安全的关键守护者，民航乘务员肩负着重大使命。随着民航运输量的持续攀升，各类复杂多变的应急情况时有发生。教育部高瞻远瞩，积极推进教学改革，力求为行业输送契合岗位需求的高素质人才。在此背景下，我们深感有责任编写一本既顺应教学改革趋势，又紧密贴合民航乘务专业建设与客舱乘务员岗位实际工作的实训教材，这便构成了本书编写的初衷。

本书旨在培养民航强国建设中的高素质劳动者和空中乘务专业技术技能人才，提升新时代空中乘务职业教育现代化水平。为深化教育教学改革，改进空中乘务安全保障与应急处置的教学内容，完善"岗课赛证"综合育人机制，本书按照生产实际和岗位需求设计开发，构建以客舱舱门操作、客舱颠簸处置、客舱释压处置、客舱灭火处置、迫降（撤离）前的客舱准备、组织撤离、撤离后求生7个项目，旨在扎实提升学生在空中乘务岗位上的安全保障与应急处置实践能力。

编写组成员秉持对民航事业的热爱与敬畏之心，深入剖析大量民航实际运行中的应急案例，结合多年积累的丰富经验，精心规划了全书的7个项目与18个实践任务。从基础的舱门操作规范到撤离后求生，每个环节都进行了系统梳理与整合，旨在从多个维度全面提升乘务员的应急处置胜任能力。

本书重点推动空中乘务专业核心课程的深化教改，结合乘务专业教学改革实际，以真实生产项目、典型工作任务、案例等为载体组织教学单元，是一本图文并茂的新形态教材。在编写过程中本书全程融通"岗课赛证"，将空中乘务专业岗位技能要求、全国民航空中乘务职业技能竞赛、职业技能等级证书标准有关内容有机融入。通过应急案例深度剖析、应急理论知识系统讲解、团队协作互动研讨以及模拟应急场景实战演练等多元化教学方式，引导学生由浅入深、循序渐进地掌握应急处置技能。理论讲解部分，我们以满足实际操作需求为准则，力求简洁实用，让学生能够迅速抓住重点，学以致用。

在编写过程中，我们组建了一支由资深民航乘务专家、教育领域学者以及拥有优秀乘务教员资质的双师型师资构成的编写团队。本书项目一、项目五、项目六由李力、包晓春合作编写；项目二由苏佳、李力合作编写；项目三由李力编写；项目四由王燕萍、李力合作编写；项目七由包晓春、王燕萍合作编写，全书由李力设计体例并优化各模块内容。本编写小组在撰写本书过程中多次召开业务研究会议对工作手册式客舱应急教材进行学术探讨，并组织了校内多名优秀学生进行教材配套视频的拍摄。在此，我们衷心感谢参与本书编写的每一位同仁，是大家的辛勤付出与无私奉献，才让这本书得以问世。同时，也感谢在编写过程中给予我们支持与帮助的民航企业、院校以及行业专家。希望这本书能够成为民航乘务员提升应急处置能力的得力助手，无论是对于正在院校学习的准乘务员，还是已经奋战在民航一线的乘务人员，都能从中汲取知识与力量。愿每一位使用者都能借助本书，在应急处置领域不断精进，为保障民航客舱安全贡献自己的力量，共同推动民航业向着更加安全、高效的方向蓬勃发展。

编写组
2025 年 6 月

目录

项目一　客舱舱门操作 ·· **001**

　　任务一　起飞前的舱门操作（A320 机型）······································· 002

　　任务二　落地后的客舱舱门操作（A320 机型）······························· 011

　　任务三　起飞前的舱门操作（B737-800 机型）································ 019

　　任务四　落地后的客舱舱门操作（B737-800 机型）························ 028

项目二　客舱颠簸处置 ·· **035**

　　任务一　轻度颠簸的处置·· 036

　　任务二　中度颠簸的处置·· 043

　　任务三　重度颠簸的处置·· 049

项目三　客舱释压处置 ·· **061**

　　任务一　应急供氧设备的检查与使用·· 062

　　任务二　客舱释压处置·· 070

项目四　客舱灭火处置 ·· **082**

　　任务一　应急灭火设备的检查与使用·· 083

　　任务二　航程中客舱失火处置·· 095

　　任务三　客舱失火特情处置·· 107

项目五　迫降（撤离）前的客舱准备 ······ **119**

- 任务一　陆地迫降前的客舱准备 ······ 120
- 任务二　水上迫降前的客舱准备 ······ 143

项目六　组织撤离 ······ **163**

- 任务一　组织陆地撤离 ······ 164
- 任务二　组织水上撤离 ······ 181

项目七　撤离后求生 ······ **190**

- 任务一　陆上求生 ······ 191
- 任务二　水上求生 ······ 204

项目一
客舱舱门操作

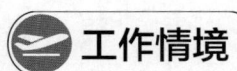 工作情境

乘客登机完毕后,负责 A330 机型 L2 门的客舱乘务员林悦走到舱门旁,左手握住舱门的辅助手柄,右手按下阵风锁,缓缓将舱门拉回门框处。随着舱门关闭到位,她仔细检查了门锁指示处于绿色 LOCKED 位,并再次确认了舱门已完全锁闭。

舱门关闭后是滑梯待命环节,客舱经理/乘务长进行广播:"各号位乘务员请准备,到位监控,滑梯待命,相互检查。"林悦和她的监控者一起来到 L2 门前严格执行"双人制"舱门操作,她一边清晰地口述操作口令,一边将待命把手置于"待命位(ARMED)",存放好安全销,使红色飘带不可视。滑梯待命操作完成后,她与同事进行了交叉检查,并通过内话系统与客舱经理/乘务长进行确认。

飞机降落在跑道上,平稳滑行至停机坪后,发动机关车①,"系好安全带"指示灯熄灭,提示客舱乘务员飞机已完全停稳。林悦接到客舱经理/乘务长通过广播发布的解除滑梯待命指令:"各号位乘务员请准备,到位监控,滑梯解除待命,相互检查。"她走到负责的 L2 舱门处,按照操作流程,将待命把手移动置于"非待命位(DISARMED)",安全销插入指定锁孔,使红色飘带可视,并与监控者互相检查、汇报。在开启舱门前,她再次确认滑梯已解除待命,确认"CABIN PRESSURE 灯"处于熄灭状态,通过观察窗确认外部廊桥已经与飞机舱门对接好,地面工作人员也给出了可以安全开门的手势。随后,她握住舱门操作把手,按照规定的方向和力度"轻拉慢提",在确认"SLIDE ARMED 灯"处于熄灭状态后,将舱门打开,并将舱门推至防风锁锁定的位置。

随着舱门开启,乘客们有序地走下飞机。林悦站在舱门口,微笑着送别每一位乘客,心中满是完成任务的踏实感。

学习目标

◎ 认识并了解客舱舱门的结构及各部件的作用。
◎ 掌握在机舱内部开、关舱门的程序。
◎ 掌握在机舱外部开、关舱门的程序。
◎ 熟记舱门操作的口令。
◎ 能够根据指令正确完成舱门的待命和解除待命程序。

---

① "关车"一词意为关闭发动机,是航空领域(包括民航)常用的术语。

任务一　起飞前的舱门操作（A320 机型）

任务描述

刘畅是一位新入职的客舱乘务员，本次执飞的机型是空客 A320。在准备阶段，航食餐车装卸完成并撤走后，她稳妥地关闭舱门。在迎接乘客的工作结束后，她需要在倾听客舱经理/乘务长发布指令："各号位乘务员请准备，到位监控，滑梯待命，相互检查。"后第一时间将滑梯待命。滑梯的待命操作是乘务工作的重要阶段，此阶段工作不应受任何其他因素的影响。同时，滑梯的待命系统操作应以"一人操作一人监控"的方式完成。

任务目标

1. 发展能力
◎ 能够快速说出 A320 机型客舱舱门各结构的名称及功能。
◎ 掌握客舱内部关闭舱门及滑梯待命程序。
◎ 能够熟背客舱内部关闭舱门及滑梯待命程序的操作口令。

2. 操作能力
◎ 能够按照 A320 机型舱门关闭程序熟练地关闭舱门。
◎ 能够熟练完成 A320 机型滑梯待命的双人制操作。

3. 职业素养
◎ 课堂上紧跟老师的教学进度，积极参与模拟舱内的实操练习。
◎ 以 A320 机型"一人操作一人监控"进行舱门操作分组练习，培养岗位责任意识。
◎ 情景模拟练习中，严格规范执行双人制舱门操作程序，细致落实乘务员工作关键阶段的岗位职责。

任务书

_____是一名客舱乘务员，某航班在乘客登机完毕后，舱门关闭。乘务长通过内话机发布客舱舱门滑梯待命的操作指令，接到任务后，开始对本次任务中的关闭舱门和滑梯待命两项任务进行分组练习。

信息获取

一、A320 机型概述

A320 机型是欧洲空中客车公司研制生产的一款中短程单通道亚音速民用运输飞机，其外观如图 1-1-1 所示，该机型在民航领域应用广泛。A320 机型的飞机最大飞行高度为

12 000m，巡航速度为 840km/h，根据各航空公司的不同运营策略，其座舱载客量为 158～186 人。

二、A320 机型客舱舱门结构

A320 机型有 8 个客舱出入口，其中 4 扇舱门为地板高度出口，4 个应急出口为非地板高度出口；左侧舱门通常用于乘客和机组人员上下机使用，飞机左、右两侧机翼上方配备的 4 个应急出口始终处于待命状态，仅在应急撤离时使用。此外，A320 机型还有 4 个电子设备舱维护舱门，2 个驾驶舱窗户出口，如图 1-1-2 所示。

图 1-1-1　A320 机型外观

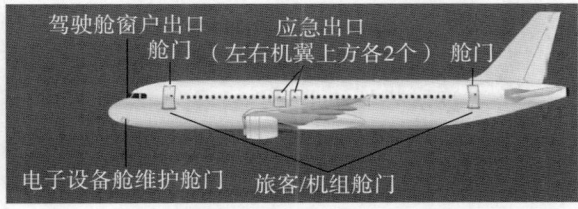

图 1-1-2　A320 机型概况

A320 机型的 4 扇地板高度舱门为 I 型舱门（也被称作 C 型舱门），分布在客舱前后部，左右各一对。I 型舱门可以从内部或外部打开及关闭，所有 I 型舱门都配备了应急撤离装置，在撤离时成为应急出口。该舱门的应急撤离滑梯待命及解除待命操作需要客舱乘务员严格按照程序进行。

每扇 I 型舱门均装有：

（1）指示客舱余压的客舱压力指示灯（CABIN PRESSURE 灯）；

（2）显示滑梯处于待命状态或解除待命状态的滑梯待命警告灯（SLIDE ARMED 灯）；

（3）一个用于目视检查舱门处于锁定位或解除锁定位的机械式舱门锁定指示器。

I 型舱门结构如图 1-1-3 所示。

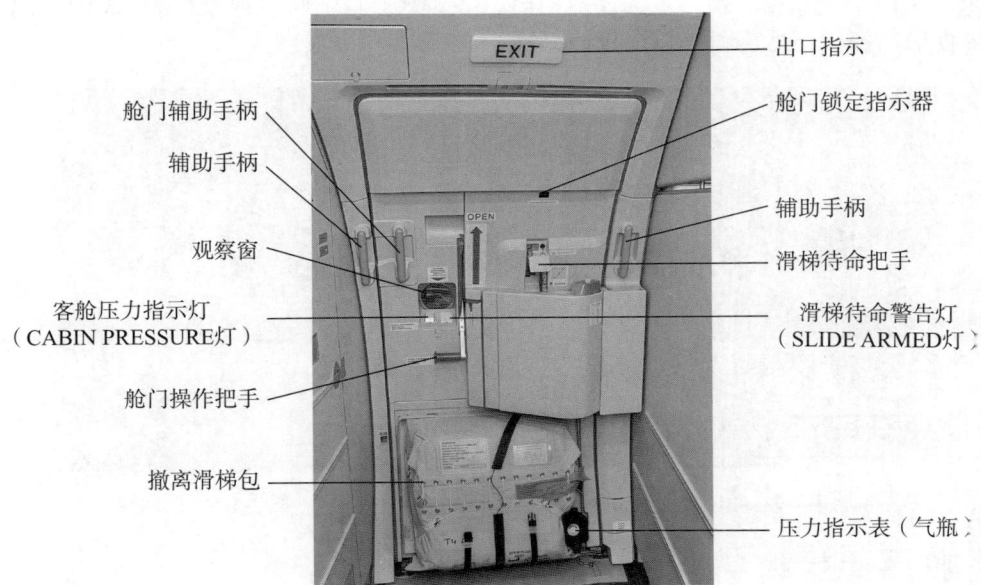

图 1-1-3　A320 I 型舱门结构

1. 舱门滑梯待命系统

由客舱内部可视的范围来看，A320机型Ⅰ型舱门上的滑梯待命系统由一个黄色的滑梯待命把手、一根尾端挂有"REMOVE BEFORE FLIGHT"字样的红色飘带及长约12厘米的金属安全销、标示为绿色的"解除待命DISARMED"标牌和标示为红色的"待命ARMED"标牌组成。部分机型为防止无关人员意外触动滑梯待命把手，在滑梯待命操作系统外还装有一个塑料质地的透明保护盖。

滑梯待命系统是客舱乘务员用于操作滑梯，使舱门滑梯待命或解除待命的重要舱门操作部件。当客舱乘务员将滑梯待命把手移至"待命位（ARMED）"时，GIRT BAR就会被安装在地板上的槽孔里，此时舱门滑梯处于待命位，若开门将导致滑梯释放并充气展开，该状态仅用于需要应对紧急撤离的特殊情况。

当客舱乘务员将滑梯待命把手移至"非待命位（DISARMED）"，GIRT BAR将被安装在舱门上的槽孔里随门一起运动，此时舱门滑梯处于解除待命位置，若开门滑梯将不会释放，这个解除待命的状态也是正常航班生产时，客舱乘务员在开门前必须先确认的状态。

注意： 当解除滑梯待命后，应在指定锁孔内插入安全销，如图1-1-4所示，这是防止误放滑梯的重要保证。

舱门滑梯待命系统还通过凸轮盘、滚轮和门外部控制手柄相连接。当相关工作人员在A320舱门外部操作门外部舱门操作把手时，舱门会自动解除滑梯待命。因此，即使滑梯待命把手处于"待命位（ARMED）"，此时若从飞机外部开门，也不会造成滑梯释放。

2. 舱门操作把手

客舱机组可在客舱内通过舱门操作把手开启和关闭舱门。

3. 阵风锁

阵风锁也称防风锁，顾名思义就是防止舱门打开时，风将舱门意外吹回的部件，一般安装在舱门的上铰链机构中，舱门打开时防风锁的弹簧销自动插入止动机构，用来防止舱门被风吹回，导致舱门损坏。关闭舱门时，客舱乘务员需将阵风锁释放按钮（图1-1-5）按下，使舱门解锁，然后再将舱门拉回。

图1-1-4　舱门处于解除待命状态

图1-1-5　防风锁

4. 舱门锁定指示器

A320机型的Ⅰ型舱门上均配有一个用于目视检查锁定/解除锁定位的机械式舱门锁

定指示器，位于舱门待命操作系统的右上方。舱门锁定指示器用于呈现舱门是否锁定的状态，如图 1-1-6 所示。

（1）当舱门不在关闭/锁定状态时，舱门锁定指示器会显示红色 UNLOCKED 信息。

（2）当舱门关闭并锁定时，舱门锁定指示器显示绿色 LOCKED 信息。

当舱门关闭后，客舱乘务员须目视评估，确认舱门锁定指示处于绿色 LOCKED 位，以确认舱门完全锁闭。

5. 舱门安全警示带

舱门安全警示带（图 1-1-7）位于每个客舱门结构的内侧。只要客舱门打开且登机梯或廊桥未到位，客舱机组必须将安全警示带钩好。安全警示带为黑黄相间的条纹尼龙带，指示舱门已打开。请注意，舱门开启时必须有人看管，安全带并不能防止乘客或机组成员从机上跌落。在移除程序中安全带会自动收起，关闭舱门之前客舱机组必须确保安全带完全收回。

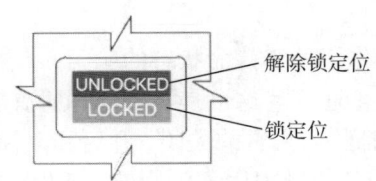

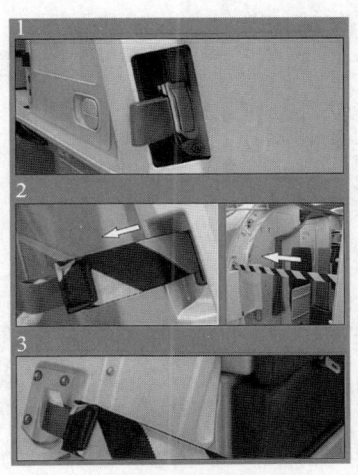

图 1-1-6　舱门锁指示器的解除锁定位/锁定位显示　　图 1-1-7　舱门安全警示带

6. 辅助手柄

辅助手柄位于舱门两旁的牢固位置，当从机内打开和关闭舱门时，客舱机组必须抓牢辅助手柄以维护自身安全，预防从机上跌落的风险。舱门辅助手柄的外观与辅助手柄一致，它位于可移动的舱门上，主要用于辅助客舱机组开关舱门。

7. 撤离滑梯包

撤离滑梯包和气瓶被安装在舱门下侧的装饰板内，气瓶是滑梯组件的一部分。气瓶压力可通过压力指示表进行检查，表针应在绿色区域。

三、从客舱内部关闭舱门的程序

当乘客登机完毕，乘务长与地面工作人员完成交接手续，确认所有文件和单据齐全、所有机组人员齐全之后向机长请示关闭舱门。得到机长同意后方可进行关闭舱门的操作程序。

1. 向乘务长进行请示

客舱乘务员操作舱门关闭前，应当先向乘务长进行请示，具体请示口令为："报告乘务长，××门请示关门。"乘务长回复："可以关门，按双人制要求操作。"

2. 观察机门周围环境

全程严格按照"双人制"进行，一人为操作者，另一人为监控者。监控者与操作者应保持可控距离，以防误操作时能及时制止。操作者一手抓牢舱壁内侧的辅助手柄固定自身，另一手指向舱门四周边确认舱门内、外无障碍物、杂物，且警示带已收妥（若有），观察确认后询问监控者："可以关门吗？"监控者一手抓牢另一侧的辅助手柄进行确认，检查无误后回答："可以关门。"

3. 阵风锁解锁

作为操作者的客舱乘务员一手抓牢舱壁内侧的辅助手柄固定自身，一手向下按压阵风锁使舱门解锁。操作者口令为："按压阵风锁。"

4. 关闭舱门

操作者一手抓住舱壁内侧的辅助手柄，用来保护自身安全，避免在操作过程中意外跌落。另一手抓住舱门上的辅助手柄，将已解锁的舱门拉至门框。将舱门操作把手向里向下压至完全关闭位。确认安全销在位，整理红色飘带。

5. 确认门锁指示

操作者关闭舱门后，应检查门锁指示处于绿色 LOCKED 位置，再次确保舱门已完全锁闭。此时口令为："门锁指示处于绿色 LOCKED 位"，监控者应确认舱门操作把手已完全压下，安全销在位，上前目视评估门锁指示处于绿色 LOCKED 位后，说出口令："确认"。

四、舱门滑梯待命程序

舱门关闭后，应在第一时间执行舱门的待命操作。处于待命状态的舱门一旦打开，便能释放出滑梯并充气，及时为机上人员开辟一条求生通道。这也是飞行全程所有舱门都应处于待命状态的缘由。在航班正常运行过程中，包括舱门正常的关闭、开启和滑梯的待命、解除待命均为乘务工作的重要阶段，此阶段不应受任何其他因素的影响。A320 机型滑梯待命程序如下。

1. 倾听待命指令

舱门关闭后，由乘务长发布乘务员就位指令："客舱门已关闭，各号位乘务员请准备，到位监控"，乘务员听到指令后应当停下手上所有的工作，按双人制的要求在所负责的舱门处站好，做好操作准备。乘务长观察大家均已就位后发布舱门待命操作指令："滑梯待命，相互检查"。

注意：先操作左侧舱门，后操作右侧舱门。

2. 操作安全销

操作者边口述边操作，口令为："打开保护盖（若有），拔出安全销"，操作者将安全销拔出，手指向滑梯待命把手，说："待命。"监控者确认其指向滑梯待命把手无误后，说："可以待命。"

3. 操作滑梯待命把手至待命位（ARMED）

操作者边口述边操作，口令为："将待命把手移至待命位，存放安全销，使红色飘带不可视"，操作者将待命把手移至待命位（ARMED），将安全销存放至指定存放孔，将红色飘带收纳至不可视位置，合上保护盖（若有）。

4. 确认检查

操作者五指并拢，指向待命操作系统，口述："完成待命。"监控者确认待命把手在待命位（ARMED）、安全销已存放妥当、红色飘带不可视、保护盖已盖好后说："确认。"

任务计划

一、注意事项

（1）进入实训舱应穿空乘学员训练服、鞋套，以空中乘务员标准进行盘发、化妆，佩戴三根指针的手表（时针、分针、秒针），按规定佩戴首饰。

（2）学生实训及操作设备期间，舱门训练器必须有教师进行指导和监护。在非监控阶段，学生不得随意进出、使用相应舱门实训设施设备。

（3）学生应留意实训舱附近的站立禁区（通常用黄黑警戒线标识），不得随意踏入，以免造成危险。

（4）学生应爱惜舱内实训物品，按程序操作，使用完的实训物品应及时归位并固定。

二、制订 A320 机型舱门关闭、待命操作流程

在教师的指导下，查阅相关资料及教学视频，小组讨论并制订 A320 机型舱门的关闭及待命操作流程。

任务决策

各小组选派代表阐述任务计划，小组间相互讨论，提出不同看法，教师总结点评，完善方案。

任务实施

在教师的指导下完成乘务组分组，确保在双人制的前提下完成表 1-1-1 和表 1-1-2。

表 1-1-1 "A320 机型舱门关闭程序"任务实施表

班级			姓名	
操作者			监控者	
任务实施流程				
序号	作业内容	具体操作内容	口　　令	结果记录
1	操作者向乘务长进行请示	操作者使用内话机请示乘务长即将进行关门操作	"报告乘务长，××门请示关门"	是□ 否□
2	操作者进行关闭舱门前检查	操作者观察舱门内外部环境情况，确认舱门四周及舱门内、外无障碍物、杂物	"可以关门吗"	是□ 否□
3	监控者复查	监控者复查舱门内外部环境情况，确认舱门四周及舱门内、外无障碍物、杂物	"可以关门"	是□ 否□

续表

序号	作业内容	具体操作内容	口令	结果记录
4	操作者进行作业准备	操作者一手握住辅助手柄固定身体，另一手收回安全警示带（若有）	"收妥警示带"	是□ 否□
5	操作者解除舱门锁定	操作者向下按压阵风锁，解除舱门锁定	"按压阵风锁"	是□ 否□
6	操作者关闭舱门	操作者一手抓住舱壁内侧的辅助手柄，另一手抓住舱门上的辅助手柄，将已解锁的舱门拉至门框，然后将舱门操作把手向里向下压至完全关闭位	"关门"	是□ 否□
7	操作者确认门锁指示	操作者关闭舱门后，检查门锁指示处于绿色 LOCKED 位置，再次确保舱门已完全锁闭	"门锁指示处于绿色 LOCKED 位"	是□ 否□
8	监控者再次确认	监控者确认舱门操作把手已完全压下，安全销在位，上前目视确认门锁指示处于绿色 LOCKED 位	"确认"	是□ 否□

表 1-1-2 "A320 机型舱门待命程序"任务实施表

班级			姓名	
操作者			监控者	
任务实施流程				
序号	作业内容	具体操作内容	口令	结果记录
1	客舱乘务员倾听乘务长发布口令	操作者确认舱门已关妥，倾听乘务长发布后续舱门操作口令	"客舱门已关闭，各号位乘务员请准备，到位监控，滑梯待命，相互检查"	是□ 否□
2	操作者操作安全销	操作者打开保护盖（若有），将安全销拔出	"打开保护盖（若有），拔出安全销"	是□ 否□
3	操作者向监控者确认即将进行待命操作	操作者手指向待命把手	"待命"	是□ 否□
4	监控者确认	监控者确认指向待命把手无误	"可以待命"	是□ 否□
5	操作者操作舱门待命	操作者将待命把手移至待命位（ARMED），将安全销放至指定存放孔，将红色飘带收纳至不可视位置，合上保护盖（若有）	"将待命把手移至待命位，存放安全销，使红色飘带不可视，合上保护盖"	是□ 否□

续表

序号	作业内容	具体操作内容	口令	结果记录
6	操作者确认	操作者用手势确认待命把手在待命位（ARMED）、安全销已存放妥当、红色飘带不可视、保护盖（若有）已盖好	"完成待命"	是□ 否□
7	监控者再次确认	监控者确认待命把手在"待命位（ARMED）"、安全销已存放妥当、红色飘带不可视、保护盖（若有）已盖好，待命已完成	"确认"	是□ 否□

质量检查

一、乘务组自检

各乘务组根据任务实施的记录结果（表 1-1-3），对本小组的作业内容进行再次确认。

表 1-1-3　任务实施记录表

序号	检查项目	检查结果
1	仪容仪表与着装符合空乘实训规范	是□ 否□
2	已知晓实训安全守则	是□ 否□
3	已按照 A320 机型舱门操作标准单进行舱门关闭操作	是□ 否□
4	已按照 A320 机型舱门待命操作标准单进行舱门待命操作	是□ 否□
5	已掌握相应程序口令	是□ 否□

二、教师检查

教师根据各乘务组作业完成情况进行质量检查，选择优秀乘务员进行作业情况展示，针对任务实施过程中出现的问题提出改进措施与建议。

课后提升

客舱舱门操作是每一个乘务员最重要的工作职责，能够正确、熟练地操作舱门也是乘务员必须掌握的技能。请同学们扫描二维码，观看 A320 机型舱门操作的视频，可以根据视频内容进行模拟练习。

起飞前的舱门操作
（A320 机型）

评价反馈

学习小组能够按双人制操作分工形式进行责任舱门的合理分工，按操作者和监控者的安全职责来合作完成舱门操作的练习任务。完成相应作业任务后，结合个人、小组在课堂中的实际表现进行总结与反思。

请小组成员填写表 1-1-4 和表 1-1-5，完成本次工作任务评分。

表 1-1-4 "A320 机型舱门的关闭程序"作业评分表

班级				姓名		
乘务组成员				号位		
一级	二级	三级	配分	得分	判定依据	
标准程序应用	关闭舱门	□向乘务长请示关门操作	10			
		□确认舱门内外环境	10			
		□抓住辅助手柄进行安全固定	10			
		□关门前按压阵风锁解除锁定	10			
		□正确锁闭舱门	10			
		□检查门锁指示处于绿色 LOCKED 位	10			
核心素养	协作配合	□按照双人制的要求进行操作	10			
		□口令准确、流程清晰	10			
		□互相检查、及时纠正	10			
	仪容仪表	□按空勤人员出勤标准化妆盘头，身着实训服装	10			

表 1-1-5 "A320 机型舱门的待命程序"作业评分表

班级				姓名		
乘务组成员				号位		
一级	二级	三级	配分	得分	判定依据	
标准程序应用	舱门待命	□倾听舱门待命指令	10			
		□正确拔出安全销	10			
		□正确操作待命把手	20			
		□正确存放安全销，使红色飘带不可视	10			
		□待命程序先后顺序正确	10			
		□口令清晰无遗漏	10			
核心素养	协作配合	□按照双人制的要求进行操作	10			
		□互相检查、及时纠正	10			
	仪容仪表	□按空勤人员出勤标准化妆盘头，身着实训服装	10			

任务二　落地后的客舱舱门操作（A320 机型）

任务描述

陈虹今天执飞的机型是空客 A320，在航班平稳落地并停稳后，她根据指令："各号位乘务员请准备，到位监控，滑梯解除待命，相互检查。"将舱门滑梯解除待命。她和乘务组组员以"一人操作一人监控"的方式完成舱门滑梯的解除待命与舱门开启操作，顺利进入送客阶段。通过本任务的学习来了解 A320 机型飞机舱门解除待命以及开启的操作步骤，熟练掌握相应的操作技能。

任务目标

1. 发展能力
◎ 能够掌握滑梯待命把手在不同待命位置的作用。
◎ 掌握客舱内部解除滑梯待命及开启舱门的标准程序。
◎ 能够熟记客舱内部解除滑梯待命及开启舱门程序的操作口令。

2. 操作能力
◎ 能够熟练地完成滑梯解除待命的双人制操作。
◎ 能够按照相关程序完成从机舱内部开启舱门的操作。

3. 职业素养
◎ 课堂上紧跟老师的学习进度，积极参与模拟舱内的实操练习。
◎ 以 A320 机型"一人操作一人监控"进行分组练习，培养岗位责任意识。
◎ 情景模拟练习中，严格规范执行双人制舱门操作程序，细致落实乘务员工作关键阶段的岗位职责。

任务书

_____是一名客舱乘务员，今天执飞的机型是空客 A320。当飞机滑行至停机坪后，飞机已经完全停稳，系好安全带指示灯熄灭，发动机关车，乘务长通过广播发布舱门解除待命的操作指令，接到任务后开始对本次任务中的解除滑梯待命和开启舱门两项任务进行练习与操作。

信息获取

一、A320 机型乘客 / 机组舱门观察窗上的指示系统

A320 机型乘客 / 机组舱门的观察窗上，从机内和机外都能看见 2 个指示灯，如图 1-2-1 所示，它们从左至右分别如下。

（1）白色的滑梯待命警告灯（SLIDE ARMED 灯），当舱门滑梯处于待命状态，且舱门操作把手被提起时，白色的滑梯待命警告灯会恒定亮出。

（2）客舱压力指示灯印有 CABIN PRESSURE 字样，正常为白色，当客舱压力警告时呈红色闪烁。

1. 滑梯待命警告灯

滑梯待命警告灯如图 1-2-2 所示。它位于舱门观察窗前，用于显示撤离滑梯待命或解除待命的不同状态。当待命把手处于待命位（ARMED），此时从内部提起舱门操作把手，白色 SLIDE ARMED 灯会稳定亮出，这是对舱门操作者的一个警告——此时滑梯仍处于待命位（ARMED）。故在双人制执行正常开启舱门操作程序时，监控者需要提醒操作者在开门过程中"轻拉慢提"舱门操作把手，待确认滑梯待命警告灯不亮后再开启舱门，以确保在非待命状态下将门开启。

图 1-2-1　滑梯待命警告灯与客舱压力指示灯

图 1-2-2　滑梯待命警告灯

2. 客舱压力指示灯

客舱压力指示灯是客舱剩余压力警告功能的一部分，它的作用是警告想打开舱门的人，飞机还处于增压状态。当同时满足以下条件时，客舱压力指示灯会闪烁：

（1）舱门的滑梯被解除预位（仅用于客舱门和紧急出口）；

（2）至少一台发动机关车；

（3）客舱压差高于 2.5 mbar（0.0362psi）时。

图 1-2-3　客舱压力告警时呈红色闪烁

在客舱内仍存在剩余压力时，贸然开启舱门可能导致舱门猛然开启，造成客舱外部人员人身伤害与设备损坏。客舱乘务员在开门前必须先观察该客舱压力指示灯是否闪烁，这是判断客舱舱门能否开启的重要条件之一。若客舱压力指示呈红色闪亮状态，如图 1-2-3 所示，客舱乘务员此时不得开门，并应及时将情况报告客舱经理/乘务长。

注意：客舱乘务员在开门前必须确认客舱压力指示灯（CABIN PRESSURE 灯）不亮，方可进行下一步开门操作。

二、解除待命的程序

飞机正常落地滑行至停机位完全停稳，发动机已关车，"系好安全带"灯熄灭后，乘务长通过 PA 广播（public address，公共广播系统）下达解除滑梯待命的指令。乘务员听到指令后应当停止手上的其他工作，配合完成滑梯解除待命的操作。

1. 倾听解除待命指令

飞机停稳后，由乘务长发布乘务员就位指令"各号位乘务员请准备，到位监控"，乘务员听到指令后应当停下手上所有的工作，按双人制的要求在所负责的舱门处站好，做好操作准备。乘务长观察大家均已就位后发布解除滑梯待命操作指令"滑梯解除待命，相互检查"。

注意：先操作左侧舱门，后操作右侧舱门。

2. 操作安全销

操作者边口述边操作，口令："打开保护盖（若有），取出安全销"，操作者打开保护盖，将安全销从存放处取出。手指向待命把手，说："解除待命。"监控者确认其指向待命把手无误后，说："可以解除。"

3. 操作待命把手至非待命位（DISARMED）

操作者边口述边操作，口令："将待命把手移至非待命位，将安全销插入锁孔内，使红色飘带可视，合上保护盖"，操作者将待命把手移至非待命位（DISARMED），将安全销插入用于固定的锁孔中，将红色飘带整理至可视位置，合上保护盖（若有）。

4. 确认检查

操作者五指并拢，指向待命操作系统，口述："完成解除。"监控者确认待命把手在非待命位（DISARMED）、安全销已插好、红色飘带可视、保护盖（若有）已盖好后说："确认。"

三、从客舱内部开启舱门的程序

完成解除滑梯待命程序之后，乘务长需通过内话向机长请示开门，得到许可后，客舱乘务员应按照双人制的操作要求完成从客舱内部开启舱门的程序。

1. 向乘务长进行请示

客舱乘务员操作舱门开启前，应当先向客舱经理/乘务长进行请示，具体请示口令为："报告乘务长，××门请示开门。"乘务长先通过舱门状态显示功能（如有）确认所有舱门均在非待命位后，回复："可以开门，按双人制要求操作。"

2. 确认舱门已解除待命

操作者应首先确认舱门已解除待命，具体操作为手指向待命操作系统，边确认边说出口令："确认待命把手在非待命位、安全销在位、红色飘带可视"；监控者确认待命把手在非待命位、安全销在位、红色飘带可视无误后，说出口令："确认。"

3. 确认客舱压力指示灯

操作者观察客舱压力指示灯呈不亮的状态，确认客舱剩余压力未超过规定的阈值。此时应一手五指并拢指向客舱压力指示灯（CABIN PRESSURE 灯），一边说出口令"确认 CABIN PRESSURE 灯不亮。"监控者确认客舱压力指示灯（CABIN PRESSURE 灯）不亮后，说出口令："确认。"

4. 确认舱门外部处于安全状态

操作者通过观察窗确认登机门已与舱外廊桥对接或已与客梯车对接。机外地面工作人员已给出可以安全开门的提示或由机务维修人员/勤务人员确认舱门外部处于安全状态，对监控者说出口令："可以开门吗？"监控者确认机外廊桥或客梯车已对接、地面工作人员给出可以安全开门的提示或由机务维修人员/勤务人员确认舱门外部处于安全状态无误后，说："可以开门、轻拉慢提。"

5. 确认滑梯待命警告灯

操作者一边轻提舱门操作把手、停顿，确认滑梯待命警告灯（SLIDE ARMED 灯）不亮，一边说出口令："确认 SLIDE ARMED 灯不亮。"

注意：如轻提舱门操作把手时 SLIDE ARMED 灯亮出，立即停止开门，压回舱门操作把手，并通知机长或维修人员。

6. 开启舱门

操作者继续将舱门操作把手抬至全开位，将门向外向前推至阵风锁锁定位，拉出警示带（按需）。监控者确认阵风锁锁定，警示带拉出（如有）。

四、A320 机型飞机 I 型舱门外部开启方式

（1）先透过观察窗观察 CABIN PRESSURE 灯不亮（图 1-2-4），外部无障碍物。

（2）按下 PUSH HERE 小盖板（图 1-2-5），直到能握住外部控制手柄。

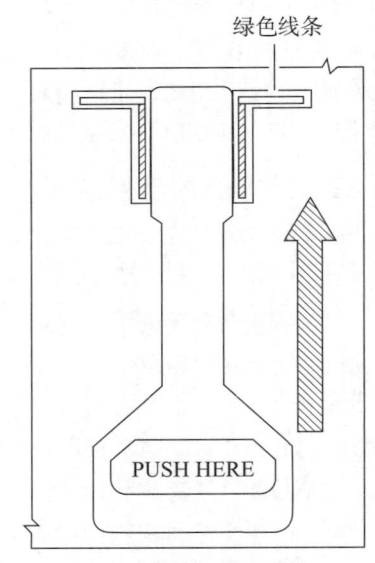

图 1-2-4 从舱门外部观察 CABIN PRESSURE 灯　　图 1-2-5 外部开门操作手柄

（3）完全提起外部控制手柄，直到手柄与绿色线条平行。

（4）缓慢向外拉客舱门，确保门的锁定机构把门固定在打开位置。

任务计划

一、注意事项

（1）进入实训舱应穿空乘学员训练服、鞋套，以空中乘务员标准进行盘发、化妆，佩戴三根指针的手表（时针、分针、秒针），按规定佩戴首饰。

（2）学生实训及操作设备期间，实训舱内必须有教师进行指导和监护。在非监控阶段，学生不得随意进出、使用相应实训设施设备。

（3）学生应留意实训舱附近的站立禁区（通常用黄黑警戒线标识），不得随意踏入，以免造成危险。

（4）学生应爱惜舱内实训物品，按程序操作，使用完的实训物品应及时归位并固定。

二、制订 A320 机型舱门开启、解除待命操作流程

在教师的指导下，查阅相关资料及教学视频，小组讨论并制订 A320 机型舱门的关闭及待命操作流程。

任务决策

各小组选派代表阐述任务计划，小组间相互讨论，提出不同看法，教师总结点评，完善方案。

任务实施

在教师的指导下完成乘务组分组，确保在双人制的前提下完成表 1-2-1 和表 1-2-2。

表 1-2-1 "A320 机型舱门解除待命程序" 任务实施表

班级				姓名	
操作者				监控者	
任务实施流程					
序号	作业内容	具体操作内容		口令	结果记录
1	客舱乘务员倾听乘务长发布口令	操作者确认飞机已完全停稳，发动机已关车，"系好安全带"灯熄灭后，倾听乘务长发布后续舱门操作口令		"各号位乘务员请准备，到位监控，滑梯解除待命，相互检查"	是☐ 否☐
2	操作者操作安全销	操作者打开保护盖（若有），将安全销从存放处取出		"打开保护盖，取出安全销"	是☐ 否☐
3	操作者向监控者确认即将进行解除待命操作	操作者手指向待命把手		"解除待命"	是☐ 否☐
4	监控者确认	监控者确认指向待命把手无误后		"可以解除"	是☐ 否☐
5	操作者操作舱门解除待命	操作者将待命把手移至非待命位（DISARMED），将安全销插入用于固定的锁孔中，将红色飘带整理至可视位置，合上保护盖（若有）		"将待命把手移至非待命位，将安全销插入锁孔内，使红色飘带可视，合上保护盖"	是☐ 否☐
6	操作者确认	操作者用手势确认待命把手在非待命位（DISARMED）、安全销在位、红色飘带可视、保护盖（若有）已盖好		"完成解除"	是☐ 否☐

续表

序号	作业内容	具体操作内容	口令	结果记录
7	监控者再次确认	监控者确认待命把手在非待命位（DISARMED）、安全销已插好、红色飘带可视、保护盖（若有）已盖好	"确认"	是□ 否□

表 1-2-2 "A320 机型舱门开启程序"任务实施表

班级			姓名	
操作者			监控者	
任务实施流程				
序号	作业内容	具体操作内容	口令	结果记录
1	操作者向乘务长进行请示	操作者使用内话系统请示乘务长即将进行开门操作	"报告乘务长，××门请示开门"	是□ 否□
3	操作者确认舱门已解除待命	操作者确认舱门已解除待命	"确认待命把手在非待命位、安全销在位、红色飘带可视"	是□ 否□
4	监控者确认舱门已解除待命	监控者确认待命把手在非待命位、安全销在位、红色飘带可视无误	"确认"	是□ 否□
5	操作者观察客舱压力指示灯	操作者观察客舱压力指示灯呈不亮的状态	"确认 CABIN PRESSURE 灯不亮"	是□ 否□
6	监控者确认客舱压力指示灯（CABIN PRESSURE 灯）	监控者确认客舱压力指示灯（CABIN PRESSURE 灯）不亮	"确认"	是□ 否□
7	操作者确认舱门外部处于安全状态	操作者通过观察窗确认登机门已与舱外廊桥对接或已与客梯车对接。机外地面工作人员已给出可以安全开门的提示或由机务维修人员/勤务人员确认舱门外部处于安全状态	"可以开门吗"	是□ 否□
8	监控者确认舱门外部处于安全状态	监控者通过观察窗确认登机门已与舱外廊桥对接或已与客梯车对接。机外地面工作人员已给出可以安全开门的提示或由机务维修人员/勤务人员确认舱门外部处于安全状态无误	"可以开门，轻拉慢提"	是□ 否□
9	操作者确认滑梯待命警告灯（SLIDE ARMED 灯）	操作者一边轻提舱门操作把手、停顿，确认滑梯待命警告灯（SLIDE ARMED 灯）不亮	"确认 SLIDE ARMED 灯不亮"	是□ 否□

续表

序号	作业内容	具体操作内容	口令	结果记录
10	操作者开启舱门	操作者继续将舱门操作把手抬至全开位,将门向外向前推至阵风锁锁定位,拉出警示带(按需)	"阵风锁已锁定,完成"	是□ 否□
11	监控者确认舱门开启状态	监控者确认阵风锁锁定,警示带挂妥(按需)	"确认"	是□ 否□

质量检查

一、乘务组自检

各乘务组根据任务实施的记录结果(表 1-2-3),对本小组的作业内容进行再次确认。

表 1-2-3　任务实施记录表

序号	检查项目	检查结果
1	仪容仪表与着装符合空乘实训规范	是□ 否□
2	已知晓实训安全守则	是□ 否□
3	已按照 A320 机型舱门解除待命操作标准单进行解除待命操作	是□ 否□
4	已按照 A320 机型舱门操作标准单进行舱门开启操作	是□ 否□
5	已掌握相应程序口令	是□ 否□

二、教师检查

教师根据各乘务组作业完成情况进行质量检查,选择优秀乘务员进行作业情况展示,针对任务实施过程中出现的问题提出改进措施与建议。

课后提升

客舱舱门操作是每一个乘务员最重要的工作职责,能够正确、熟练地操作舱门也是乘务员必须掌握的技能。请同学们扫描二维码,观看 A320 机型舱门操作的视频,可以根据视频内容进行模拟练习。

落地后的舱门操作
(A320 机型)

评价反馈

学习小组能够按双人制操作分工形式进行责任舱门的合理分工,按操作者和监控者的安全职责来合作完成舱门操作的练习任务。完成相应作业任务后,结合个人、小组在课堂中的实际表现进行总结与反思。

请小组成员填写表 1-2-4 和表 1-2-5,完成本次工作任务评分。

表 1-2-4 "A320 机型舱门解除待命程序"作业评分表

班级			姓名		
乘务组成员			号位		
一级	二级	三级	配分	得分	判定依据
标准程序应用	舱门解除待命	□倾听舱门解除待命指令	10		
		□正确拔出安全销	10		
		□正确操作待命把手	20		
		□正确插入安全销,使红色飘带可视	10		
		□解除待命程序先后顺序正确	10		
		□口令清晰无遗漏	10		
核心素养	协作配合	□按照双人制的要求进行操作	10		
		□互相检查、及时纠正	10		
	仪容仪表	□按空勤人员出勤标准化妆盘头,身着实训服装	10		

表 1-2-5 "A320 机型舱门开启程序"作业评分表

班级			姓名		
乘务组成员			号位		
一级	二级	三级	配分	得分	判定依据
标准程序应用	开启舱门	□向乘务长请示开启操作	10		
		□确认舱门已解除待命	10		
		□确认客舱压力指示灯	10		
		□确认舱门外部处于安全状态	10		
		□确认滑梯待命警告灯	10		
		□开启舱门动作正确	10		
核心素养	协作配合	□按照双人制的要求进行操作	10		
		□口令准确、流程清晰	10		
		□互相检查、及时纠正	10		
	仪容仪表	□按空勤人员出勤标准化妆盘头,身着实训服装	10		

任务三　起飞前的舱门操作（B737-800 机型）

任务描述

舱门操作是每一位合格乘务员必须具备的职业技能。在岗位职责中也明确规定了乘务员必须严格按照正确的程序进行操作，并且在操作舱门前要检查舱门是否处于安全状态，以防舱门在移动时受到损坏或造成人员的意外伤害。

通过本任务的学习来了解 B737-800 机型客舱舱门的结构，能够严格按照双人制的要求操作舱门，起飞前接受机长及客舱经理 / 乘务长的指令，关闭舱门并操作滑梯待命。

任务目标

1. 发展能力
◎ 能够快速说出 B737-800 机型客舱舱门各结构的名称及功能。
◎ 掌握客舱内部关闭舱门及滑梯待命程序。
◎ 能够熟背客舱内部关闭舱门及滑梯待命程序的操作口令。

2. 操作能力
◎ 能够按照程序熟练地关闭舱门。
◎ 能够熟练完成 B737-800 机型滑梯待命的双人制操作。

3. 职业素养
◎ 课堂上紧跟老师的学习进度，积极参与模拟舱内的实操练习。
◎ 以 B737-800 机型 5 人乘务组配置要求进行分组练习，培养岗位责任意识。
◎ 情景模拟练习中，严格规范执行双人制舱门操作程序，细致落实乘务员工作关键阶段的岗位职责。

任务书

_____是一名头等舱乘务员，某航班在乘客登机完毕后，机长发出关闭舱门的指令，客舱经理 / 乘务长通过内话机发布客舱舱门操作指令，接到任务后，对照 B737-800 机型飞机客舱舱门操作工单开始对本次任务中的关闭舱门和滑梯待命两项任务进行检查与操作。

信息获取

一、B737-800 机型飞机舱门结构

B737-800 机型飞机共有 4 个操作方式相同的舱门（图 1-3-1），又称地板高度出口。用以提供人员上下飞机使用，同时在紧急情况下也可以作为应急出口使用。通常将左侧舱门

称为登机门，提供人员上下飞机，用字母"L"表示。将右侧舱门称为服务门，供停靠食品车、轮椅升降车等使用，用字母"R"表示。即为前舱的"L1、R1"门和后舱的"L2、R2"门。所有舱门均可以由机内或机外人工开启和关闭。

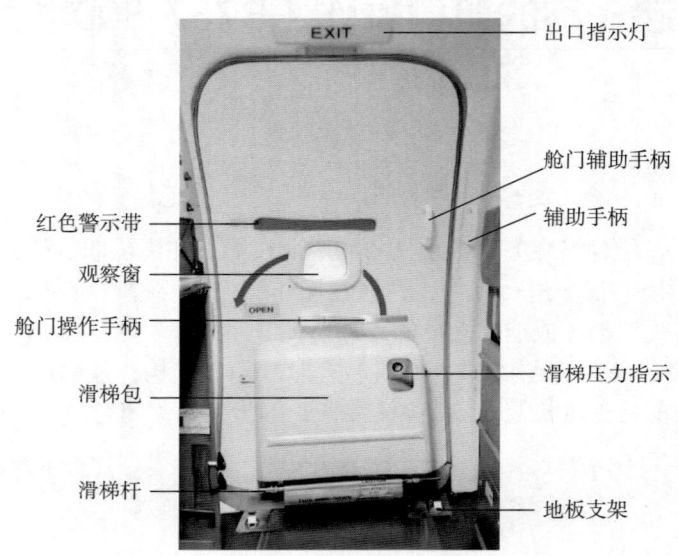

图 1-3-1　B737 机型飞机舱门部件名称

1. 观察窗

乘务员可以通过观察窗（图 1-3-2）观察飞机的外部情况，以此来判断是否可以打开舱门。

（1）在正常情况下，当飞机落地并停稳后，乘务员可以通过观察窗了解外部的客梯车或廊桥是否已经与机门对接完成。地面工作人员是否已经给出了可以开舱门的指令或手势。

（2）在应急情况下，乘务员可以通过观察窗了解机外的安全情况，在无烟、无火、无障碍物（水上迫降时，水位线未超过机门）时方可打开舱门组织乘客逃生。

2. 红色警示带

在每个观察窗的上方均有一根红色警示带（图 1-3-3），起到提示舱门状态的作用。

（1）当红色警示带在观察窗上方处于平行位固定时，则表示此时舱门处于解除待命的状态。此时打开舱门，滑梯不会自动展开。

（2）当红色警示带斜跨过观察窗固定时（图 1-3-4），从飞机外部看观察窗，能够很清晰地看到红色警示带。这是一个目视警告，提示此时滑梯已经与地板支架相连接，如果开启舱门，滑梯将会迅速自动展开。

3. 滑梯包

滑梯包（图 1-3-5）位于舱门的下端。内部存有一个单通道的充气滑梯。在航前检查时，乘务员可以通过储藏箱上的滑梯压力表（图 1-3-6）检查滑梯的压力指针是否处于绿色区域。若指针在红色区域，则表示应急情况下滑梯可能无法正常充气，需要及时请机务人员进行处理。

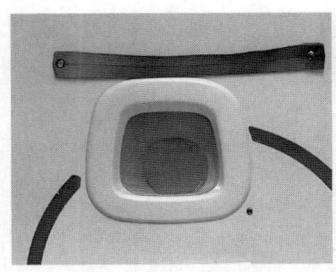
图 1-3-2　观察窗

图 1-3-3　红色警示带

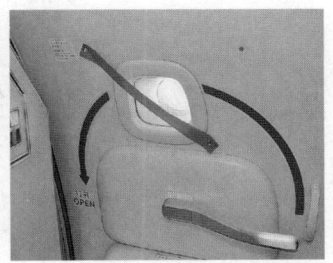
图 1-3-4　红色警示带斜跨过观察窗

图 1-3-5　滑梯包

图 1-3-6　滑梯压力表

4. 滑梯杆

滑梯杆连接着滑梯，乘务员可以通过操作滑梯杆的存放位置来调整舱门的状态。

（1）当舱门处于解除待命状态时（图 1-3-7），滑梯杆应当固定在舱门的挂钩上，并且要求将滑梯杆上的 2 个白色卡环固定在挂钩的外侧，以此防止由滑梯杆的滑动而造成的安全隐患。

（2）当舱门处于待命状态时（图 1-3-8），滑梯杆应当在地板支架内固定，操作时务必确认滑梯杆两端已完全嵌入地板支架的卡槽内。

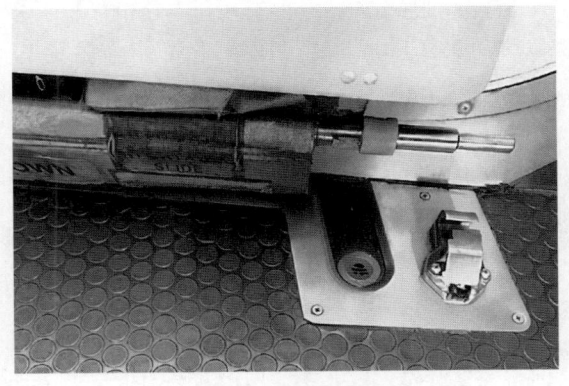
图 1-3-7　滑梯杆处于解除待命状态

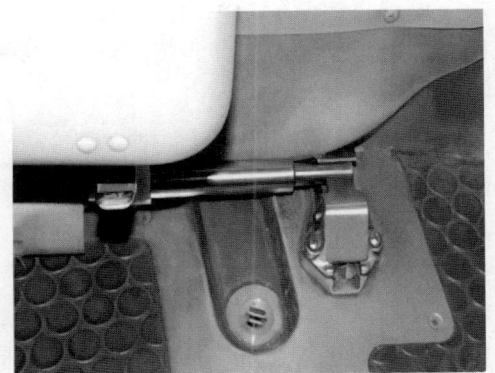
图 1-3-8　滑梯杆处于待命状态

5. 阵风锁

每一个舱门的门框处都设有阵风锁（图 1-3-9）。在舱门打开后，防风锁将起到固定舱门的作用，防止因外部的风力过大从而导致舱门受到意外的损坏。打开舱门时，应将舱门推至全开位，直到听到防风锁锁门的声音。关闭舱门前，应当先解锁，否则将无法拉动舱门。

6. 舱门警示带

舱门警示带位于每个舱门门框的左侧。当舱门打开后发现廊桥或客梯车与舱门对接的位置需要进行调整时，应当拉出舱门警示带（图 1-3-10），起到安全警示的作用，防止有乘客意外受伤。关闭舱门前则应当收妥警示带（图 1-3-11）。

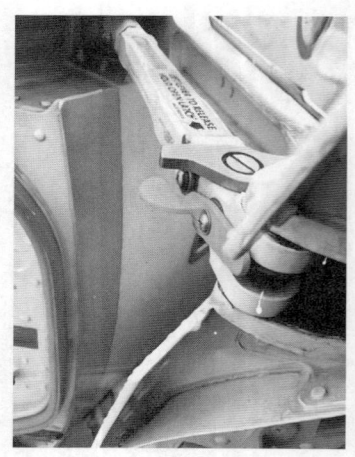

图 1-3-9　阵风锁

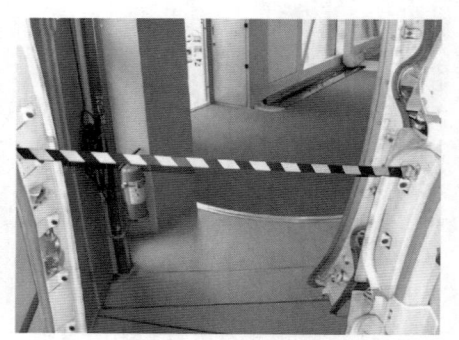

图 1-3-10　舱门警示带拉出状态

图 1-3-11　舱门警示带收妥状态

二、关闭舱门的程序

当乘客登机完毕，乘务长与地面工作人员完成交接手续，确认所有文件和单据齐全、所有机组人员齐全之后向机长请示关闭舱门。得到机长同意后方可进行关闭舱门的操作程序。

1. 观察机门周围环境

确保机门内外无异物，尤其是在门缝处。一颗不起眼的小果壳都有可能导致舱门在关闭之后密封度的不完整。舱门密封不完整是诱发客舱失压的原因之一，由此可能会引发飞行中的安全事故。

2. 收回舱门警示带（如有）

关闭舱门前需将舱门警示带完全收入门框内，在长期使用过程中，舱门警示带可能会出现松脱的现象，导致其无法自动缩回。此时需要乘务员手动操作，将舱门警示带储存至门框内。

3. 阵风锁解锁

根据不同型号的阵风锁，可以采用向下按压或向上抬起的两种方式进行解锁操作。操作过程中必须确保有一只手已经抓住舱壁上的辅助手柄，用来保护自身的安全。

4. 关闭舱门

一手抓住舱壁内侧的辅助手柄，用来保护自身安全，避免在操作过程中意外跌落。另一手抓住舱门上的辅助手柄，通过上半身的力量将舱门拉回门框处，通过180°旋转舱门操作手柄将舱门锁闭。最后确认舱门关闭的完整度。

三、舱门滑梯待命的程序

当舱门关闭之后，需要第一时间对舱门滑梯进行待命操作，以确保机上人员的安全。在舱门关闭之前，整架飞机至少有1个舱门会连接着客梯车或廊桥，如果此时发生突发紧急情况需要疏散乘客，所有人员可以通过客梯车或廊桥离开客舱。而舱门关闭之后，客梯车或廊桥会即刻撤走，若此时发生意外，乘客则无通道安全撤离，故舱门关闭后第一时间对滑梯进行待命操作尤为重要。舱门在待命状态下打开可以释放出充气滑梯，为机上人员提供求生通道。

1. 发布舱门待命指令

舱门关闭后，由客舱经理/乘务长发布乘务员就位指令："客舱门已关闭，各号位乘务员请准备"，乘务员听到指令后应当停下手上所有的工作，按双人制的要求在舱门处站好，做好操作准备。客舱经理/乘务长观察大家均已就位后发布舱门待命操作指令："滑梯待命，交换检查。"

注意：先操作左侧舱门，后操作右侧舱门。

2. 红色警示带的操作

操作者边口述边操作，口令："斜跨"，操作者将红色警示带斜跨过观察窗并固定。互检者与操作者保持一臂之远的距离进行检查，手指红色警示带的位置口述："确认。"

3. 滑梯杆的操作

操作者边口述边操作，口令："连接"，操作者将滑梯杆从舱门的挂钩处取下，连接到地板支架内。互检者手指连接好的滑梯杆位置口述："确认。"

4. 确认检查

操作者五指并拢，先指红色警示带的位置，再指滑梯杆的位置，口述："待命完成"。互检者同样先上后下指示完并口述："确认。"

任务计划

一、注意事项

（1）进入实训舱应穿空乘学员训练服、鞋套，以空中乘务员标准进行盘发、化妆，佩戴三根指针的手表（时针、分针、秒针），按规定佩戴首饰。

（2）学生实训及操作设备期间，实训舱内必须有教师进行指导和监护。在非监控阶段，学生不得随意进出、使用相应实训设施设备。

（3）学生应留意实训舱附近的站立禁区（通常用黄黑警戒线标识），不得随意踏入，以免造成危险。

（4）学生在实操训练期间不得随意使用手机进行拍照或录视频。

二、制订 B737-800 机型舱门关闭、待命操作流程

在教师的指导下，查阅相关资料及教学视频，小组讨论并制订 B737-800 机型舱门的关闭及待命操作流程。

任务决策

各小组选派代表阐述任务计划，小组间相互讨论，提出不同看法，教师总结点评，完善方案。

任务实施

在教师的指导下完成乘务组分组，确保在双人制的前提下完成 B737-800 机型舱门的关闭及待命程序任务实施表（表 1-3-1 和表 1-3-2）。

表 1-3-1 "B737-800 机型舱门关闭程序"任务实施表

班级			姓名	
操作者			互检者	
任务实施流程					

序号	作业内容	具体操作内容	口令	结果记录
1	操作者进行关闭舱门前检查	观察舱门内外部环境情况，确认即将关闭的舱门内外无异物	"舱门内外无异物，可以关门吗"	是□ 否□
2	互检者再次复查		"可以关门"	是□ 否□
3	操作者进行作业准备	一手握住辅助手柄固定身体，另一手收回安全警示带（视实际情况）	"警示带收妥"	是□ 否□
4	操作者解除舱门锁定	向下按压阵风锁，解除舱门锁定	"按压阵风锁，关门"	是□ 否□
5	操作者关闭舱门	一手握住舱壁内侧辅助手柄固定身体，另一手握住舱门辅助手柄向内拉动舱门，关闭舱门，180°按压舱门操作手柄锁闭舱门	"完成"	是□ 否□
6	互检者再次确认	确认舱门关妥	"确认"	是□ 否□

表 1-3-2 "B737-800 机型舱门待命程序"任务实施表

班级			姓名	
操作者			互检者	
任务实施流程					

序号	作业内容	具体操作内容	口令	结果记录
1	倾听客舱经理/乘务长发布口令	确认舱门已关妥，倾听带班人员发布后续舱门操作口令	"客舱门已关闭，各号位乘务员就位，滑梯待命，相互检查"	是□ 否□

续表

序号	作业内容	具体操作内容	口令	结果记录
2	操作者执行舱门待命操作程序一	将红色警示带斜跨于观察窗并固定	"斜跨"	是□ 否□
3	互检者确认红色警示带状态	确认操作者的待命操作步骤正确且规范,红色警示带固定到位	"确认"	是□ 否□
4	操作者执行舱门待命操作程序二	将舱门上的滑梯杆取下连接到地板支架内	"连接"	是□ 否□
5	互检者确认滑梯杆状态	确认操作者的待命操作步骤正确且滑梯杆连接到位	"确认"	是□ 否□
6	操作者确认待命操作完成,舱门已处于待命状态	操作者确认:①红色警示带已斜跨于观察窗固定;②滑梯杆已连接至地板支架内	"待命完成"	是□ 否□
7	互检者再次确认舱门待命状态	确认舱门待命已完成	"确认"	是□ 否□

质量检查

一、乘务组自检

各乘务组根据任务实施的记录结果(表 1-3-3),对本小组的作业内容进行再次确认。

表 1-3-3 任务实施记录表

序号	检查项目	检查结果
1	仪容仪表与着装符合空乘实训规范	是□ 否□
2	已知晓实训安全守则	是□ 否□
3	已按照 B737-800 机型舱门操作标准单进行舱门关闭操作	是□ 否□
4	已按照 B737-800 机型舱门待命操作标准单进行舱门待命操作	是□ 否□
5	已掌握相应程序口令	是□ 否□

二、教师检查

教师根据各乘务组作业完成情况进行质量检查,选择优秀乘务员进行作业情况展示,针对任务实施过程中出现的问题提出改进措施与建议。

课后提升

客舱舱门操作是每一个乘务员最重要的工作职责，能够正确、熟练地操作舱门也是乘务员必须掌握的技能。请同学们扫描二维码，观看 B737-800 机型舱门操作的视频，可以根据视频内容进行模拟练习。

起飞前的舱门操作（B737-800 机型）

评价反馈

学习小组能够按乘务组分工形式进行责任区域的合理分工，按乘务长和号位乘务员的安全职责来合作完成舱门操作的练习任务。完成相应作业任务后，结合个人、小组在课堂中的实际表现进行总结与反思。

请小组成员完成本次工作任务评分（表 1-3-4 和表 1-3-5）。

表 1-3-4 "B737-800 机型舱门的关闭操作"作业评分表

班级			姓名		
乘务组成员			号位		
一级	二级	三级	配分	得分	判定依据
标准程序应用	关闭舱门	□向机长或乘务长请示关门操作	10		
		□确认舱门内外环境	10		
		□正确收回舱门警示带	5		
		□抓住辅助手柄进行安全固定	20		
		□按压阵风锁完成解锁	5		
		□正确锁闭舱门	20		
核心素养	协作配合	□按照双人制的要求进行操作	10		
		□互相检查、及时纠正	10		
	仪容仪表	□按空勤人员标准化妆盘发、规范着装	10		

表 1-3-5 "B737-800 机型舱门滑梯待命操作"作业评分表

班级			姓名		
乘务组成员			号位		
一级	二级	三级	配分	得分	判定依据
标准程序应用	滑梯待命	□倾听舱门滑梯待命指令	10		
		□将红色警示带斜跨过观察窗	10		
		□取下滑梯杆连接到地板支架内	10		
		□确保滑梯杆在地板支架内正确固定	20		
		□操作顺序正确	20		

续表

一级	二级	三级	配分	得分	判定依据
核心素养	协作配合	□按照双人制的要求进行操作	10		
		□互相检查、及时纠正	10		
	仪容仪表	□按空勤人员标准化妆盘发、规范着装	10		

任务四　落地后的客舱舱门操作（B737-800 机型）

任务描述

飞机的平安落地并不意味着航班的顺利结束，舱门操作的安全隐患依旧如影随形。乘务员的错误操作抑或乘客的一时冲动都有可能导致撤离滑梯的误放，给航空公司和机场造成重大损失。

通过本任务的学习来了解 B737-800 机型飞机舱门解除待命以及开启的操作步骤，并熟练掌握相应的操作技能。

任务目标

1. 发展能力
◎ 能够掌握滑梯杆在不同位置的作用以及摆放标准。
◎ 掌握机舱内部解除滑梯待命及开启舱门的标准程序。
◎ 能够熟背机舱内部解除滑梯待命及开启舱门程序的操作口令。

2. 操作能力
◎ 能够熟练地完成滑梯解除待命的双人制操作。
◎ 能够按照相关程序完成从机舱内部开启舱门的操作。

3. 职业素养
◎ 课堂上紧跟老师的学习进度，积极参与模拟舱内的实操练习。
◎ 以 B737-800 机型 5 人乘务组配置要求进行分组练习，培养岗位责任意识。
◎ 情景模拟练习中，严格规范执行双人制舱门操作程序，细致落实乘务员工作关键阶段的岗位职责。

任务书

_____是一名经济舱乘务员，某航班平安落地，当飞机滑行至停机坪后，驾驶舱通过铃声提示以及切换客舱电源的方式告知客舱乘务员飞机已完全停稳，乘务长通过内话机发布舱门操作指令，接到任务后，对照 B737-800 机型飞机舱门操作工单开始对本次任务中的解除滑梯待命和开启舱门两项任务进行检查与操作。

信息获取

一、B737-800 机型飞机舱门的外部开启方式

（1）在舱门外通过观察窗进行观察，如看到红色警示带，则表示滑梯处于待命状态，

一旦开门滑梯将释放。如没看到红色警示带斜跨过观察窗，则表示滑梯处于解除待命的状态，可以开门。

（2）从凹槽中拉出开门手柄（图1-4-1）。

（3）顺时针旋转开门手柄（图1-4-2）。

（4）打开舱门（图1-4-3）。

（5）将舱门推至阵风锁锁定的位置（图1-4-4）。

  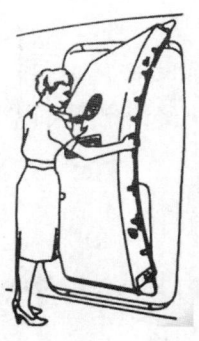 

图1-4-1 拉出手柄　　图1-4-2 旋转手柄　　图1-4-3 打开舱门　　图1-4-4 推至锁定位

二、解除待命的程序

飞机正常落地滑行至停机位，驾驶舱会给客舱铃声提示，告诉乘务组飞机已经完全停稳，廊桥或客梯车即将与飞机对接。此时，客舱经理/乘务长应通过内话系统下达解除滑梯待命的指令。乘务员听到指令后应当停止手上的其他工作，配合完成滑梯解除待命的操作。

1. 发布解除待命的指令

飞机停稳后，由客舱经理/乘务长发布乘务员就位指令"各号位乘务员请准备"，乘务员听到指令后应当停下手上所有的工作，按双人制的要求在舱门处站好，做好操作准备。客舱经理/乘务长观察大家均已就位后发布舱门待命操作指令"解除滑梯待命，交换检查"。

注意：先操作左侧舱门，后操作右侧舱门。

2. 滑梯杆的操作

操作者边口述边操作，口令："收回。"操作者将滑梯杆从地板支架内取出放回至舱门的挂钩上（图1-4-5）。

注意：滑梯杆上的两个白色卡环应当固定在挂钩的外侧。

互检者手指连接好的滑梯杆位置口述："确认。"

3. 红色警示带的操作

操作者边口述边操作，口令："平行。"操作者将红色警示带在观察窗的上方平行固定。互检者与操作者保持一臂之远的距离进行检查，手指红色警示带的位置口述："确认。"

图1-4-5 白色卡环固定在挂钩外侧

4. 确认检查

操作者五指并拢，先指滑梯杆的位置，再指红色警示带的位置，口述："待命已解除。"互检者同样先下后上指示完并口述："确认。"

三、开舱门的程序

完成解除滑梯待命程序之后，客舱经理/乘务长需通过内话系统向机长请示开门，得到许可后，按照双人制的操作要求完成舱门开启的程序。

1. 观察舱外情况

（1）通过观察窗确认舱外客梯车或廊桥（图1-4-6和图1-4-7）是否已经与舱门对接。

（2）地面工作人员是否已经给出了可以安全开门的手势（图1-4-8）。

图 1-4-6　与客梯车对接

图 1-4-7　与廊桥对接

图 1-4-8　可以安全开门的手势

2. 确认舱门的状态

在开舱门前再次确认舱门已经处于解除待命的状态（图1-4-9和图1-4-10）。

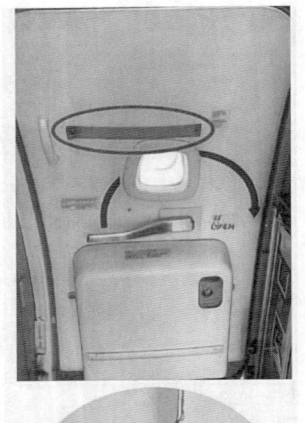

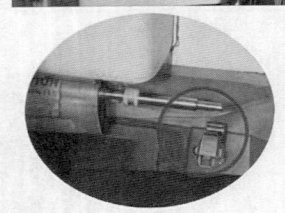

图 1-4-9　滑梯解除待命状态

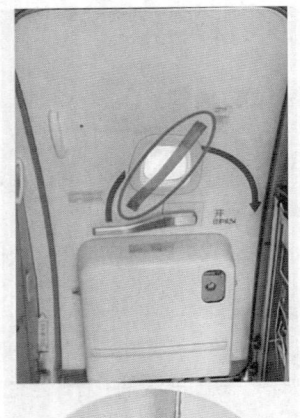

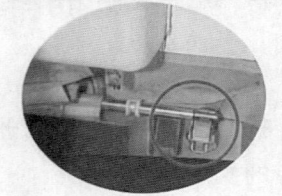

图 1-4-10　滑梯待命状态

3. 打开舱门

一手握住辅助手柄，另一手将开门手柄从右往左180°旋转打开，将舱门推至阵风锁锁定的位置。

4. 拉出舱门警示带（如需要）

舱门打开后，如无地面人员前来交接，或乘务员发现廊桥（客梯车）尚未与舱门无缝对接，需要重新调整，应当拉出舱门警示带以确保机上人员的安全。

任务计划

一、注意事项

（1）进入实训舱应穿空乘学员训练服、鞋套，以空中乘务员标准进行盘发、化妆，佩戴三根指针的手表（时针、分针、秒针），按规定佩戴首饰。

（2）学生实训及操作设备期间，实训舱内必须有教师进行指导和监护。在非监控阶段，学生不得随意进出、使用相应实训设施设备。

（3）学生应留意实训舱附近的站立禁区（通常用黄黑警戒线标识），不得随意踏入，以免造成危险。

（4）学生应爱惜舱内实训物品，按程序操作，使用完的实训物品应及时归位并固定。

二、制订 B737-800 机型舱门开启、解除待命操作流程

在教师的指导下，查阅相关资料及教学视频，小组讨论并制订 B737-800 机型舱门的开启及解除待命操作流程。

任务决策

各小组选派代表阐述任务计划，小组间相互讨论，提出不同看法，教师总结点评，完善方案。

任务实施

在教师的指导下完成乘务组分组，确保在双人制的前提下完成 B737-800 机型舱门解除待命及开启的操作（表 1-4-1 和表 1-4-2）。

表 1-4-1 "B737-800 机型舱门解除待命程序"任务实施表

班级			姓名	
操作者			互检者	
任务实施流程					
序号	作业内容	具体操作内容	口　　令	结果记录
1	倾听客舱经理/乘务长发布口令	确认飞机已经在指定位置停稳，倾听客舱经理/乘务长发布后续舱门操作口令	"各号位乘务员就位，解除滑梯待命，相互检查"	是□ 否□
2	操作者执行解除舱门待命操作程序一	将地板支架内的滑梯杆取出，挂回到舱门上的挂钩内	"收回"	是□ 否□
3	互检者确认滑梯杆状态	确认操作者的解除待命操作步骤正确且规范，滑梯杆固定位置正确	"确认"	是□ 否□

续表

序号	作业内容	具体操作内容	口令	结果记录
4	操作者执行解除舱门待命操作程序二	将红色警示带平行于观察窗进行固定	"平行"	是□ 否□
5	互检者确认红色警示带状态	确认操作者的解除待命操作步骤正确且红色警示带固定正确	"确认"	是□ 否□
6	操作者确认解除待命操作完成，舱门已处于解除待命状态	操作者确认：①滑梯杆已在舱门上的挂钩内正确固定；②红色警示带已平行于观察窗固定	"待命已解除"	是□ 否□
7	互检者再次确认舱门解除待命状态	确认舱门待命已解除	"确认"	是□ 否□

表 1-4-2 "B737-800 机型舱门开启程序"任务实施表

班级			姓名	
操作者			互检者	
任务实施流程					

序号	作业内容	具体操作内容	口令	结果记录
1	操作者进行开启舱门前检查	观察舱外廊桥或客梯车已与机门对接，地面工作人员给出可以开门的手势；确认舱门已解除待命	"舱外廊桥（客梯车）已对接，地面人员给出可以开门手势，待命已解除，可以开门吗"	是□ 否□
2	互检者再次复查		"可以关门"	是□ 否□
3	操作者进行开启舱门操作	一手握住舱门辅助手柄，一手180°从右向左旋转打开舱门操作手柄	"开门"	是□ 否□
4	操作者将舱门打开并锁定	一手握住舱壁内侧的辅助手柄固定身体，一手握住舱门辅助手柄将舱门推至阵风锁锁定的位置	"确认阵风锁已锁定"	是□ 否□
5	互检者确认阵风锁的状态	一手握住舱壁内侧的辅助手柄固定身体，确认阵风锁已锁住舱门	"确认"	是□ 否□
6	操作者操作舱门警示带	一手握住舱壁内侧的辅助手柄固定身体，一手拉出舱门警示带并固定（视实际情况）	"拉好警示带"	是□ 否□
7	互检者再次确认	确认舱门已开启	"确认"	是□ 否□

质量检查

一、乘务组自检

各乘务组根据任务实施的记录结果（表 1-4-3），对本小组的作业内容进行再次确认。

表 1-4-3　任务实施记录表

序号	检查项目	检查结果
1	仪容仪表与着装符合空乘实训规范	是□　否□
2	已知晓实训安全守则	是□　否□
3	已按照 B737-800 机型舱门解除待命操作标准单进行解除待命操作	是□　否□
4	已按照 B737-800 机型舱门操作标准单进行舱门开启操作	是□　否□
5	已掌握相应程序口令	是□　否□

二、教师检查

教师根据各乘务组作业完成情况进行质量检查，选择优秀乘务员进行作业情况展示，针对任务实施过程中出现的问题提出改进措施与建议。

课后提升

客舱舱门操作是每一个乘务员最重要的工作职责，能够正确、熟练地操作舱门也是乘务员必须掌握的技能。请同学们扫描二维码，观看 B737-800 机型舱门操作的视频，可以根据视频内容进行模拟练习。

落地后的舱门操作
（B737-800 机型）

评价反馈

学习小组能够按乘务组分工形式进行责任区域的合理分工，按乘务长和号位乘务员的安全职责来合作完成舱门操作的练习任务。完成相应作业任务后，结合个人、小组在课堂中的实际表现进行总结与反思。

请小组成员完成本次工作任务评分（表 1-4-4 和表 1-4-5）。

表 1-4-4　"B737-800 机型舱门的解除待命操作"作业评分表

班级				姓名		
乘务组成员				号位		
一级	二级	三级		配分	得分	判定依据
标准程序应用	解除待命	□倾听解除舱门滑梯待命的指令		10		
		□正确将滑梯杆从地板支架内取出		10		
		□将滑梯杆连接到舱门挂钩上		10		
		□确保两个固定卡环均在挂钩的外侧		20		
		□解除待命的操作顺序正确		20		

续表

一级	二级	三 级	配分	得分	判定依据
核心素养	协作配合	□按照双人制的要求进行操作	10		
		□互相检查、及时纠正	10		
	仪容仪表	□按空勤人员标准化妆盘发，规范着装	10		

表1-4-5 "B737-800机型舱门的开启操作"作业评分表

班级			姓名		
乘务组成员			号位		
一级	二级	三 级	配分	得分	判定依据
标准程序应用	开启舱门	□向机长或乘务长请示开门操作	10		
		□确认舱外情况	10		
		□确认舱门状态	10		
		□抓住辅助手柄进行安全固定	20		
		□将舱门推至阵风锁锁定位置	10		
		□拉舱门警示带	10		
核心素养	协作配合	□按照双人制的要求进行操作	10		
		□互相检查、及时纠正	10		
	仪容仪表	□按空勤人员标准化妆盘发，规范着装	10		

项目二
客舱颠簸处置

✈ 工作情境

上海飞往北京的航班上，由于正值大风季节，飞行机组的航前准备会就航路上的天气情况做出了预知性颠簸处置提醒。平飞后供餐饮期间，客舱乘务组针对轻度颠簸作出妥当处理，全程格外小心热饮服务，并持续提醒乘客系好安全带。在颠簸程度加剧后，客舱乘务组根据客舱内的种种现象及飞机机组给予的声光提示准确判断中度颠簸，广播员广播提醒乘客，客舱内正在供餐的乘务员立即暂停客舱服务，在回撤餐车的同时，指导个别乘客作出正确应对，将洗手间附近的乘客妥善安置，服务舱内的乘务员第一时间紧固服务舱内的所有设施设备，踩下刹车、锁上锁扣后及时回到乘务员座位就座，系好安全带肩带。当颠簸结束后，继续提供客舱服务。最终在全体机组成员的协作下顺利完成了本次航班。

📖 学习目标

◎ 熟练掌握不同颠簸强度的现象与判断方式。
◎ 熟练掌握客舱颠簸处置的程序。
◎ 明确了解颠簸时驾驶舱机组与客舱机组间的沟通要领。
◎ 能够根据真实情境有效应对颠簸，管理客舱与服务舱。
◎ 了解机上应急医疗设备，在颠簸后能初步应用。

任务一　轻度颠簸的处置

任务描述

客舱乘务组今天执飞上海—成都航班，航程中由于途经大量山地，平飞后一直处于轻度颠簸状态。请你根据本项目客舱颠簸处置中的颠簸的成因，对颠簸发生的原因进行必要的了解，并掌握颠簸的预防知识和机上发生颠簸时与驾驶舱机组间的沟通流程。在本次"轻度颠簸的处置"的任务中，熟悉发生轻度颠簸时的流程。

任务目标

1. 发展能力
◎ 了解并熟记机上颠簸发生的原因。
◎ 熟练掌握机上可预知性颠簸和不可预知性颠簸的应对措施。
◎ 熟练掌握轻度颠簸的表现状况和应对措施。
2. 操作能力
◎ 能够及时获取机上颠簸的信息。
◎ 能够根据具体情境与驾驶舱及时进行沟通。
◎ 能够按标准操作正确应对轻度颠簸。
◎ 能够按标准程序在轻度颠簸之后对客舱进行检查。
3. 职业素养
◎ 能够在不同服务阶段针对轻度颠簸作出协调与配合。
◎ 能够在轻度颠簸中有效管理自身情绪，营造平稳的客舱氛围。
◎ 明确航前准备会对颠簸预案沟通的重要性，养成落实安全责任的工作作风。

任务书

_____是一名实习乘务员，准备会上，乘务组接到了颠簸预先告知的任务，客舱经理/乘务长根据作业任务对乘务组人员进行了合理分工，同时强调了飞行安全工作。接到任务后，针对轻度颠簸的客舱应对进行分组练习。

信息获取

一、飞机颠簸的概念

飞机颠簸是指飞机在飞行中遇到扰动气流，就会产生震颤，上下抛掷，左右摇晃，造成操纵困难、仪表不准等现象。一般分为可预知性颠簸和不可预知性颠簸。

二、颠簸产生的原因

产生飞机颠簸的基本原因,是由于大气中存在乱流。这些不稳定气流的范围有大有小,方向和速度也各不相同。当飞机进入与机体尺度相近的乱流涡旋时,飞机的各部位就会受到不同方向和速度的气流影响,原有的空气动力和力矩的平衡被破坏,从而产生不规则的运动。飞机由一个涡旋进入另一个涡旋,就会引起振动。当飞机的自然振动周期与乱流脉动周期相当时,飞机颠簸就会变得十分强烈。

三、乱流的分类

乱流中存在的垂直阵性气流和水平阵性气流都可造成飞机颠簸,垂直气流的作用比水平气流要大。根据乱流的成因,可以分为热力乱流、动力乱流、晴空乱流和尾涡乱流。

(1)热力乱流,主要是因地表增热造成气温的水平分布不均匀而引起,常出现在对流层的低层,低纬度地区常见,多发生在夏季的中午和午后。

(2)动力乱流,是指地表附近空气运动受到阻碍和风的空间分布有明显切变造成的乱流,多见于高纬度大陆,在山地上空飞行时,动力乱流造成的颠簸比较常见。

(3)晴空乱流,又叫高空乱流,与高空中大气的热力和动力因素有关,当温度场和风场急剧变化时,就会出现强烈的乱流。晴空乱流多出现在对流层上部和平流层,是造成高空飞行颠簸的重要因素。

(4)尾涡乱流,是指飞机飞行时产生的一堆绕翼尖的方向相反的闭合涡旋,在飞机后面的一个狭长的尾流区造成极强的乱流,称为尾涡乱流。

四、可预知性颠簸的应对原则

(1)航前准备会上,飞行机组应当告知客舱乘务员关于这次航班上预知性颠簸的等级和准备时间,以便于乘务员提前做好准备。

(2)飞机进入平飞状态后,飞行机组关闭"系好安全带"信号灯,提醒客舱乘务员可以开始正常的客舱服务。

(3)飞行过程中,飞行机组应当告知乘务员预知性颠簸的等级和准备时间,好让乘务员提前做好准备。

(4)遇到颠簸时,客舱乘务员应当广播通知乘客回到座位坐好,并系好安全带。

(5)一旦得知会有颠簸,客舱乘务员应视情况而定,完成以下工作:先储藏好大件物品,如餐车等;接下来存放好热饮,以免对自己和乘客造成伤害;再固定好厨房设备及松散物品,如烤箱、热饮壶、储藏箱、烧水器等;再检查客舱和洗手间的情况;最后回到乘务员座位并系好安全带,保护好自身安全。

(6)如遇到长时间的中强度以上的颠簸,影响正常服务程序的进行,乘务长可以视当时情况调整或取消部分服务的程序,同时用广播的方式告知乘客,并说明相应的服务程序调整或取消的原因。

(7)颠簸结束后,客舱乘务员应检查乘客、机组人员和客舱的情况,并将检查结果报告给乘务长,再由乘务长向飞行机组汇报客舱的情况。

五、不可预知性颠簸的应对原则

(1)遇到不可预知性颠簸时,飞行机组应当立即打开"系好安全带"信号灯,以示警告。

（2）飞行机组应广播通知乘客回到座位坐好，并系好安全带。

（3）乘务员应立即固定好自己，直到"系好安全带"信号灯熄灭或接到飞行机组或乘务长的通知。

（4）如果遇到长时间的中度以上的颠簸，影响正常服务程序的进行，乘务长可视当时情况而定，调整或取消部分服务程序，同时用广播的方式告知乘客，并说明相应的服务程序调整或取消的原因。

（5）颠簸结束后，客舱乘务员应检查乘客、机组人员和客舱的情况，并将检查结果报告给乘务长，再由乘务长向飞行机组汇报客舱的情况。

（6）提前制订好飞行中遇到颠簸时的处置方式及出现乘客、机组人员受伤情况，识别颠簸常见的受伤，例如，骨折固定、鼻出血、外伤、擦伤等，并在乘客或机组人员出现受伤情况后能及时正确地利用飞机上的应急设备，如急救药箱、应急医疗箱等进行救治。

六、颠簸程度的分类

根据颠簸时客舱里的表现情况和乘客的感受，一般分为轻度颠簸、中度颠簸和重度颠簸，我们首先来了解什么是轻度颠簸。

轻度颠簸是颠簸程度最轻也最为常见的一种颠簸，几乎在每个航班上都能遇到，发生轻度颠簸时，乘客放在小桌板上的饮料会在杯中晃动，但不会晃出。乘客感到安全带有微微收紧的感觉；乘务员在移动餐车时稍微感到有些困难。

七、客舱乘务员对轻度颠簸的处置

1. 客舱乘务员对于服务的处置

客舱乘务员可以视当时情况，确定是否有暂停服务的必要；如果不需要暂停服务，那么在给乘客递送饮料时，就要格外小心；不提供热饮，避免烫伤乘客。另外，在服务舱的乘务员要注意固定好未使用的餐车和厨房设备，如图2-1-1所示。

2. 对安全带的要求

客舱乘务员可通过广播的方式或在客舱里口头通知乘客回到原座位坐好并系好安全带，如图2-1-2所示。

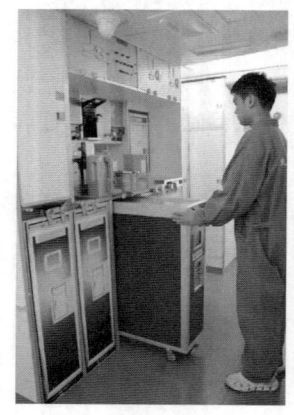

图2-1-1 固定餐车

图2-1-2 提醒乘客系好安全带

3. 对客舱的其他要求

检查行李架是否锁好，如图 2-1-3 所示，确认乘客的手提行李是否已被妥善固定。

如果有婴儿使用婴儿摇篮，应当把婴儿抱出，让其随行人员固定好婴儿，并妥善照顾。

提示长时间站在门区、厨房附近的乘客回到座位坐好；对正在排队等待使用卫生间的乘客，为了确保安全，乘务员也应该劝其回到座位坐好，并系好安全带；提醒躺倒睡觉的乘客注意系好安全带。客舱乘务员要特别关注老人和儿童的安全，颠簸期间提醒家长为儿童系好安全带。

4. 对广播的要求

在客舱乘务员广播颠簸的同时，飞行机组也应当广播颠簸的信息，使乘客能够及时了解信息，避免不必要的恐慌。

5. 平稳后的处置

当飞机恢复平稳后，乘务员应当巡视客舱，并将客舱情况、有无人员受伤等向乘务长报告，再由乘务长向机长报告客舱的整体情况。

图 2-1-3　确认行李架已锁好

八、乘客应对轻度颠簸的原则

1. 系好安全带

遇到颠簸，乘客应立即系好安全带，听从乘务员的安全指令，回座位坐好，停止使用卫生间。一般来说，在飞机颠簸过程中，系好安全带的乘客基本都安然无恙，而那些未系安全带的乘客则容易受到不同程度的伤害。所以建议乘客飞行全程系好安全带，是因为突发颠簸，乘客可能来不及反应。

2. 抓住身边可固定物

突发轻度颠簸，乘客可能离座位较远，来不及回座位。客舱乘务员可提醒乘客抓住旁边可固定的物体，如座椅扶手、座椅脚柄等。乘客有可能正在使用卫生间，而卫生间是没有安全带的，这时要立即抓住水盆边缘、门把手等物体，很多机型的马桶旁还配有辅助手柄。

🌐 任务计划

一、注意事项

（1）进入实训舱应穿空乘学员训练服、鞋套，以空中乘务员标准进行盘发、化妆，佩戴三根指针的手表（时针、分针、秒针），按规定佩戴首饰。

（2）学生实训及操作设备期间，实训舱内必须有教师进行指导和监护。在非监控阶段，学生不得随意进出、使用相应实训设施设备。

（3）学生应留意实训舱附近的站立禁区（通常用黄黑警戒线标识），动态舱在模拟轻度颠簸时，禁区内实训设备均可能移动，不得随意踏入，以免造成危险。

（4）学生应爱惜舱内实训物品，按轻度颠簸应对程序操作，并及时对自身做好防护，在舱内观摩的学生应全程系好安全带。

（5）学生在实训期间不得使用手机拍照或录制视频。

二、制订乘务组与飞行机组在轻度颠簸时的沟通流程

在教师的指导下，查阅相关资料及教学视频，小组讨论并在表 2-1-1 中制订客舱乘务组与飞行机组的沟通过程。

表 2-1-1　客舱乘务组与飞行机组关于轻度颠簸的沟通

沟通阶段	沟通内容
航前准备阶段	
飞机起飞后	
发生颠簸后	
颠簸结束后	

任务决策

各小组选派代表阐述任务计划，小组间相互讨论，提出不同看法，教师总结点评，完善方案。

任务实施

在教师的指导下完成乘务组分组，根据表 2-1-2 轻度颠簸的客舱处置来进行轻度颠簸时的任务实施。

表 2-1-2　轻度颠簸的客舱处置

顺序	操作程序	操作内容	结果记录
1	服务的处置	视情况而定，是否需暂停服务；如不暂停，注意热饮服务；固定好厨房设备	是□　否□
2	安全带的要求	提醒并检查乘客是否系好安全带	是□　否□
3	对客舱的其他要求	固定好手提行李；将婴儿从婴儿摇篮里抱出，让其随行人员妥善照顾	是□　否□
4	广播的要求	乘务员广播的同时，驾驶舱也及时广播，避免不必要的惊慌	是□　否□
5	平稳后的处置	乘务员巡视客舱，检查有无乘客受伤，并向乘务长报告情况，再由乘务长报告给驾驶舱	是□　否□

质量检查

一、乘务组自检

各乘务组根据任务实施的记录结果（表 2-1-3），对本小组的作业内容进行再次确认。

表 2-1-3　任务实施记录表

序号	检查项目	检查结果
1	仪容仪表与着装符合空乘实训规范	是□　否□
2	已知晓实训安全守则	是□　否□
3	已熟悉轻度颠簸的客舱处置要求	是□　否□
4	已按照轻度颠簸的客舱处置程序进行操作	是□　否□
5	已掌握轻度颠簸时与驾驶舱机组的沟通内容	是□　否□

二、教师检查

教师根据各乘务组作业完成情况进行质量检查，选择优秀乘务员进行作业情况展示，针对任务实施过程中出现的问题提出改进措施与建议。

课后提升

客舱轻度颠簸是航班中经常会遇到的特殊情况，能够正确地应对轻度颠簸是乘务员必须掌握的技能。请同学们查阅相关案例与资料，总结经验，对轻度颠簸的客舱应对流程再次进行模拟练习。

评价反馈

学习小组能够按乘务组操作分工形式进行轻度颠簸应对的合理分工，按内场与外场的安全职责来合作完成客舱轻度颠簸应对的练习任务。完成相应作业任务后，结合个人、小组在课堂中的实际表现进行总结与反思。

请小组成员填写表 2-1-4，完成本次工作任务评分。

表 2-1-4　"轻度颠簸的客舱应对"作业评分表

班级			姓名		
一级	二级	三级	配分	得分	判定依据
标准程序应用	服务的处置	准确判断是否需要暂停服务	10		
		格外小心热饮服务	10		
		及时固定好厨房设备	10		
	安全带的要求	提醒并检查乘客是否系好安全带	10		
	对客舱的其他要求	固定好手提行李；将婴儿从婴儿摇篮里抱出，让其随行人员妥善照顾	10		

续表

一级	二级	三级	配分	得分	判定依据
标准程序应用	广播的处置	乘务员及时广播，指导客舱中的乘客进行颠簸应对	10		
	平稳后的处置	乘务员巡视客舱，检查有无乘客受伤，并向乘务长报告情况，再由乘务长报告给驾驶舱	10		
核心素养	情景意识	在轻度颠簸的初期及时作出个人的有效防护	10		
		在轻度颠簸的初期及时作出对乘客的指导与提醒	10		
	仪容仪表	按空勤人员出勤标准化妆盘头，身着实训服装	10		

任务二　中度颠簸的处置

任务描述

本次航班从上海飞往兰州，在客舱供餐服务流程快结束的时候，客舱乘务员通过客舱内种种现象判断出了中度颠簸，在及时回撤餐车的同时，客舱乘务员口头提醒乘客系好安全带，前舱乘务员使用机上广播提醒乘客，并通知将暂停客舱服务及机上洗手间的使用，身处服务舱的乘务员再次确认所有锁扣均已扣好，所有客舱乘务员纷纷回到乘务员座位就座并系好安全带肩带。

在本次"中度颠簸的处置"的任务中，我们将学习中度颠簸时的客舱里的表现，并掌握对中度颠簸的正确处置方法。

任务目标

1. 发展能力
◎ 了解并熟记中度颠簸时客舱里的表现。
◎ 熟练掌握机上发生中度颠簸时的正确处置方法。
2. 操作能力
◎ 在客舱内的乘务员按标准操作正确应对中度颠簸。
◎ 在服务舱内的乘务员按标准操作正确应对中度颠簸。
◎ 客舱广播员能够针对中度颠簸作出暂停服务的广播。
3. 职业素养
◎ 能够在不同服务阶段针对中度颠簸作出乘务组间的协调与配合。
◎ 能够在中度颠簸中有效管理自身情绪，在压力下确保高效处置。
◎ 明确航前准备会对颠簸预案沟通的重要性，养成落实安全责任的工作作风。

任务书

_____是一名客舱乘务员，某航班在巡航阶段突遇中度颠簸，乘务长及时广播暂停客舱服务，客舱乘务员第一时间根据中度颠簸的预案进行客舱处置与乘客指导，请根据中度颠簸的客舱应对进行分组练习。

信息获取

一、客舱乘务员对中度颠簸的处置

中度颠簸在航班飞行过程中时有发生，发生中度颠簸时，乘客放在小桌板上的饮料会从杯中晃出（图2-2-1）；乘客感到安全带有明显被拉紧的感觉；在客舱中行走困难；没有

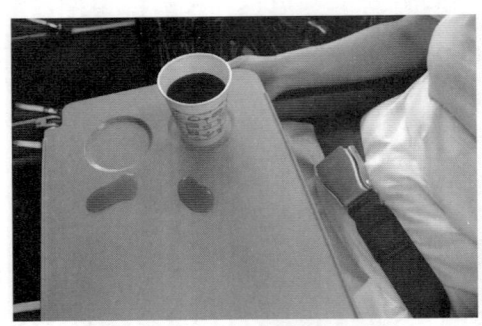

图 2-2-1 客舱中度颠簸时的景象

支撑物比较难站起来;餐车难以拉动。

当客舱发生中度颠簸时,应该按以下步骤进行处置。

1. 服务的处置

有暂停服务的必要。在客舱里进行餐饮服务的乘务员应立即将餐车推回厨房,将台面或者餐车上的饮料托及时放回餐车位(图 2-2-2)并固定好,防止在颠簸过程中翻倒;在服务舱里的乘务员应该尽快将工作台面上的服务用具及松散物品收好,并将所有的备份箱锁闭(图 2-2-3),关闭全部电器设备电源。

图 2-2-2 将饮料托收进餐车

图 2-2-3 锁闭备份箱

2. 安全带的要求

乘务员立即回到乘务员座位坐好并系紧安全带(图 2-2-4),在回到乘务员座位的途中,提醒乘客系紧安全带,并通过广播的方式提醒乘客赶紧回到座位并系好安全带。

3. 对客舱的其他要求

检查行李架是否锁好,乘客的手提行李是否已被妥善固定。如果有婴儿使用婴儿摇篮,应当把婴儿抱出,并让其随行人员固定好婴儿,妥善照顾。

提示长时间站在门区、厨房附近的乘客回到座位坐好;对正在排队等待使用卫生间的乘客,为了确保安全,乘务员也应该劝其回到座位坐好,并系好安全带;提醒躺倒睡觉的乘客注意系好安全带。要特别关注老人和儿童的安全,颠簸期间提醒家长为儿童系好安全带。

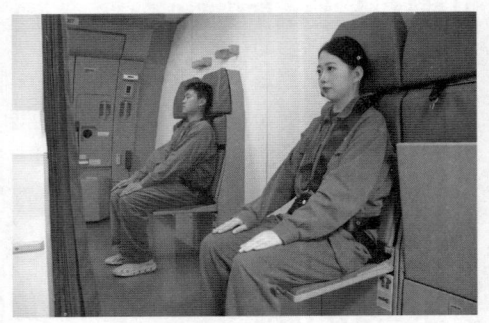

图 2-2-4 回乘务员座位并系好安全带

4. 广播的要求

在客舱乘务员广播颠簸的同时，飞行机组也应当广播颠簸的信息，使乘客能够及时了解信息，避免不必要的恐慌。中度颠簸时客舱广播内容如下。

> 女士们、先生们：
> 　　飞机受到气流影响，正在颠簸，请您回座位坐好并系紧安全带。机上洗手间暂停使用，正在使用洗手间的乘客，请您抓好扶手。颠簸期间，我们将暂停客舱服务。
> 　　谢谢。
> Ladies and gentlemen:
> 　　We are experiencing some turbulence. Please return to your seat and fasten the seatbelt. The lavatories shouldn't be used right now, and passengers in the lavatories, please hold the handrail. Cabin service will be suspended during this period.
> 　　Thank you.

5. 平稳后的处置

飞机恢复平稳后，乘务员应当巡视客舱，并将客舱情况、有无人员受伤等向客舱经理/乘务长报告，再由客舱经理/乘务长向机长报告客舱的整体情况。

二、乘客应对中度颠簸的原则

乘客也应养成良好的乘机习惯，多了解乘机的安全知识。座椅口袋里有安全须知卡可以自行阅读；起飞前客舱会播放安全录像，应认真观看。客舱乘务员应注意在飞机颠簸时千万不要开启行李架，以免行李颠出砸伤乘客。乘客应按规定托运行李，大件行李特别是超大、超重的行李在颠簸时易被颠出行李架，乘客会被严重砸伤。有些乘客不愿托运行李，便将行李放置于空座位上，这样会挡住窗户，影响乘客在紧急撤离时的视线，发生颠簸时，行李还会被抛起，砸到旁边的乘客，建议乘客按规定妥善放置行李。此外，乘客躺在空座位上睡觉时也务必系好安全带，一旦发生颠簸，应立即起身坐好。

客舱乘务员应在带领婴儿乘客的成人登机后，第一时间为其提供婴儿安全带，成人乘客应管理好儿童、婴儿乘客，不能因其不愿意或哭闹就不为其系好安全带。孕妇乘客可以将安全带系于大腿根部，并在中间垫一个柔软的物品，如小枕头等。身体不适的乘客，可以请客舱乘务员或其他乘客帮助，客舱乘务员在起飞前一般都会对系安全带事宜进行相应介绍和指导，在飞行过程中也应对客舱内的安全进行随时监控和管理。

任务计划

一、注意事项

（1）进入实训舱应穿空乘学员训练服、鞋套，以空中乘务员标准进行盘发、化妆，佩戴三根指针的手表（时针、分针、秒针），按规定佩戴首饰。

（2）学生实训及操作设备期间，实训舱内必须有教师进行指导和监护。在非监控阶段，学生不得随意进出、使用相应实训设施设备。

（3）学生应留意实训舱附近的站立禁区（通常用黄黑警戒线标识），动态舱在模拟中度颠簸时，禁区内实训设备均可能移动，不得随意踏入，以免造成危险。

（4）学生应爱惜舱内实训物品，按中度颠簸应对程序操作，并及时对自身做好防护，在舱内观摩的学生应全程系好安全带。

（5）学生在实训期间不得随意使用手机拍照或录制视频。

二、制订乘务组与飞行机组在中度颠簸时的沟通流程

在教师的指导下，查阅相关资料及教学视频，小组讨论并在表 2-2-1 中制订客舱乘务组与飞行机组针对中度颠簸的沟通过程。

表 2-2-1　客舱乘务组与飞行机组关于中度颠簸的沟通

沟通阶段	沟通内容
航前准备阶段	
飞机起飞后	
发生颠簸后	
颠簸结束后	

任务决策

各小组选派代表阐述任务计划，小组间相互讨论，提出不同看法，教师总结点评，完善方案。

任务实施

在教师的指导下完成乘务组分组，根据表 2-2-2 中度颠簸的客舱处置来进行中度颠簸时的任务实施。

表 2-2-2　中度颠簸的客舱处置

顺序	操作程序	操作内容	结果记录
1	服务的处置	有停止服务的必要；固定好厨房设备	是□　否□
2	安全带的要求	乘务员回到乘务员座位并系好安全带；并在回乘务员座位途中提醒乘客系好安全带	是□　否□
3	对客舱的其他要求	固定好自己的同时，用语言和手势帮助乘客保护好自己	是□　否□
4	广播的要求	乘务员及时进行中度颠簸的广播，及时提醒乘客回到座位系好安全带，提醒正在使用洗手间的乘客，并宣告暂停客舱服务	是□　否□
5	平稳后的处置	乘务员巡视客舱，检查有无乘客受伤，并向乘务长报告情况，再由乘务长报告给驾驶舱	是□　否□

质量检查

一、乘务组自检

各乘务组根据任务实施的记录结果（表2-2-3），对本小组的作业内容进行再次确认。

表2-2-3　任务实施记录表

序号	检查项目	检查结果
1	仪容仪表与着装符合空乘实训规范	是□　否□
2	已知晓实训安全守则	是□　否□
3	已熟悉中度颠簸的客舱处置要求	是□　否□
4	已按照中度颠簸的客舱处置程序进行操作	是□　否□
5	已掌握中度颠簸时与驾驶舱机组的沟通内容	是□　否□

二、教师检查

教师根据各乘务组作业完成情况进行质量检查，选择优秀乘务员进行作业情况展示，针对任务实施过程中出现的问题提出改进措施与建议。

课后提升

客舱中度颠簸是航班中有可能会遇到的特殊情况，能够正确地应对中度颠簸是乘务员必须掌握的技能。请同学们查阅相关案例与资料，总结经验，对中度颠簸的客舱应对流程再次进行模拟练习。

评价反馈

学习小组能够按乘务组操作分工形式进行中度颠簸应对的合理分工，按内常与外场的安全职责来合作完成客舱中度颠簸应对的练习任务。完成相应作业任务后，结合个人、小组在课堂中的实际表现进行总结与反思。

请小组成员填写表2-2-4，完成本次工作任务评分。

表2-2-4　"中度颠簸的客舱应对"作业评分表

班级			姓名		
一级	二级	三　级	配分	得分	判定依据
标准程序应用	服务的处置	准确判断中度颠簸并暂停服务	10		
		回撤餐车并固定	10		
		及时固定好厨房设备	10		
	安全带的要求	乘务员回到乘务员座位并系好安全带，并在回座位途中提醒乘客系好安全带	10		

续表

一级	二级	三级	配分	得分	判定依据
标准程序应用	对客舱的其他要求	固定好手提行李；将婴儿从婴儿摇篮里抱出，让其随行人员妥善照顾	10		
	广播的处置	乘务员及时广播，指导客舱中的乘客进行颠簸应对	10		
	平稳后的处置	乘务员巡视客舱，检查有无乘客受伤，并向乘务长报告情况，再由乘务长报告给驾驶舱	10		
核心素养	情景意识	在中度颠簸的初期及时作出个人的有效防护	10		
		在中度颠簸的初期及时作出对乘客的指导与提醒	10		
	仪容仪表	按空勤人员出勤标准化妆盘头，身着实训服装	10		

任务三　重度颠簸的处置

任务描述

本次航班从上海飞往法兰克福，由于航路上突遇重度颠簸，机上 2 名乘客因未系安全带而受轻伤。在本次"重度颠簸的处置"的任务中，我们将学习对于客舱重度颠簸的正确处置方法，以及在颠簸结束后使用机上应急医疗设备对乘客进行急救的处置。

种种真实案例都表明，航程中颠簸时有发生，重度颠簸也偶有发生，且一旦发生重度颠簸，可能对乘客和乘务人员的人身安全造成极大的危害。在本次"重度颠簸的处置"的任务中，我们将学习本项目客舱颠簸处置中的重度颠簸时的客舱里的表现，掌握对于重度颠簸的正确处置方法，以及在颠簸结束后使用机上应急医疗对乘客进行急救的处置，以尽量减少在发生重度颠簸时对机上生命及财产安全的危害。

任务目标

1. 发展能力
◎ 了解并熟记重度颠簸时客舱里的表现。
◎ 熟练掌握机上发生重度颠簸时的正确处置方法。

2. 操作能力
◎ 按标准操作正确应对重度颠簸。
◎ 根据具体情境在重度颠簸之后对客舱和乘客进行检查。
◎ 根据具体情境正确使用机上应急医疗设备对受伤乘客进行急救。

3. 职业素养
◎ 能够在不同服务阶段针对重度颠簸作出乘务组间的协调与配合。
◎ 能够在重度颠簸中有效管理自身情绪，冷静面对突发状况。
◎ 明确航前准备会对颠簸预案沟通的重要性，养成落实安全责任的工作作风。

任务书

_____是一名客舱乘务员，在本次远程航班中遇到了重度颠簸，客舱乘务员第一时间根据重度颠簸的预案进行客舱处置与乘客指导，并在颠簸后巡视客舱对受伤乘客提供急救，请根据重度颠簸的客舱应对进行分组练习。

信息获取

一、客舱乘务员对重度颠簸的处置

重度颠簸是在航班飞行过程中也偶有发生，发生重度颠簸时，饮料杯完全无法放在小桌板上（图2-3-1）；乘客产生安全带有明显被瞬间拉紧的感觉；在客舱中几乎无法行走；餐车难以拉动。

当客舱发生重度颠簸时，应该按以下步骤进行处置。

1. 服务的处置

重度颠簸期间客舱乘务员应立即停止一切服务。如果此时乘务员正在客舱内服务，立即在原地踩好餐车，将餐车斜放卡在两排座位中间加以固定（图2-3-2）；乘务员应立即坐在最近的乘客空座位处，系好安全带，同时扶住餐车一端的把手处，让餐车更加稳固（图2-3-3）；如果旁边没有空座位，则应立即坐在地上，一手抓住旁边座位下方的行李挡杆或旁边座位的扶手用以固定自己，另一只手扶住餐车；或者坐在距离自己最近的同性乘客的身上由乘客系好安全带，再紧紧环抱住乘务员，将乘务员固定，乘务员一手抓住旁边的座位扶手或前方的座椅靠背固定自己，另一只手则抓住过道中固定好的餐车加以保护。

图 2-3-1　重度颠簸

图 2-3-2　在客舱内固定餐车

图 2-3-3　在客舱内用手扶住餐车

2. 安全带的要求

在服务舱里工作的乘务员立即回到乘务员座位坐好并系紧安全带，并通过广播的方式提醒乘客赶紧回到座位并系好安全带。来不及回乘务员座位的乘务员则坐在客舱空座位上并系好安全带。

3. 对客舱的其他要求

在客舱内服务的乘务员在第一时间固定自身安全的同时，及时提醒乘客固定好手提行李；如果有婴儿使用婴儿摇篮，应当提醒乘客把婴儿抱出，并固定好婴儿，妥善照顾。在固定好自己的同时，用语言和手势帮助乘客保护好自己。

对于站在门区、厨房附近及在排队使用卫生间的乘客，为了确其保安全，乘务员应该提醒他们立刻找到就近的空座位坐好并系好安全带，如没有空座位则就地坐在过道处，并抓住座椅扶手或行李挡杆来固定住自己，并提醒躺倒睡觉的乘客注意系好安全带。要特别关注老人和儿童的安全，重度颠簸期间提醒家长为儿童系好安全带。

4. 广播的要求

在客舱乘务员广播颠簸的同时，飞行机组也应当广播颠簸的信息，使乘客能够及时了解信息，避免不必要的恐慌。

5. 平稳后的处置

待经历重度颠簸的飞机恢复平稳后，乘务员应当巡视客舱，使用机上应急医疗设备为乘客提供基础的急救措施，并将客舱情况、有无人员受伤等向客舱经理（乘务长）报告，再由客舱经理（乘务长）向机长报告客舱的整体情况。

二、机上应急医疗设备

1. 急救箱（first-aid kit）

在飞机上备有紧急药箱，按规定，每架飞机在载客飞行中急救药箱的数量应不少于乘客座位数的 1/50。每架飞机在载客飞行中所配急救箱的数量不得少于表 2-3-1 的规定。

表 2-3-1 急救箱配备数量

乘客座位数 / 个	急救箱数量 / 个
100 以下（含 100）	1
101 ~ 200	2
201 ~ 300	3
302 ~ 400	4
401 ~ 500	5
500 以上	6

急救箱（图 2-3-4）用于对乘客或者机组人员受伤的止血、包扎、固定等应急处理。

使用时，断开铅封，松开急救箱两侧的锁扣，打开盒子。急救药箱应尽可能平均分布在飞机上易于取用的位置，急救药箱内需要配备以下医疗用品（表 2-3-2）。

图 2-3-4 急救箱

表 2-3-2 急救箱内医疗物品清单

项 目	规 格	数 量
绷带	3cm	5 卷
绷带	2cm	5 卷
绷带	1cm	5 卷
敷料（纱布，10cm×10cm）	10cm×10cm	10 块
三角巾（戴安全别针）		5 条

续表

项　目	规　格	数　量
胶布	1cm、2cm	各1卷
动脉止血带		1条
静脉止血带		1条
橡胶止血带		1条
外用烧烫伤药膏		3支
手臂夹板		1副
腿部夹板		1副
医用剪刀和镊子		各1把
医用橡胶手套		2副
消毒棉签（碘伏）		10支
单向活瓣嘴对嘴复苏面罩		1个
急救箱物品清单及使用说明		1本
紧急医学事件报告单		1本

急救箱内配备了基础急救所需的多项物资，其主要内容如下。

（1）绷带：机上配备了3种规格的绷带，分别是3cm和2cm及1cm宽；绷带是包扎伤口或患处的材料，是常见的医疗用品。

（2）消毒棉签：皮肤较小的破损、擦伤、割伤、烫伤等浅层皮肤创面的消毒杀菌，也可用于注射和输液前的皮肤消毒。

（3）三角巾：三角巾是压缩包装的，它是一种便捷好用的包扎材料（图2-3-5），同时可作为固定夹板、敷料和代替止血带时使用，还可用于头部、肩部、胸部、腹股沟和臀部等部位进行包扎固定。

（4）外用烧烫伤药膏：用于一度或二度的烧烫伤。

（5）夹板：由于各航空公司进货渠道的不同所拥有的夹板材质也不同，主要用于四肢骨折的固定，包括手臂夹板（图2-3-6）和腿部夹板（图2-3-7）。

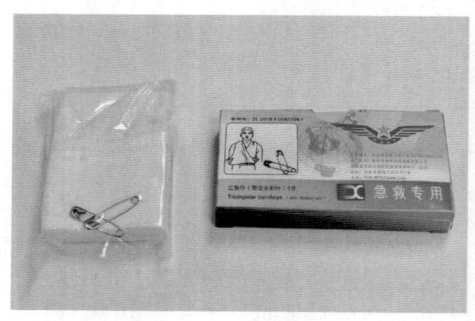

图 2-3-5　三角巾

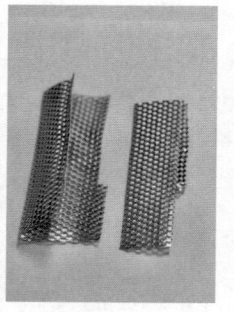

图 2-3-6　手臂夹板

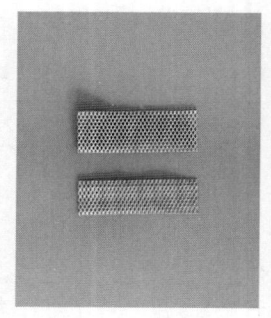

图 2-3-7　腿部夹板

（6）胶布：机上配备了2种规格的胶布，分别是1cm和2cm宽。用于固定绷带。

（7）单向活瓣嘴对嘴复苏面罩（图2-3-8）：在为病患实施心肺复苏术中的人工呼吸时使用，同时配合医用橡胶手套，以做好个人防护。

（8）医用橡胶手套：防护用品，为乘客提供急救时起到自我防护的目的。

（9）医用剪刀和镊子。

（10）止血带：用于四肢动脉出血时的止血，包括动脉止血带（图2-3-9）、静脉止血带（图2-3-10）和橡胶止血带。

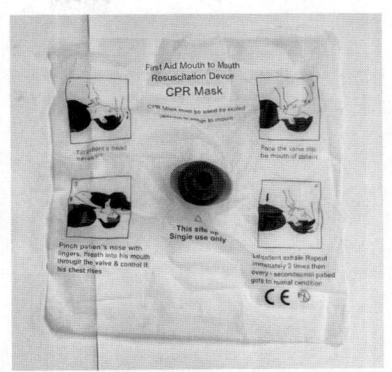

图 2-3-8　单向活瓣嘴对嘴复苏面罩

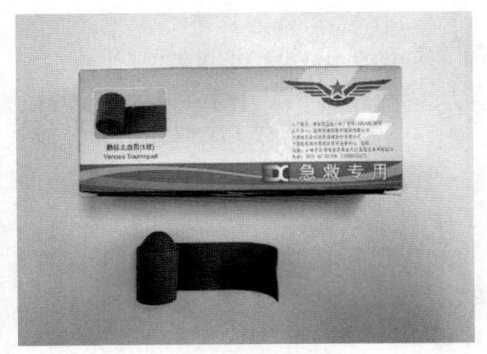

图 2-3-9　动脉止血带

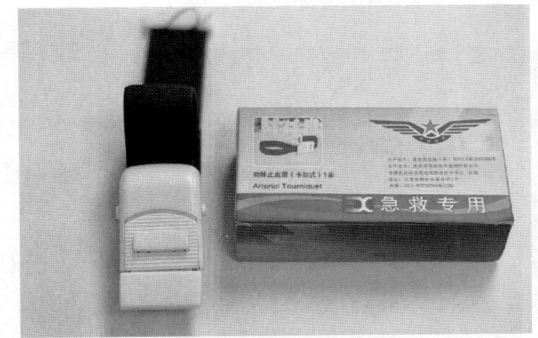

图 2-3-10　静脉止血带

（11）敷料：用于覆盖伤口或其他损伤的材料。

（12）紧急医学事件报告单：一式两联，主联由带班人员（乘务长）在航班结束后24小时内交客舱部管理部门；每个日历年结束后的30天内，由客舱部管理部门将该单据汇总后交公司质量监察部，如表2-3-3所示。

表 2-3-3　紧急医学事件报告单

航班号		机号		日期		备降地		
病人姓名		性别		国籍		年龄	证件号	
座位号		目的地		联系电话		住址		
事件情况				处理过程				
证明人姓名	地址/电话		国籍及证件号		座位号		签名	

续表

处理人员签名		地址		联系电话		签名	
带班人员（乘务长）签名							

当机上出现外伤或需用机上紧急药箱中的用品时，经过急救训练的乘务人员或在场医务人员或经专门训练的其他人员，均可打开并使用急救药箱内物品。但非本航班乘务员，应在开箱时出示相关的证书证件。其他需用的场合，机长可以打开驾驶舱的急救箱取出所需用品。用后要做好相应记录，一式两份，并由乘务长或机长签名，记录单应一份交给使用人，一份留箱内交回航卫中心。

2. 应急医疗箱（Emergency Medical Kit）

按规定，每架飞机在载客飞行中至少配备一只应急医疗箱（图2-3-11），医疗箱应尽可能妥善存放在机组人员易于取用的位置，且能够防尘、防潮、防不良温度损坏。上机后由责任乘务员检查药箱在位，铅封（封条）完好，锁头锁闭；在乘客登机前，要将锁头打开，以保证药箱的备用状态；航班结束后锁上锁头。

每只应急医疗箱内至少配备以下医疗用品和物品，如表2-3-4所示。

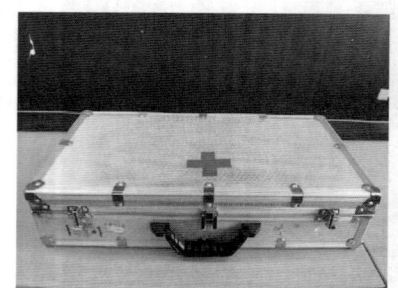

图 2-3-11　应急医疗箱

表 2-3-4　应急医疗箱内的物品清单

项　目	数　量	项　目	数　量
血压计	1个	消毒棉签（碘伏）	10支
听诊器	1副	0.9%生理盐水	250mL*
人造口咽气道（10cm、8cm 和 7cm 三种规格）	各1个	马来酸氯苯那敏片（非处方药）	适量
静脉止血带	1根	硝酸甘油片	10片*
脐带夹	1个*	盐酸苯海拉明注射液	2支
医用口罩	2副*	醋酸基水杨酸（阿司匹林）口服片	30片*
医用橡胶手套	2副*	1∶1 000肾上腺素单次用量安瓿	2支
电子体温计	1支	应急医疗箱手册（含药品和物品清单）	1本
一次性注射器（2mL、5mL 两种规格）和针头	各2（各+1）支*	机上紧急事件报告单	1本（若干页）

注：* 为相关物品的备份量，备份为高于规定配备的增量。

应急医疗箱内的物品使用方法及功能如下。

（1）血压计：临床各科最常用的测量血压的工具。

（2）听诊器：配合血压计使用测量血压。

（3）人造口咽通气管：有 3 种规格，分别是 10cm、8cm 和 7cm；可改善舌后坠患者的通气功能；需由专业医护人员使用，如图 2-3-12 所示。

（4）一次性注射器和针头：机上配备了两种规格的注射器，分别是 5mL 和 2mL。

（5）硝酸甘油片：舌下含服。用于冠心病心绞痛的治疗及预防，也可用于降低血压或治疗充血性心力衰竭。需在医生的指导下使用。

（6）盐酸苯海拉明注射液：可用于急性过敏反应及恶心呕吐。

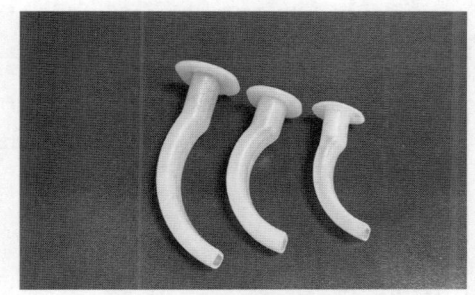

图 2-3-12　三种规格的口咽通气管

（7）阿司匹林口服片（处方药）：口服，用于解热镇痛，需在医生的指导下使用。

（8）马来酸氯苯那敏片（非处方药）：口服，用于过敏反应。

（9）0.9% 生理盐水：外用可清洗伤口及创面，口服可补充体液和电解质，可稀释注射用药品。

（10）消毒棉签（碘伏）：用于皮肤较小的破损、擦伤、割伤、烫伤等浅层皮肤创面的消毒杀菌，也可用于注射和输液前的皮肤消毒。

（11）1∶1 000 肾上腺素单次用量安瓿：可改善舌后坠患者的通气功能；需由专业医护人员使用。

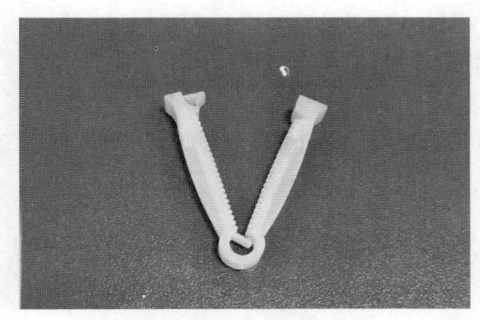

图 2-3-13　脐带夹

（12）电子体温计：可通过口腔、腋下常规方法测量体温，不含水银比较安全。

（13）静脉止血带：用于四肢动脉出血的止血，也可在输液时辅助使用。

（14）脐带夹：乘务人员在为新生儿处理脐带时使用，如图 2-3-13 所示。

（15）医用口罩：防护用品，达到隔绝细菌以及灰尘的作用，一次性使用。

（16）医用橡胶手套：防护用品，为病患提供急救时起到自我防护的目的。

（17）箱内医疗用品和药物使用说明。

（18）应急医疗箱手册（含药品和物品清单）：包括《医疗设备和药品使用知情同意书》（以下简称《同意书》）和"药品使用反馈信息卡"。其中《医疗设备和药品使用知情同意书》是三联单，当使用机上所配备的药品及医疗设备时，由乘客本人、其同行人或医护人员签署此《同意书》；航班到达后，第一联交到达站，第二联交乘客家属，第三联交客舱部管理部门（每联左下角均已注明），而"药品使用反馈信息卡"则是当应急医疗箱被打开使用或铅封断开时，责任乘务员根据药箱内的《医疗用品药品清单》清点物品，并填写此卡片，如表 2-3-5 所示；如药箱内无物品缺失，仅铅封断开，仍需填写该卡。航班结束后，仍将药箱锁闭，带班人员（乘务长）应尽快将该卡片交药箱管理部门，以保证药箱管理部门在下一个航班开始之前完成药品和器械的补充。

表 2-3-5　药品使用反馈信息卡

航班号			机号	
药箱存放位	□前 □中 □后		日期	
使用过药品/器械名称：				

带班人员（乘务长）签名 _____

当机上出现急重伤病乘客时，应广播找医务人员帮助，若医务人员上前帮忙时，应向其出示医药箱内的物品名称和用法一览表以供其使用。当有人要求打开并使用其内物品时，应确认并记录证实该人身份为医生的证明或文件。其他需用的场合，机长有权决定打开并使用其中的相关用品。用后要做好相应一式三份的记录，并让使用医生、乘务人员或机长在相应位置签名，记录单位一份送抵机场的有关部门，一份交使用药箱的医生，一份留箱内交回航卫中心。

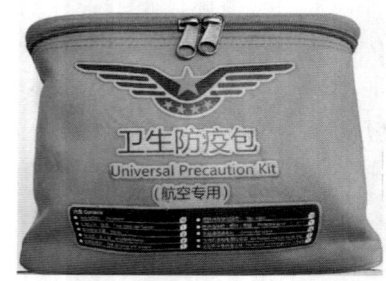

图 2-3-14　卫生防疫包

3. 卫生防疫包（Universal Precaution Kit）

卫生防疫包（图 2-3-14）用于清洁、消除客舱内具有潜在可传染性的血液、尿液、呕吐物等时候使用，并在为护理可疑传染病病人提供个人护理。

客舱机组成员在使用卫生防疫包时，应当按照使用规范操作。

每只卫生防疫包内至少配备以下物品，如表 2-3-6 所示。

本规则所规定的卫生防疫包应当满足以下条件和要求。

（1）每架飞机在载客飞行中所配卫生防疫包的数量不得少于每 100 个乘客座位 1 个（100 座以内配 1 个）。

（2）每个卫生防疫包应当能够防尘、防潮。使用时，应注意以下几点。

① 穿戴个人防护用品。依次穿戴医用口罩、眼罩、医用橡胶手套、防渗透围裙。

② 配制消毒液。取 1 片表面清理消毒片放入 250~500mL 清水中，配制成 1∶500~1 000 浓度的消毒液，用于对污物污染的座舱内物品表面和地面进行初步消毒。

③ 将消毒凝固剂均匀覆盖于液体、排泄物等污物 3~5min，使其凝胶固化。

④ 使用便携拾物铲将凝胶固化的污物铲入生物有害物专用垃圾袋中。

表 2-3-6 卫生防疫包内的物品清单

项　目	数　量	项　目	数　量
消毒凝固剂	100g	眼罩	1 副
表面清理消毒片	有效成分 1~3g	医用橡胶手套	2 副
防渗透围裙	1 条	生物有害物专业垃圾袋	1 套
吸水纸（毛）巾	2 块	便携拾物铲	1 套
皮肤消毒擦拭纸巾	10 块	使用说明书	1 份
医用口罩	1 副 *	紧急医学事件报告单	1 份

⑤ 用配好的消毒液对污物污染的物品进行消毒，保证消毒液在物品表面滞留 3~5min 后用清洁水擦拭清洗，最后用吸水毛巾将残留水渍吸干，上述过程重复进行一遍，然后将使用后的吸水毛巾及其他使用过的消毒用品放入生物有害物专用垃圾袋。

⑥ 依次脱掉手套、围裙，用皮肤消毒擦拭纸巾擦手消毒；再依次脱下眼罩、口罩，最后用皮肤消毒擦拭纸巾擦手及身体其他可能接触到污物的部位。

⑦ 将所有使用后的防护用品装入生物有害物专用垃圾袋后，将垃圾袋封闭，填写"生物有害垃圾标签"（附后），粘贴在垃圾袋封口处。

⑧ 已封闭的生物有害物专用垃圾袋暂时存放于适当位置，避免丢失、破损或对机上餐食造成污染。

⑨ 通知目的地的地面相关部门做好接收准备。

⑩ 生物有害垃圾按照医疗垃圾管理原则处置，负责接收的地面相关部门事先与医疗废物的专业机构签订协议，确保生物有害垃圾及时送相关机构进行无害化处理。

三、颠簸后的伤情处置

在机上颠簸发生后，尤其是突发性的颠簸，很有可能会造成乘客和乘务员自身的受伤。颠簸结束后，乘务员在进行客舱巡视时，如发现有人受伤，应采取以下的处置流程。

（1）当发现有乘客或乘务员受伤，首先应使用机上的广播系统寻找医生或护士，寻求专业人士的帮助；在医务人员未到之前或机上无医务人员时，按急救箱内附的"急救指导"进行急救。

（2）根据需求适当调整受伤乘客的位置，给予其充分的空间，使乘客尽量感觉到舒适。

（3）运用自己的急救知识，对乘客进行救治。在处理好受伤乘客的情况后，密切观察其状况，适当保暖，防止其休克；如有乘客因颠簸感到不适造成呕吐，则应使用卫生防疫包中的物品按要求进行清洁和呕吐物的消除。

（4）将受伤乘客的情况及处理情况进行详细的填写，并将客舱内乘客的受伤情况报告给飞行机组，以便飞行机组能够及时联系地面。在飞机降落后，地面能够根据机组提供的情况，及时对受伤乘客进行救治。

四、乘客应对重度颠簸的原则

当飞机遭遇严重颠簸时，飞机会左右摇摆，机体会剧烈晃动，甚至于快速地下降高度，乘客会有失重感，会恶心、头晕和呕吐，很多人会感到很害怕。这时乘客一定不能慌张，应第一时间系紧安全带，保持平稳心态，通过咀嚼、捏住鼻子、深呼吸等方式减轻耳压，尽量将头靠固在座椅背上不动，可以减缓眩晕。飞机座位口袋里配有呕吐袋，是经防水处理的，供乘客呕吐使用。当然，在飞行中全程保持安全带系好也是乘客应对重度颠簸的最好预案。颠簸结束后，乘务员会立即为乘客提供相应的服务和救治。

任务计划

一、注意事项

（1）进入实训舱应穿空乘学员训练服、鞋套，以空中乘务员标准进行盘发、化妆，佩戴三根指针的手表（时针、分针、秒针），按规定佩戴首饰。

（2）学生实训及操作设备期间，实训舱内必须有教师进行指导和监护。在非监控阶段，学生不得随意进出、使用相应实训设施设备。

（3）学生应留意实训舱附近的站立禁区（通常用黄黑警戒线标识），动态舱在模拟重度颠簸时，禁区内实训设备均可能移动，不得随意踏入，以免造成危险。

（4）学生应爱惜舱内实训物品，按重度颠簸应对程序操作，并及时对自身做好防护，在舱内观摩的学生应全程系好安全带。

（5）学生在实训期间不得随意使用手机拍照或录制视频。

二、制订乘务组与飞行机组在重度颠簸时的沟通流程

在教师的指导下，查阅相关资料及教学视频，小组讨论并在表 2-3-7 中制订客舱乘务组与飞行机组针对重度颠簸的沟通过程。

表 2-3-7　客舱乘务组与飞行机组关于重度颠簸的沟通

沟通阶段	沟通内容
航前准备阶段	
飞机起飞后	
发生颠簸后	
颠簸结束后	

任务决策

各小组选派代表阐述任务计划，小组间相互讨论，提出不同看法，教师总结点评，完善方案。

任务实施

在教师的指导下完成乘务组分组,根据表 2-3-8 重度颠簸的客舱处置来进行重度颠簸时的任务实施。

表 2-3-8　重度颠簸的客舱处置

顺序	操作程序	操作内容	结果记录
1	服务的处置	停止服务；原地踩好餐车刹车；将饮料及餐食收入车内	是□　否□
2	安全带的要求	服务舱内的乘务员,回到乘务员座位并系好安全带；客舱内乘务员立即就近在乘客座位坐下,系好安全带,并抓住客舱内的餐车	是□　否□
3	对客舱的其他要求	固定好自己的同时,用语言和手势帮助乘客保护好自己	是□　否□
4	广播的要求	乘务员广播的同时,驾驶舱也及时广播,避免不必要的惊慌	是□　否□
5	平稳后的处置	乘务员巡视客舱,检查有无乘客受伤,并向乘务长报告情况,再由乘务长报告给驾驶舱	是□　否□

质量检查

一、乘务组自检

各乘务组根据任务实施的记录结果(表 2-3-9),对本小组的作业内容进行再次确认。

表 2-3-9　任务实施记录表

序号	检查项目	检查结果
1	仪容仪表与着装符合空乘实训规范	是□　否□
2	已知晓实训安全守则	是□　否□
3	已熟悉重度颠簸的客舱处置要求	是□　否□
4	已按照重度颠簸的客舱处置程序进行操作	是□　否□
5	已掌握重度颠簸时与驾驶舱机组的沟通内容	是□　否□

二、教师检查

教师根据各乘务组作业完成情况进行质量检查,选择优秀乘务员进行作业情况展示,针对任务实施过程中出现的问题提出改进措施与建议。

课后提升

客舱重度颠簸是航班中偶尔会遇到的特殊情况,一旦发生将产生严重后果,能够正确地应对重度颠簸是乘务员必须掌握的技能。请同学们查阅相关案例与资料,总结经验,对重度颠簸的客舱应对流程再次进行模拟练习。

评价反馈

学习小组能够按乘务组操作分工形式进行重度颠簸应对的合理分工，按内常与外场的安全职责来合作完成客舱重度颠簸应对的练习任务。完成相应作业任务后，结合个人、小组在课堂中的实际表现进行总结与反思。

请小组成员填写表 2-3-10 "重度颠簸的客舱应对"作业评分表，完成本次工作任务评分。

表 2-3-10 "重度颠簸的客舱应对"作业评分表

班级			姓名		
一级	二级	三 级	配分	得分	判定依据
标准程序应用	服务的处置	第一时间停止服务，原地踩好餐车刹车	10		
		将饮料及餐食收入车内	10		
	安全带的要求	服务舱内的乘务员，立即回到乘务员座位并系好安全带	10		
		客舱内乘务员立即就近在乘客座位坐下，系好安全带，并抓住客舱内的餐车	10		
	对客舱的其他要求	固定好自己的同时，用语言和手势帮助乘客保护好自己	10		
	广播的处置	乘务员及时广播，指导客舱中的乘客进行颠簸应对	10		
	平稳后的处置	乘务员巡视客舱，检查有无乘客受伤，并向乘务长报告情况，再由乘务长报告给驾驶舱	10		
核心素养	情景意识	在重度颠簸的第一时间及时作出个人的有效防护	10		
		在重度颠簸的第一时间及时作出对乘客的指导与提醒	10		
	仪容仪表	按空勤人员出勤标准化妆盘头，身着实训服装	10		

项目三
客舱释压处置

工作情境

2020年8月9日,深航空客A330机型飞机执行深圳至西安的航班,在广州区域上升至9 200m高度时,出现客舱高度警戒信息,机组依程序处置并宣布紧急下降,之后返航深圳。经调查,该起事件是由飞机后货舱门密封条故障造成的。在本次实训项目中,就让我们担任该航班的乘务员,从航前的客舱应急设备检查、航程中突发释压处理与回到安全高度后的客舱检查入手,来有效应对客舱释压。

学习目标

◎ 熟练掌握客舱应急供氧设备的检查与使用方式。
◎ 熟练掌握客舱释压处置的程序。
◎ 掌握在机上固定自身、维持吸氧的要领。
◎ 能够根据真实情境快速应对客舱释压,有效管理客舱。

任务一　应急供氧设备的检查与使用

任务描述

在经历了空中释压到达安全高度后，客舱乘务员吴晴在检查客舱时发现自己负责的区域有一名乘客有严重缺氧反应，吴晴在与乘务组沟通后第一时间取出储存在行李架上的机上便携式氧气瓶给该乘客做吸氧处置，有效地缓解了该乘客的不适症状——客舱应急设备的检查与使用是确保空中应急情境发生时，能够第一时间有效使用的前提，也是空中乘务员落实客舱安全职责的要务之一。

客舱应急设备检查通常在客舱乘务组登机后的第一时间进行，是客舱乘务员对所飞机型适航性所做的必要检查。在本次"应急供氧设备的检查与使用"的任务中，我们将学习本项目客舱释压处置中的两项重要客舱安全保障与应急设备——氧气面罩与便携式氧气瓶。

任务目标

1. 发展能力
◎ 了解机上供氧系统与氧气面罩的使用方法。
◎ 掌握客舱内便携式氧气瓶的航前检查与使用方法。

2. 操作能力
◎ 能够快速找到便携式氧气瓶在客舱内的存放位置。
◎ 能够按标准对客舱便携式氧气瓶进行航前检查。
◎ 能够在具体场景中按标准操作并固定客舱便携式氧气瓶。

3. 职业素养
◎ 以严谨细致的工匠精神落实客舱应急设备的检查与使用。
◎ 明确航前应急设备检查的重要性，养成落实安全责任的工作作风。

任务书

　　　　　　是一名实习乘务员，乘务组接到了航前应急设备检查的任务。乘务长根据作业任务对乘务组人员进行了合理分工，同时强调了飞行安全工作。接到任务后，对照应急设备工单开始对本次任务中的应急设备进行航前检查与操作。

信息获取

一、客舱供氧系统

客舱供氧系统（PAX Oxygen System）通过氧气面罩，在出现客舱释压的紧急情况时为乘客及客舱乘务员提供氧气。氧气面罩储藏在乘客座位上方（图 3-1-1）、厕所天花板及客舱乘务员座席上方的氧气面罩储藏室内。氧气面罩是在出现客舱释压紧急情况下用于吸氧的工具,当客舱高度达到 14 000ft+500ft(约 4 200m)时,氧气面罩会自动脱落。

1. 供氧方式

(1)自动方式。当客舱释压后,氧气面罩储藏室的门自动打开,氧气面罩自动脱落。

(2)电动方式。当自动方式失效或在任何高度由机组操作驾驶舱内的一个电门打开氧气面罩储藏室的门,氧气面罩自动脱落。

(3)人工方式。当自动和电动方式都无法打开氧气面罩储藏室的门时,可用人工方式,客舱乘务员可以使用尖细的物品,例如人工释放工具、笔尖、别针、发卡等打开氧气面罩储藏室的门,使氧气面罩脱落。将人工释放工具插入氧气面罩储藏室面板,人工开启。

2. 客舱内氧气的提供

(1)客舱供氧系统的氧气来源主要有以下两种情况。

① 是由氧气面罩储藏室内的化学氧气发生器提供的。

② 是由飞机货舱或电子舱内固定氧气瓶提供的。

(2)氧气面罩使用方法步骤如下。

① 当氧气面罩脱落后,用力向下拉动氧气面罩。

② 将面罩罩在口鼻处,松紧带套在头上。

③ 调整好松紧带长度,进行正常呼吸,氧气面罩的正确佩戴方式如图 3-1-2 所示。

图 3-1-1 乘客座位上方的氧气面罩储藏室

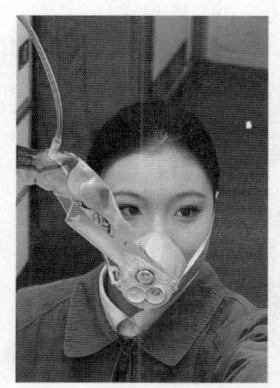
图 3-1-2 氧气面罩的正确佩戴方式

(3)氧气面罩使用时的注意事项如下。

① 必须拉动面罩才能促使氧气流出。

② 化学氧气发生器工作时不要用手触摸,以免烫伤。

③ 氧气面罩不能作为防烟面罩使用。

④ 供氧开始后,禁止烟火。

⑤ 使用后不要试图将氧气面罩收回储藏室内。

二、客舱内便携式氧气瓶的检查与使用

在民航客机的航班运行中,在客舱内都配备有一定数量的便携式氧气瓶,这既是为了应对飞行中遇到的突发紧急医学事件(如乘客由于疾病而需要紧急吸氧),也可供客舱乘务员在紧急情况下使用。

1. 便携式氧气瓶的容量

飞机上的氧气瓶容量分为两种：310L（或311L）和120L。

2. 客舱便携式氧气瓶供氧方式及使用时间

便携式氧气瓶有一个或两个氧气流量出口，氧气流量分别为高流量和低流量。

（1）高流量（HI）：一般情况下，310/311L容量的氧气瓶，在高流量的挡位每分钟流出4L，可使用77min；120L容量的氧气瓶，在高流量的挡位每分钟流出4L，可使用30min。

（2）低流量（LO）：一般情况下，310/311L容量的氧气瓶，在低流量的挡位每分钟流出2L，可使用155min；120L的氧气瓶，在低流量的挡位每分钟流出2L，可使用60min。

3. 客舱便携式氧气瓶的航前检查方法

客舱乘务员应根据"应急设备检查单"，在直接准备阶段对客舱内的便携式氧气瓶以及与之配套的氧气面罩的数量、状态作出航前检查。其航前检查标准如下。

（1）客舱便携式氧气瓶航前检查标准。

① 固定在指定位置且数量正确。
② 压力表指针处于红色区域。
③ 氧气输出口的防尘帽堵塞在位。
④ 开关阀门在"关"位，且铅封完好。
⑤ 瓶身上附有适配的氧气面罩。

（2）便携式氧气瓶的检查要点如图3-1-3所示。

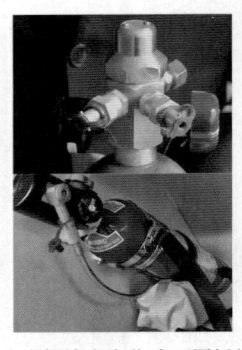  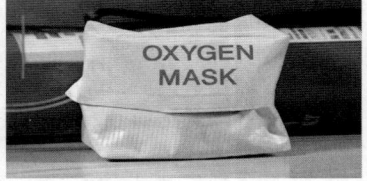

（a）防尘帽堵塞在位或面罩插接正常　　（b）压力表指针处于红色区域　　（c）有与之相匹配的氧气面罩

图3-1-3　客舱便携式氧气瓶的航前检查要点

4. 客舱便携式氧气瓶的使用方法

客舱便携式氧气瓶，根据航空公司选型有所不同，其使用方法也有所差异，以下介绍种类一与种类二两种主要类型。

1）种类一客舱便携式氧气瓶

（1）种类一客舱便携式氧气瓶结构。

种类一客舱便携式氧气瓶具体结构如图3-1-4所示，低流量出口提供2L/min用氧，高流量出口提供4L/min用氧，航前需检查压力指示表指针在红色区域或规定数值，压力指示表具体位置如图3-1-5所示。

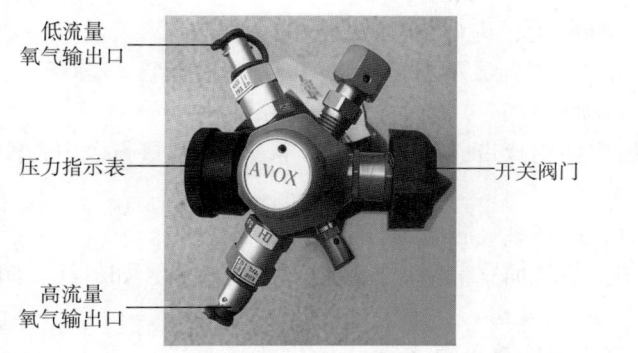
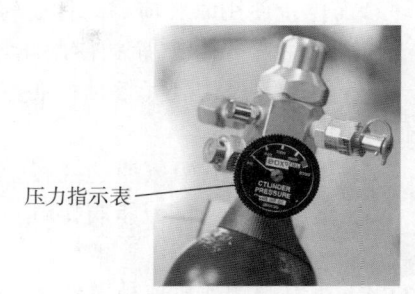

图 3-1-4　种类一客舱便携式氧气瓶具体结构　　图 3-1-5　种类一客舱便携式氧气瓶压力指示表

（2）种类一客舱便携式氧气瓶的具体使用方法及步骤如下。

① 取出氧气面罩。

② 根据需要选择一个流量出口，打开相应流量口防尘盖，确认输氧导管插头插入并连接好。

③ 逆时针旋转打开阀门，通过检查氧气面罩袋子底部的"绿色流量指示区"鼓起或氧气输出管内嵌式流量指示"绿色浮珠"可见或储氧袋鼓起，判定已有氧气流出。

④ 把面罩罩在口鼻处，带子套在头上，进行正常呼吸。

⑤ 停止使用时，顺时针旋转并拧紧开关阀门，关断氧气瓶。

2）种类二客舱便携式氧气瓶

（1）种类二客舱便携式氧气瓶结构。

种类二客舱便携式氧气瓶的外观如图 3-1-6 所示，瓶身具体结构如图 3-1-7 所示。

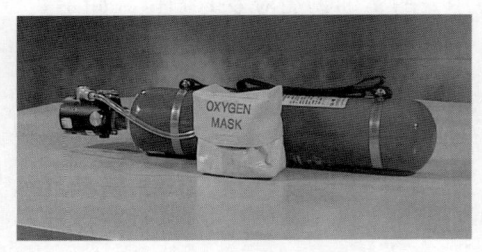
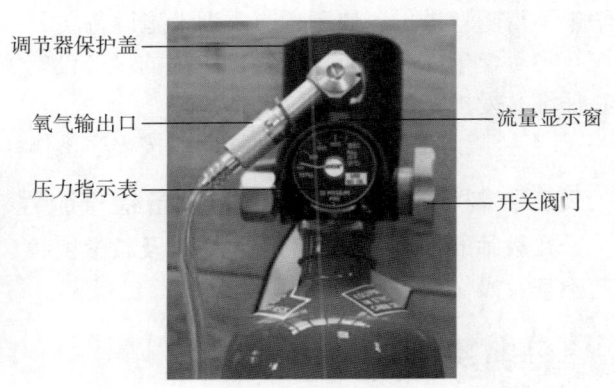

图 3-1-6　种类二客舱便携式氧气瓶外观　　图 3-1-7　种类二客舱便携式氧气瓶具体结构

（2）种类二便携式氧气瓶的具体使用方法及步骤如下。

① 确认面罩接插正常。

② 逆时针旋转（按箭头指示方向）打开阀门。

③ 客舱乘务员可通过流量选择显示窗调节需要的氧气输出流量。

④ 调整后需确认数字"2"或者"4"在显示窗口的中间，并显示清晰。

⑤ 在将面罩罩在患者面部前，需通过检查氧气袋底部的绿色流量指示袋鼓起或者氧气输出管中的内嵌式流量指示绿色浮珠可见，判定氧气已经流出。

⑥ 将面罩罩在患者口鼻处，带子套在头上，进行正常呼吸。

⑦ 需停止使用时，应顺时针旋转阀门，直到显示窗呈红色，关断氧气瓶。

3）客舱手提式氧气瓶的使用注意事项

（1）使用手提式氧气瓶时，乘务员应使用背带或加长安全带等，对设备进行固定，注意不要碰撞氧气瓶。

（2）携带手提式氧气瓶巡视客舱时，应将氧气瓶斜背竖抱在胸前。

（3）避免氧气与油或脂肪接触，戴上氧气面罩前需要擦掉脸部的化妆品，如口红、润肤霜等。

（4）用氧周围4排座位（约3m）之内不能有火源。

（5）当压力表指针指示为500psi时，应停止使用。

（6）肺气肿患者使用低流量。

（7）使用后填写《客舱记录本》。

任务计划

一、注意事项

（1）学生进行释压处置任务期间，模拟实训舱内会有氧气面罩脱落、信号灯声光提示闪烁、客舱紧急下降等实际模拟现象，学生宜充分调动听觉、视觉等留意舱内动态，也需积极调动各种方法固定自己的身体，应保持警觉，听从实训教师引导，并时刻注意自身实训安全。

（2）学生实训及操作设备期间，实训舱内必须有教师进行指导和监护。在非监控阶段，学生不得随意进出、使用相应实训设施设备。

（3）学生在使用、检查实训舱内的设备设施（如舱门、应急窗、氧气面罩）时，应小心仔细，爱护实训舱内设施设备。

（4）学生应爱惜舱内实训物品，按程序操作，使用完的实训物品应及时归位并固定。

二、制订应对释压的应急设备检查流程

在教师的指导下，查阅相关资料及教学视频，小组讨论并制订机上便携式氧气瓶的航前检查及操作流程。

任务决策

各小组选派代表阐述任务计划，小组间相互讨论，提出不同看法，教师总结点评，完善方案。

任务实施

在教师的指导下完成乘务组分组，各号位乘务员合理分工，完成与释压处置相关的应急设备检查，并填写表3-1-1"客舱便携式氧气瓶航前检查"任务实施表和表3-1-2"客舱便携式氧气瓶使用"任务实施表，准备释压处置中的安全保障工具箱。

表 3-1-1 "客舱便携式氧气瓶航前检查"任务实施表

作业内容	具体作业内容	结果记录
航前检查	（1）固定在指定位置且数量正确	是□ 否□
	（2）压力表指针处于红色区域	是□ 否□
	（3）氧气输出口的防尘帽堵塞在位	是□ 否□
	（4）开关阀门在"关"位，且铅封完好	是□ 否□
	（5）瓶身上附有适配的氧气面罩	是□ 否□

表 3-1-2 "客舱便携式氧气瓶使用"任务实施表

作业内容	具体作业内容	结果记录
设备使用	（1）将氧气瓶从支架上快速释放，取出氧气面罩	是□ 否□
	（2）根据需要选择一个流量出口并打开其防尘帽	是□ 否□
	（3）将输氧管插入按需流量的氧气输出口并确认导管插头连接到位（顺时针旋转至固定位）	是□ 否□
	（4）逆时针旋转"开–关"阀门至 ON 位	是□ 否□
	（5）确认已有氧气流出	（1）储氧袋底部的"绿色流量指示区"鼓起□ （2）氧气输出管内嵌式流量指示"绿色浮珠"可见□ （3）听到氧气流出的声音□
	（6）将氧气瓶固定好	是□ 否□
	（7）将面罩罩在患者口鼻处，用可调节的松紧带固定面罩，进行正常呼吸	是□ 否□
	（8）停止使用时顺时针旋转并拧紧开关阀门，关断氧气瓶	是□ 否□
注意事项	当氧气瓶容量为 311L 时 高流量 4L/min，可使用 77min 低流量 2L/min，可使用 155min	是□ 否□
	切勿将氧气瓶内氧气放空（至少保留 500psi）	是□ 否□
	使用氧气瓶前后 4 排座位（3m）内不能有明火	是□ 否□
	乘务员巡视客舱时应使用背带等，将氧气瓶斜背竖抱在胸前，注意不要摔或撞氧气瓶	是□ 否□
	戴上氧气面罩前需要擦掉脸部的化妆品，如口红、润肤霜等	是□ 否□

质量检查

一、乘务组自检

各乘务组根据任务实施的记录结果（表 3-1-3），对本小组的作业内容进行再次确认。

表 3-1-3 任务实施记录表

序号	检 查 项 目	检查结果
1	仪容仪表与着装符合空乘实训规范	是□ 否□
2	已知晓实训安全守则，完成号位分工	是□ 否□
3	已确认各自区域应急设备	是□ 否□
4	已按照应急设备检查单完成客舱便携式氧气瓶的航前检查	是□ 否□
5	已按照应急设备操作流程进行便携式氧气瓶的使用	是□ 否□
6	已将应急设备归位	是□ 否□

二、教师检查

教师根据各乘务组作业完成情况进行质量检查，选择优秀乘务员进行作业情况展示，针对任务实施过程中出现的问题提出改进措施与建议。

课后提升

客舱释压应急设备的航前检查与使用需要查阅学习资料，严格客舱乘务员对于应急设备的检查与使用规范进行，为了提升同学们的客舱安全保障意识，请同学们扫描二维码，观看机载便携式氧气瓶的检查与使用视频，利用思维导图制作相应的检查与使用流程。

便携式氧气瓶的检查与使用

评价反馈

学习小组能够按乘务组分工形式进行责任区域的合理分工，按乘务长和乘务员的安全职责来合作完成实训舱内应急供氧设备的检查与使用任务。完成相应作业任务后，结合个人、小组在课堂中的实际表现进行总结与反思。

请小组成员填写表 3-1-4 "客舱释压应急设备的检查与使用"作业评分表，完成本次工作任务评分。

表 3-1-4 "客舱释压应急设备的检查与使用"作业评分表

班级			姓名		
乘务组成员			号位		
一级	二级	三 级	配分	得分	判定依据
标准程序应用	航前检查	□未检查在指定位置且数量正确扣5分	5		
		□未检查有与之相匹配的氧气面罩扣5分	5		
		□未检查氧气输出口的防尘帽堵塞在位或面罩接插正常扣5分	5		
		□未检查开关阀门在"关"位扣5分	5		
		□未检查压力表指针处于红色区域或最小值不低于1600psi扣5分	5		
	设备使用	□未根据需要选择一个合适的流量出口并打开其防尘帽扣5分	5		
		□未将面罩准确插入按需流量的氧气输出口并固定扣5分	5		
		□未逆时针旋转有效开启"开－关"阀门扣5分	5		
		□未有效判定已有氧气流出扣10分	10		
		□未将面罩罩在口鼻处，固定松紧带，进行正常呼吸扣5分	5		
		□停止使用时未顺时针旋转并拧紧开关阀门，关断氧气瓶扣5分	5		
核心素养	情景意识	□未能将便携式氧气瓶快速从支架上释放扣5分	5		
		□未将氧气瓶背带背好或固定好扣5分	5		
	沟通及协作	□未汇报氧气瓶检查或使用情况或汇报不准确扣5分	5		
		□未将使用过的氧气瓶及时归位扣5分	5		
		□未将使用情况记录在客舱维护记录本（CLB）上扣5分	5		
	判断与决策	□未有效判定禁烟范围扣5分	5		
		□未正确选择合适的流量出口（如为肺气肿患者提供了高流量）扣5分	5		
		□当氧气压力表指针指示为500psi时，未停止使用扣5分	5		

任务二　客舱释压处置

任务描述

陈悦是一位普通舱乘务员，今天执飞 SC5207 次航班，机型为 A320。飞机平飞后，陈悦在客舱巡视过程中感到异常疲劳伴随呼吸困难，同时发现 R 道应急窗周围有光线射入。随着客舱高度的不断升高，客舱内的氧气面罩脱落了。当看到、感觉到这些现象时，陈悦将采取一系列措施来应对客舱释压，保障客舱乘客安全。

任务目标

1. 发展能力
◎ 识别客舱释压的迹象与症状。
◎ 能够根据情境准确应用释压处置程序。
2. 操作能力
◎ 能够在第一时间就近戴上氧气面罩维持吸氧。
◎ 能够在客舱不同区域采取合适的方法固定自己的身体。
◎ 能够使用肢体语言向乘客做出及时、有效的释压应对指导。
3. 职业素养
◎ 在释压处置中有效调控情绪，与组员协作配合。
◎ 根据自身情况及时进行释压后的客舱管理。
◎ 与机组协同做出及时的沟通与联络。

任务书

_____乘务组在执飞 SC5207 航班时，面对氧气面罩脱落，飞行机组广播："紧急下降、紧急下降。"后，乘务组合理协作分工，维持吸氧并固定自身，妥善指导客舱内乘客系好安全带、戴上氧气面罩；在飞机到达安全高度，飞行机组广播宣布："到达安全高度，摘下氧气面罩"后，根据自身状况进行客舱检查，并对客舱内乘客做出专业提示指导。

信息获取

一、释压的相关概念

1. 客舱高度

客舱高度（cabin altitude）是指飞机客舱内的空气压力所对应的标准大气高度，它并非飞机实际飞行的物理高度，而是以气压为基准衡量的一种等效高度。例如，当飞机在高空飞行时，通过客舱增压系统的调节，使客舱内的气压保持在一定水平，这个气压所对应的标准大气高度就是客舱高度。

1）客舱高度的作用

客舱高度的主要作用是保障乘客和机组人员的安全与舒适。人体对气压变化有一定的适应范围，合适的客舱高度能将客舱内的气压维持在人体可接受的水平，防止乘客和机组人员出现缺氧、减压病等健康问题，确保飞行过程中的舒适性和安全性。

客舱高度是飞机环境控制系统等相关系统工作的重要参数。飞机的增压系统会根据客舱高度的变化自动调节，以保持客舱内气压的稳定。同时，其他一些系统如氧气供应系统等，也会依据客舱高度来确定是否需要启动以及供应氧气的流量等。

2）客舱高度的变化规律

一般情况下，飞机飞行高度上升，客舱高度也会随之上升，但客舱高度的上升速度低于飞行高度的上升速度。飞机的增压系统会根据飞行阶段和实际情况对客舱高度进行调节。在起飞和降落阶段，客舱高度变化较为明显，增压系统会逐渐调整客舱内气压，使其与外界气压的差值在安全范围内。在巡航阶段，客舱高度通常会保持在一个相对稳定的水平。

不同类型的飞机有不同的最大允许客舱高度限制，一般在 8 000ft（约 2 438m）左右。当客舱高度超过这个限制时，飞机的供氧系统会自动启动，为乘客和机组人员提供额外的氧气供应，以保障安全。

客舱高度的变化率也有严格限制，过快的变化可能导致乘客身体不适，甚至引发健康问题。正常情况下，客舱高度的变化率会控制在人体能够适应的范围内，一般每分钟变化不超过 500ft（约 152m）。

2. 释压的危害

当机上增压系统故障、机体密封破损等原因造成客舱高度无法正常维系将会导致释压。释压的危害包括会使人体缺氧，引发呼吸困难、头晕、意识丧失等症状，严重威胁乘客和机组人员的生命安全。同时，释压会影响飞行安全，增加迫降等紧急情况的风险。释压的危害具体有如下几点。

（1）缺氧：随着客舱气压降低，氧气含量减少，乘客可能出现头晕、呼吸困难、失去意识等症状，严重可能危及生命。

（2）低温：高空环境温度极低，释压会使客舱温度迅速下降，导致乘客冻伤、失温。

（3）气流冲击：释压瞬间可能产生强大的气流，对乘客和客舱设施造成伤害，如物品被瞬间吸出舱外、人员被冲击受伤等。

3. 释压后机上乘客的反应

一旦由密封破损或增压系统故障等原因引起客舱高度异常变化，这会引起机上乘客一系列的不良反应。释压过程中的最大危险是缺氧，缺氧会导致人体机能缓慢下降并可能最终导致失能，当症状明显时可能为时过晚，因此，乘务员应时刻关注和监控组员或乘客是否出现任何缺氧症状。不同高度缺氧出现的症状如表 3-2-1 所示。

表 3-2-1　不同高度缺氧出现的症状

客舱高度	症　状
海平面	正常
10 000ft（约 3 050m）	头痛、疲劳
14 000ft（约 4 270m）	发困、头痛、视力减弱、肌肉相互不协调、指甲发紫、昏厥
18 000ft（约 5 500m）	除上述症状外，记忆力减退、重复同一动作
25 000ft（约 7 620m）	惊厥、虚脱、昏迷、休克
28 000ft（约 8 530m）	5min 内立即出现虚脱、昏迷

4. 不同客舱高度下的有效知觉时间（time of useful consciousness，TUC）

在缺氧情况下，机上乘客仍能对周围环境有意识反应、控制自己行为并履行自己任务的有限时间阶段称为有效知觉时间。每位乘客的有效知觉时间是不同的，取决于个人的身体状况，还与客舱高度、温度、体能、情绪状态和活动量等因素有关，持续的活动会明显减少有效知觉时间。不同客舱高度下的有效知觉时间如表 3-2-2 所示。

表 3-2-2　不同客舱高度下的有效知觉时间

高　度	适当活动的有效知觉时间	静坐的有效知觉时间
22 000ft（约 6 705m）	5min	10min
25 000ft（约 7 620m）	2min	3min
28 000ft（约 8 535m）	1min	1.5min
30 000ft（约 9 150m）	45s	1.25min
35 000ft（约 10 670m）	30s	45s
40 000ft（约 12 200m）	18s	30s

二、释压的原因与类型

1. 释压原因

（1）飞机结构损坏

如机身破裂、窗户破碎等，可能导致客舱与外界气压失衡。

（2）飞机系统故障

如增压系统失效等，可能导致无法维持正常的客舱气压。

2. 释压类型

按照释压发生的速度与现象，业界通常将释压分为缓慢释压与快速释压（其中快于 5s 内发生的释压也称为爆炸性释压），表 3-2-3 为释压的两种不同类型的定义。

表 3-2-3 释压的定义

释压类型	定 义
缓慢释压	逐渐失去客舱压力。它可能是因机门、应急出口或舷窗的密封破损造成轻微的空气泄漏或因增压系统发生故障而引起的
快速释压	迅速失去客舱压力。它可能是因金属疲劳、炸弹爆炸或武器射击等引起的。极端情况下，发生在数秒内，又称为爆炸性释压

缓慢释压从发现初始迹象至灯光异常明亮、氧气面罩脱落可能有一段时间，而快速释压的迹象几乎同时发生。客舱乘务员应对释压类型有所掌握，并在飞行全程保持警戒，随时做出有效判断。以下是释压类型的详细介绍。

（1）缓慢释压

缓慢释压的初始迹象，很难能觉察到，潜在的缺氧会导致人体机能缓慢下降而失能，乘务员必须对缓慢释压的迹象时刻保持警惕。缓慢释压的现象可能表现如下。

① 机上人员发困和感到疲劳。
② 耳朵不舒服，有打嗝和排气的现象，也可能会有关节/胃部疼痛等。
③ 氧气面罩可能脱落，客舱可能因氧气发生器工作而变暖，并伴有焦煳味。
④ 在门和窗的周围可能有光线进入。
⑤ 客舱内乘客能够听到明显的呼啸声。
⑥ 客舱灯光异常明亮、出口指示灯亮/系好安全带信号灯亮出。
⑦ 释压预录广播启动。

（2）快速释压

快速释压的现象可能表现如下。

① 飞机结构突然损坏，并出现强烈震动，有巨大声响。
② 冷空气涌入客舱，机内人员感受到客舱内温度急速下降。
③ 强烈气流引起灰尘浮起和松散物品飞动。
④ 物品被吸向洞口。
⑤ 客舱灯光异常明亮、出口指示灯亮/系好安全带信号灯亮出。
⑥ 中耳受压、耳膜凸出，机上乘客感到身体不适。
⑦ 释压预录广播启动。
⑧ 氧气面罩脱落，客舱可能因氧气发生器工作而变暖，并伴有焦煳味。
⑨ 飞机作大角度的紧急下降。

三、飞行机组应对释压

飞行机组对释压的处置有既定的程序，其核心原则就是戴上氧气面罩防止缺氧失能，并尽快下降飞行高度到 10 000ft（3 000m 左右），如图 3-2-1 所示，或考虑到地形因素影响下降到最低安全高度（此时飞行高度可能会在 3 000m 以上，应结合实际情况维持吸氧）。如果存在或怀疑存在飞机结构的损坏，飞行机组会限制空速到当前速度或更小，避免高机动载荷致使飞机结构进一步破坏。客舱乘务员在紧急下降期间应首先保护好自身安全，及时吸氧并采取一定方法有效固定身体，同时密切关注客舱乘客的安全，指导与提示客舱内的所有乘客维持吸氧、限制活动并在座位上系紧安全带。

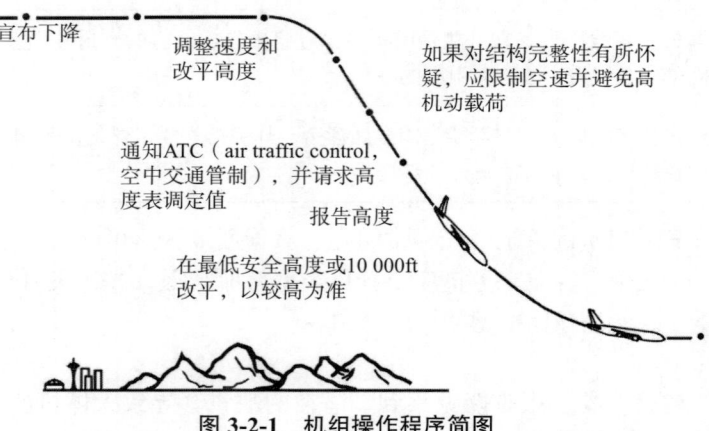

图 3-2-1　机组操作程序简图

四、客舱乘务组应对释压

在民航飞行中，客舱乘务组承担着保障乘客安全与舒适的重要职责。其中，应对释压情况是乘务组必须熟练掌握的关键技能之一。飞机释压可能引发一系列危及乘客生命安全的问题，如缺氧、低温、气流冲击等。因此，乘务组必须迅速、准确地执行应对释压程序，这直接关系到飞行的安全。

1. 释压前的准备

（1）日常培训与知识储备

乘务组应接受全面、系统的释压应对培训，包括理论知识学习和模拟演练。熟悉飞机增压系统原理、释压可能的原因和迹象，掌握不同程度释压的应对策略。

（2）航前检查

在每次飞行前，认真检查客舱内的应急供氧设备，确保便携式氧气瓶压力正常、氧气面罩数量齐全且功能完好。

（3）乘客教育

在飞行中适时向乘客介绍释压相关知识，如提示乘客认真观看起飞前的安全须知录像，如氧气面罩自动脱落后如何正确触发氧气流出、如何正确佩戴氧气面罩等，指导乘客正确佩戴氧气面罩的方法，如带小孩的乘客，应在释压发生时先给自己戴上氧气面罩，再协助孩子戴上氧气面罩，让乘客提前了解应对措施，减少恐慌。

2. 客舱乘务组应对释压的处置

（1）保持警戒，与飞行机组协调配合

客舱乘务组要时刻保持警惕，通过观察客舱异常现象、聆听警报声、感受客舱内气压变化以及乘客的异常反应等多种方式，及时准确判断是否发生释压。一旦怀疑释压，应立即报告机长。

飞行机组通知可能会有非正常客舱高度，客舱灯光异常明亮、出口指示灯亮出时，此时客舱乘务组应立即停止一切活动，回指定的客舱机组座位坐好并系好安全带。

乘务组使用广播或口头提醒乘客回到自己座位上并系好安全带，为应对紧急下降，必须及时系紧安全带，并向飞行机组通报客舱情况。

（2）确保自身安全，执行释压处置程序

当飞行机组使用 PA 发布："应急下降、应急下降；Emergency descent、emergency descent"指令，此时释压预录广播启动，飞机急速下降。客舱内的系好安全带信号灯亮出（伴有一个谐音）；客舱高度约 14 000ft（约 4 200m）时，氧气面罩脱落。氧气面罩脱落后，客舱乘务组应迅速戴上最近的氧气面罩维持吸氧，使用手势或通过面罩喊话（图 3-2-2），指导乘客戴上氧气面罩、系好安全带（图 3-2-3）。

图 3-2-2　在乘务员座位上维持吸氧并指导乘客

图 3-2-3　在乘客座位上维持吸氧并指导乘客

客舱乘务组在进行释压处置时应始终确保自身安全，以便持续履行职责。如无法在第一时间回到乘务员座位，以下有三种客舱乘务员可以应用的固定自身的方法。

方法一：迅速拉下启动并戴上氧气面罩，就近入座，系紧安全带，如图 3-2-4 所示。

方法二：迅速拉下启动并戴上氧气面罩，如附近没有空座或无法及时回到乘务员座位，可以坐在地上，用手紧紧拽住就近的行李挡杆等机上固定设施设备固定自身，如图 3-2-5 所示。

图 3-2-4　立即吸氧并就近入座固定自身

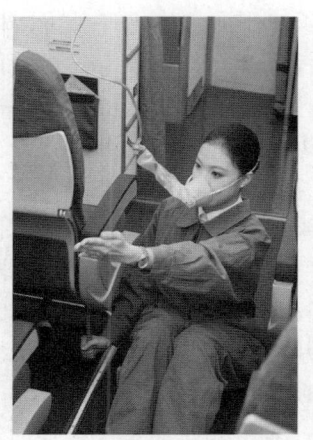
图 3-2-5　坐在地上拉紧行李挡杆并指导乘客

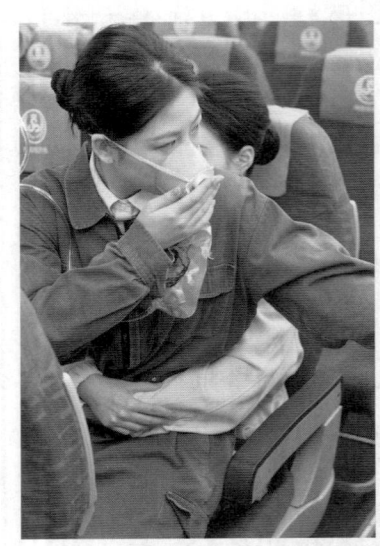

图 3-2-6　旅客用双臂环抱乘务员帮助其固定自身

方法三：迅速拉下启动并戴上氧气面罩，可以就近选择一位身强力壮的志愿者，让其在系好自身安全带的情况下用双臂紧紧环抱住自身，帮助自身固定，如图 3-2-6 所示。

在飞机到达安全高度前或释压警告解除前，机上所有人员应停止一切活动；如有乘客难以戴上面罩，客舱乘务员可指导乘客摘下眼镜；客舱乘务员应指导带孩子的乘客先为自己戴好面罩再帮助其他人。

若执飞的是中远程的长航线，可能会有部分机组成员在释压发生时正在机组休息室内，若在机组休息室内听到警告声响（波音飞机 6 声高音频谐音，空客飞机连续的高谐音声响），看到氧气面罩脱落，飞机急速下降的现象，身处机组休息室的机组成员应在第一时间戴上氧气面罩，系好安全带并待在休息室内停止一切活动。

如飞行机组未发布"应急下降 Emergency descent"指令，可能存在飞行机组失能的风险，客舱经理 / 乘务长应立即通过适当的方法告知飞行机组相关情况，并确认飞行机组戴上氧气面罩。如果驾驶舱无回复，通知离驾驶舱最近的乘务员为自己配备供氧设备进入驾驶舱为飞行机组提供帮助。

在释压过程中，客舱内可能会出现混乱，乘务组要保持冷静，有效安抚乘客情绪，用坚定、镇定的语气告诉乘客，机组正在采取措施应对，情况会得到控制，避免恐慌情绪蔓延导致更严重的后果。

3. 回到安全高度后的处置

（1）检查客舱情况，做好机组协同

飞机到达安全高度后，飞机已经平稳飞行。此时飞行机组会使用 PA 发布："到达安全高度，可以摘下氧气面罩；Reach safe altitude, remove your mask"指令。

客舱乘务组应根据责任分工，检查舱门及应急窗密封情况，检查客舱破损情况。如飞机结构有损坏，在能确保乘客移动时安全的前提下，听从机长的指令重新安排乘客座位，远离危险区域，及时向飞行机组报告客舱损坏情况。检查客舱内的设施设备受损情况，如行李架是否变形、座椅是否损坏等。清理客舱内散落的物品，确保通道畅通无阻，为后续可能的紧急撤离做好准备。

客舱乘务组应注意提醒乘客保持系好安全带，并及时安抚乘客，消除乘客心中顾虑。机组休息室内的客舱乘务员在飞机回到安全高度后，可以回到客舱进行释压后的检查。客舱乘务组有必要提醒乘客，不要把已经使用过的氧气面罩塞回氧气发生器组件箱内，应保持盖板打开的状态，以免引发燃烧或烟雾，也应检查客舱内有无火源、烟雾，或其他潜在的危险，必要时实施灭火程序。

注意： 客舱机组座位处脱落的氧气面罩，释压结束后，可切 / 拉断面罩的软管，取下面罩妥善保存，以防发生紧急情况时影响应急撤离。客舱氧气面罩如被部分放出后，相关位置（对应的连排座椅、机组休息位置、厕所等）应都被认为失效。客舱机组应根据机长的要求统计并报告剩余可用客舱氧气面罩数量,并根据机长指示,通过调整乘客座位等方式继续正常飞行。否则,机长会决定选择就近合适的机场着陆。

距离驾驶舱最近的客舱机组应确认飞行机组情况,按需提供帮助。对受伤的乘客提供必要的急救和护理。整个释压过程及乘客、客舱情况,应及时向机长通报。为避免机组因为缺氧而失能,客舱机组应按需转用便携式氧气设备,当决定移除氧气面罩时,应进行确认的判断且注意任何缺氧迹象。

(2)检查乘客状况,必要时予以吸氧处置

在飞机到达安全高度后,乘务组应根据自身身体情况斜背竖抱氧气瓶(图3-2-7)进入客舱检查乘客的受伤状况情况,检查区域包括客舱、驾驶舱、洗手间、机组休息室(如有)。对于缺氧症状严重的乘客,应密切观察其生命体征,及时进行供氧等医疗救援。如该吸氧乘客是独自乘机且无辅助人员,应把氧气瓶固定在相邻空座或客舱固定设施上予以吸氧,如图3-2-8所示,氧气瓶在客舱内固定的方法如图3-2-9所示。若该吸氧乘客身边有陪同人员,且陪同人员身体条件允许,则建议让身旁的陪同人员辅助抱紧氧气瓶为其供氧,应指导其系好安全带并竖抱便携式氧气瓶,如图3-2-10所示。为缺氧乘客提供氧气时,对有知觉的乘客可采用直立坐位,对没有知觉的乘客可采用仰靠位。

图 3-2-7　乘务员斜背竖抱氧气瓶巡视客舱

图 3-2-8　没有辅助人员情况下给乘客吸氧

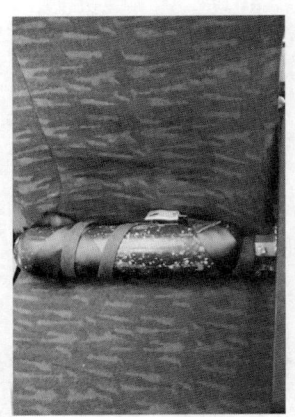

图 3-2-9　氧气瓶在客舱内的固定方式

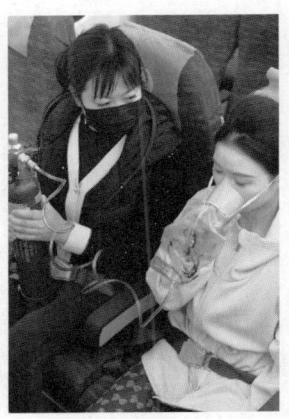

图 3-2-10　辅助人员为需要吸氧的乘客固定氧气瓶

（3）协助调查与报告

配合机组人员和相关部门对释压事件进行调查，如实提供客舱内发生的情况和乘务组采取的应对措施。撰写详细的事件报告，包括释压发生的时间、过程、乘客反应以及乘务组的操作等，为后续分析和改进提供依据。

任务计划

一、注意事项

（1）进入实训舱应穿空乘学员训练服、鞋套，以空中乘务员标准进行盘发、化妆，佩戴三根指针的手表（时针、分针、秒针），按规定佩戴首饰。

（2）学生实训及操作设备期间，实训舱内必须有教师进行指导和监护。在非监控阶段，学生不得随意进出、使用相应实训设施设备。

（3）学生进行释压处置任务期间，模拟实训舱内会有氧气面罩脱落、信号灯声光提示闪烁、客舱紧急下降等实际模拟现象，学生宜充分调动听觉、视觉等留意舱内动态，也需积极调动各种方法固定自己的身体，应保持警觉，听从实训教师引导，并时刻注意自身实训安全。

（4）学生在使用、检查实训舱内的设备设施（如舱门、应急窗、氧气面罩）时，应小心仔细，爱护实训舱内设施设备。

二、根据 A320 机型进行客舱释压任务分组

请根据本次任务分组，根据各自在客舱内的号位职责填写图 3-2-11，并进行客舱释压的应急处置。

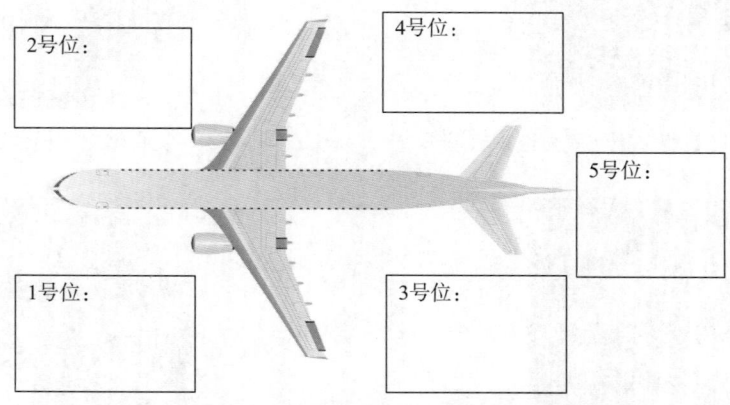

图 3-2-11　客舱释压应急处置分组训练单

三、制订灭火处置流程

在教师的指导下，查阅相关资料及教学视频，小组讨论并制订客舱释压处置的流程。

任务决策

各小组选派代表阐述任务计划,小组间相互讨论,提出不同看法,教师总结点评,完善方案。

任务实施

在教师的指导下完成乘务组分组,各号位乘务员合理分工,填写表 3-2-4,完成航程中客舱释压处置任务。

表 3-2-4 "客舱释压处置"任务实施表

班级		姓名	
乘务组成员		担任号位	
任务实施流程			
任务节点	具体实施内容		结果记录
客舱门或窗口周围可能有光线进入、呼啸声、异常的发困惑疲劳等	保持警戒,对释压初期作出判断		是□ 否□
	报告机长		是□ 否□
	提示乘客回到自己座位并系好安全带		是□ 否□
飞行机组通知可能会有非正常座舱高度;客舱灯光异常明亮、系好安全带指示灯亮、空客飞机出口指示灯亮出等	立即停止一切活动,回指定的客舱机组座位,坐好并系好安全带		是□ 否□
	通过客舱广播或口头的方式通知乘客回到自己座位上并系好安全带		是□ 否□
	向飞行机组通报客舱情况		是□ 否□
氧气面罩脱落(客舱高度至 4 200m)飞行机组广播:"紧急下降、紧急下降;Emergency Descent、Emergency Descent"飞机急速下降	迅速戴上就近的氧气面罩		是□ 否□
	迅速就近正确固定自身: 方法一:入座就近空座位,系好安全带□ 方法二:若无空座位,蹲坐地上,抓住就近的固定结构如行李挡杆等,固定自身□ 方法三:坐在乘客身上让乘客双臂环抱(乘客自身应已系紧安全带)□		
	正确提示并指导乘客吸氧(在力所能及的情况下,手势或通过面罩喊话,指示乘客"你,像我一样,拉下面罩、戴上。")		是□ 否□
	指示带儿童旅行的父母,先戴好自己的面罩,再协助儿童		是□ 否□
	维持吸氧、固定自身直至飞机到达安全高度		是□ 否□
到达安全高度后,飞机已经平稳飞行,飞行机组广播:"飞机到达安全高度,可以摘下氧气面罩;Reach safe altitude, remove your mask"	检查各自负责区域的舱门及应急窗密封情况		是□ 否□
	距离驾驶舱最近的客舱机组应确认飞行机组情况,按需提供帮助		是□ 否□
	携带便携式氧气瓶("斜背竖抱",按需使用),检查客舱机体破损状况与人员受伤情况(若舱壁裂缝,则重新安置乘客座位,离开危险区域)		是□ 否□

续表

任务节点	具体实施内容	结果记录
到达安全高度后，飞机已经平稳飞行，飞行机组广播："飞机到达安全高度，可以摘下氧气面罩；Reach safe altitude, remove your mask"	检查盥洗室内有无乘客	是□ 否□
	对受伤机组或乘客提供救助；为缺氧人员供氧	是□ 否□
	正确固定已脱落的氧气面罩（客舱机组座位上方的氧气面罩，可切/拉断面罩，妥善保存，防止紧急情况下影响撤离）	是□ 否□
	提示乘客系好安全带；不要触摸已启动的氧气发生器，不要将氧气面罩塞回氧气发生器组件箱内	是□ 否□
	让乘客保持安全带系紧	是□ 否□
检查后汇报	机体破损情况（舱门、应急窗、舱壁等）	是□ 否□
	乘客受伤及情绪情况	是□ 否□
	应急设备的使用情况（需报告用过氧气瓶的剩余流量）	是□ 否□

质量检查

一、乘务组自检

各乘务组根据任务实施的记录结果（表3-2-5），对本小组的作业内容进行再次确认。

表 3-2-5　任务实施记录表

序号	检查项目	检查结果
1	仪容仪表与着装符合空乘实训规范	是□　否□
2	已完成号位分工	是□　否□
3	已确认各自区域应急设备	是□　否□
4	已按照任务实施表完成客舱释压的应急处置	是□　否□
5	已将使用过的便携式氧气瓶归位	是□　否□
6	已知晓实训安全守则	是□　否□

二、教师检查

教师根据各乘务组作业完成情况进行质量检查，选择优秀乘务员进行作业情况展示，针对任务实施过程中出现的问题提出改进措施与建议。

课后提升

客舱释压是影响飞行安全的特殊情况，客舱乘务组应严格落实客舱乘务员对于客舱释压处置的原则，建立与飞行机组的协同配合，在保障自身安全的同时保障人机安全。为了提升同学们的客舱安全保障意识，请同学们扫描二维码，观看客舱释压处置的视频，利用思维导图制作相应的应急处置流程。

客舱释压处置程序

同时，推荐观看由中国民航的真实事件改编的影片——《中国机长》。该影片讲述了四川航空 3U8633 航班在执行重庆至拉萨飞行任务中，突遇驾驶舱右风挡玻璃爆裂脱落，飞机快速释压。面对危难情境，机长刘传健等全体机组成员沉着应对，客舱乘务组正确妥善执行释压处置程序，最终克服重重困难，成功备降成都双流机场，确保了机上 128 名乘客和机组成员的生命安全，川航 3U8633 的飞行机组与乘务组也被授予"中国民航英雄机组"称号。

评价反馈

学习小组能够按乘务组分工形式进行责任区域的合理分工与协作，按乘务长和号位乘务员的安全职责来逐项完成航程中释压处置任务。完成相应释压处置任务后，结合个人、小组在课堂中的实际表现进行总结与反思。请小组成员根据客舱释压处置程序，填写表 3-2-6，完成本次工作任务评分。

表 3-2-6 "客舱释压处置"作业评分表

一级	二级	三 级	配分	得分	判定依据
标准程序应用	释压初期处置	□未及时判断释压扣 5 分	5		
		□未提示乘客回到自己座位并系好安全带扣 5 分	5		
	应对释压与紧急下降	□未迅速戴上就近的氧气面罩扣 5 分	5		
		□未迅速就近正确固定自身扣 5 分	5		
		□未正确提示并指导乘客吸氧（指示带儿童旅行的父母，先戴好自己的面罩，再协助儿童）扣 5 分	5		
		□在飞机回到安全高度前未维持吸氧扣 5 分	5		
	回到安全高度后的客舱检查	□在飞机回到安全高度前解开安全带，未始终固定身体扣 5 分	5		
		□未检查各自负责区域的舱门或应急窗密封情况扣 5 分	5		
		□未检查各自负责区域的机体状况扣 5 分	5		
		□未检查盥洗室内有无乘客扣 5 分	5		
		□未"斜背竖抱"氧气瓶进行客舱检查扣 5 分	5		
		□未及时对需要帮助的乘客进行救护扣 5 分	5		
		□使用氧气瓶方式不正确扣 5 分	5		
核心素养	情景意识	□未考虑之后可能发生的撤离；未清出撤离通道；未正确固定已脱落的氧气面罩扣 5 分	5		
		□未指导乘客应如何处置使用过的氧气面罩扣 5 分	5		
		□未提示乘客系好安全带扣 5 分	5		
	沟通与协作	□未汇报机体破损情况扣 5 分	5		
		□未汇报乘客受伤及情绪情况扣 5 分	5		
		□未准确汇报应急设备的使用情况扣 5 分	5		
	客舱管理	□未关注乘客情绪，未有效安抚乘客扣 2.5 分	5		
		□未有效维持客舱秩序扣 2.5 分			

项目四
客舱灭火处置

 **工作情境**

2025年3月20日,香港航空HX115航班从杭州萧山机场起飞后不久,机舱内行李架突然起火。空乘人员迅速使用灭火器进行灭火,乘客也积极参与,用饮料等液体协助灭火。最终,航班紧急迫降福州长乐机场,火势被成功扑灭。初步调查显示,起火原因可能与乘客携带的充电宝在充电过程中发生故障有关。如果你是本次航班的乘务员,你该怎么做出快速的处置呢?就让我们一起从航前的客舱应急设备检查、航程中突发烟雾到失火后的处理,来一个全面的探索吧。

学习目标

◎ 熟练掌握机上灭火应急设备的检查与使用方式。
◎ 熟练掌握客舱失火处置的程序。
◎ 掌握机上不同区域灭火的要领。
◎ 能够根据真实情境组成灭火小组,有效应对客舱起火。

任务一 应急灭火设备的检查与使用

任务描述

客舱应急设备的检查与使用是确保空中紧急情境发生时，所需的客舱应急设备能够第一时间被有效使用的前提，也是空中乘务员落实客舱安全职责的要务之一。客舱应急设备检查通常均在客舱乘务组登机后的第一时间进行，是客舱乘务员对所飞机型适航性所做的必要检查。在本次"应急灭火应急设备的检查与使用"的任务中，我们将学习本项目客舱失火处置中的两项重要客舱安全保障与应急设备——手提式灭火瓶和防护式呼吸保护装置。

任务目标

1. 发展能力
◎ 理解客舱应急设备对客舱安全保障的意义。
◎ 掌握客舱手提式灭火瓶和呼吸保护装置 PBE 的结构与使用方法。
◎ 熟练掌握机上火灾的基本处置程序。

2. 操作能力
◎ 能够准确快速在客舱内取用相应灭火设备。
◎ 按标准对客舱手提式灭火瓶进行航前检查。
◎ 按标准操作客舱手提式灭火瓶和防护式呼吸保护装置。
◎ 根据具体情境应用客舱手提式灭火瓶和防护式呼吸保护装置。

3. 职业素养
◎ 以严谨细致的工匠精神落实客舱应急设备的检查与使用。
◎ 明确航前应急设备检查的重要性，养成落实安全责任的工作作风。

任务书

_____是一名实习乘务员，乘务组接到了航前应急设备检查的任务，乘务长根据作业任务对乘务组人员进行了合理分工，同时强调了飞行安全工作。接到任务后，对照应急设备工单开始对本次任务中的应急设备进行航前检查与操作。

信息获取

一、物质燃烧的三个基本条件

（1）可燃物：不论固体、液体和气体，能与空气中的氧或其他氧化剂起剧烈反应的物质，一般都是可燃物质，如木材、纸张、汽油、酒精、煤气等。

（2）助燃物：能够帮助和支持燃烧的物质，一般指氧和氧化剂，主要是指空气中的氧。可燃物质没有氧参加化合是不会燃烧的。

（3）火源：能够引起可燃物质燃烧的能源，如明火、摩擦、冲击、电火花等。

二、不同火警类型使用的灭火瓶

不同火警类型使用的灭火瓶见表4-1-1。

表4-1-1　不同火警类型使用的灭火器

火警类型	使用的灭火瓶类型
A. 灰烬类：如衣服、纸张、行李、木材、纤维、橡胶、某些塑料等易燃物	（1）水灭火瓶（使物质浸透，防止余灰复燃） （2）HALON灭火瓶（避免在松散的纸上使用）
B. 可燃性液体类：如汽油、滑油、油脂溶剂、油漆及正在燃烧的液体、食物、油类等易燃液体	（1）HALON灭火瓶 （2）二氧化碳灭火瓶
C. 电器类：如电器短路或厨房烤炉、客舱灯具（镇流器）等	注意：灭火前应切断电源 （1）HALON灭火瓶 （2）二氧化碳灭火瓶
D. 锂金属电池类：因电池内部的锂金属或锂离子化合物在特定条件下（如过充、短路、高温）发生剧烈反应，释放大量热量和可燃气体（如氢气、甲烷），可能引发燃烧甚至爆炸	（1）水灭火瓶 （2）除灭火瓶外可考虑大量水冷却（如机上大瓶矿泉水等） （3）HALON灭火瓶

三、机上灭火设备的检查与使用

在民航客机的航班运行中，客舱内都配备有一定数量的手提式灭火瓶，这既是为了应对飞行中遇到的应急突发失火事件。机载灭火瓶的航前检查有明确的规定：在每次起飞之前，客舱乘务员应根据"应急设备检查单"检查便携式灭火瓶的数量、状态。

1. 手提式水灭火瓶

水灭火瓶（图4-1-1）内装有水和防冻剂混合液，适用于A类（可燃性固体类）与D类（锂电池类）火灾的灭火，不能用于B类、C类火灾的灭火。

（1）检查方法如下。

① 水灭火瓶被固定在一个可快速释放的支架上，如图4-1-2所示，且数量准确。

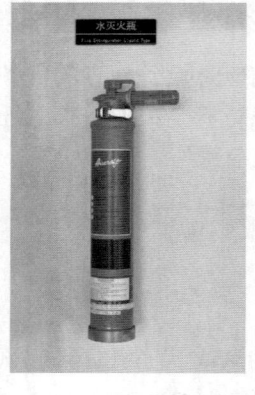

图4-1-1　手提式水灭火瓶　　　图4-1-2　水灭火瓶被固定在一个可快速释放的支架上

② 铅封处于完好状态，无损坏，如图 4-1-3 所示。
③ 二氧化碳气瓶通过手柄上的小孔可视，如图 4-1-4 所示。

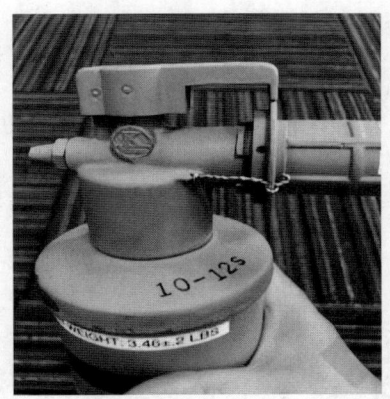

图 4-1-3　水灭火瓶铅封

图 4-1-4　水灭火瓶手柄上的小孔

④ 在有效期内。

（2）水灭火瓶使用的具体操作方法如图 4-1-5 所示。

① 从固定支架上取下水灭火瓶，垂直握住瓶体下 $\frac{1}{3}$ 处。

② 顺时针转动手柄到底，听到"咝"的一声表示二氧化碳气瓶筒芯被刺穿。

③ 站在距离火源 2~3m 处，喷嘴对准火源底部，按下触发器，喷射时间大约 40s。

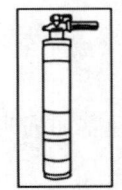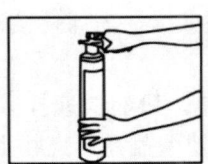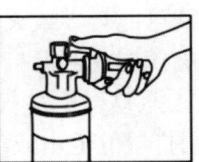

图 4-1-5　水灭火瓶的具体操作方法

（3）注意事项。
① 瓶体不要横握或倒握。
② 灭火剂中添加了防冻剂与防锈剂，不能饮用。
③ 不能用于 B 类和 C 类火灾。

2. 手提式海伦灭火瓶（图 4-1-6）

该灭火瓶适用于任何类型的火灾，尤其适用于 B 类、C 类火情的处置。

（1）海伦灭（HALON）火瓶（类型一）的检查方法如下。
① 数量正确，固定在指定位置。
② 环形安全销穿过手柄和触发器被固定在适当位置，如图 4-1-7 所示。
③ 压力表指针位于绿色区域。
④ 在有效期内。

图 4-1-6　海伦灭火瓶
（类型一）

（2）海伦灭火瓶（类型一）的使用方法，如图 4-1-8 所示。

① 从固定支架上取下海伦灭火瓶。

② 用手握住瓶体的下 $\frac{1}{3}$ 处，尽可能保持瓶体垂直。

③ 拔出环形安全销。

④ 站在距离火源 2～3m 处，喷嘴对准火源底部，按压触发器并保持流量恒定直到火被扑灭。

⑤ 可持续释放 9～12s，最长释放时间 15s。

图 4-1-7　环形安全销在位

图 4-1-8　海伦灭火瓶（类型一）的使用方法

（3）海伦灭火瓶（类型一）使用时的注意事项如下。

① 喷射初期可能会导致火焰猛增，需保持镇定，继续灭火直至火被完全扑灭。

② 瓶体不能横握或倒握。

③ 海伦灭火瓶喷射惰性气体，只能快速扑灭表层的火，灭火后需加强观察，防止死灰复燃（可以用打湿的毛巾或毛毯覆盖在可燃物上）。

④ 狭小空间内灭火时需配合 PBE 一起使用。

⑤ 不能直接对人体进行喷射，以免造成窒息。

需要注意的是，灭火瓶使用错误将有害无益。例如，海伦灭火瓶对 A 类火警的效用度会明显低于水灭火瓶；水灭火瓶对易燃液体的火警将会增加助燃。水灭火瓶对电气火警将会引起严重的电击或致命伤害。此外，使用海伦灭火器处置 D 类火灾后，仍需用水对锂电池进行冷却处理。

3. 机上自动灭火装置

（1）用途

用于扑灭洗手间废物纸箱内的起火。

（2）位置

位于每个洗手间的废纸箱上方。

（3）作用

当感应垃圾箱内的温度达到 77℃ 的时候，热熔帽化开，自动灭火装置喷出灭火剂，发挥作用。

（4）检查

① 空客机型：压力表指针在绿色区域，如图 4-1-9 所示。

② 波音机型：检查灭火器旁的温度指示牌，具体位置如图 4-1-10 所示。指示牌上的任一灰白点变为黑色，即表示灭火器已被使用或失效，必须通知地面维修人员处理。

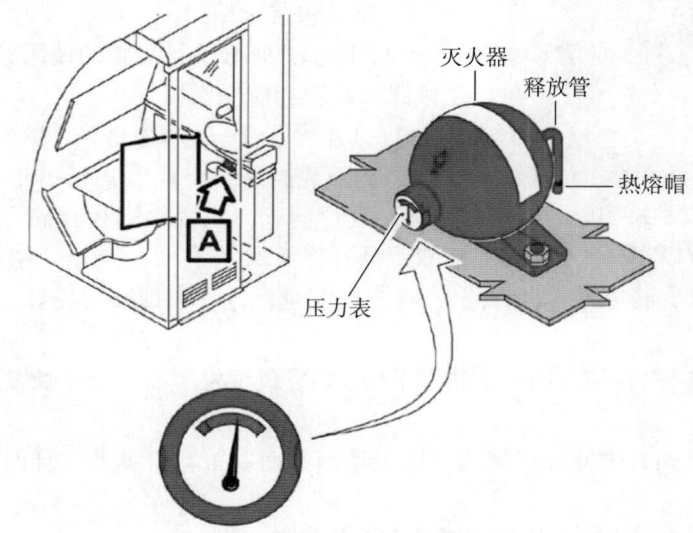

图 4-1-9　空客机型自动灭火装置压力表指针

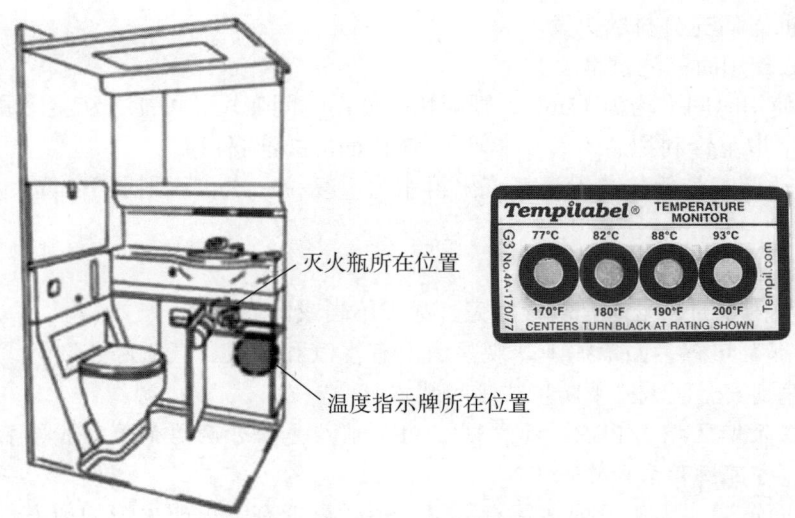

图 4-1-10　波音机型温度指示牌

4. 防护式呼吸保护装置的检查及使用

防护式呼吸保护装置（protective breathing equipment，PBE）如图 4-1-11 所示。它的作用是在客舱失火时防止烟雾和有毒气体吸入。乘务员和机组人员在客舱封闭区域失火和有浓烟时使用。它可以保护灭火者不受烟雾、毒气的伤害，保护灭火者的眼睛和呼吸道不受火和烟的侵害，当客舱充满烟雾时提高能见度。

图 4-1-11　防护式呼吸保护装置（PBE）

（1）防护式呼吸保护装置的航前检查方法步骤如下。

① 检查防护式呼吸保护装置被固定在指定位置且数量正确。

② 确认包装盒铅封完好或密封包装完好。

（2）防护式呼吸保护装置的使用方法，请扫描下方二维码，观看相应操作视频。

① 打开贮存盒/透明塑料盖，取出密封袋。

② 打开密封袋口，取出 PBE 并展开。

③ 视窗向下，双手手掌相合插入橡皮颈口中，然后双手分开将面罩撑开。

④ 头向前倾，将 PBE 戴到头上，将头发完全放入，保证密封良好，橡皮颈口完全贴合颈部皮肤。

⑤ 双手向前，向外拉动面罩两边调节带，触发氧气发生器工作（触发后能听到"咝咝"的气流声）。

⑥ 向后收紧调节带使面罩紧固，确保里面的面罩罩在口鼻处，且面颊被覆盖。

⑦ 取下时，应在远离火焰和烟雾的安全处进行。

⑧ 松开带子，双手由颈下插入面部，向上拉起 PBE 并取下。

⑨ 取下面罩后充分抖散头发。

防护式呼吸保护装置（PEP）使用方法

（3）PBE 使用时的注意事项。

① PBE 使用时间平均为 15min；呼吸快时使用时间变短；可能有灰尘感和咸味。

② 穿戴前取下锋利物品（如发卡等），擦掉面部的油脂口红。

③ 当拉动调节带后，若无氧气流出再用力重复拉一次，否则取下面罩，重新更换一个新的面罩。

④ 必须在远离火源处进行穿脱。

⑤ 当呼吸困难时，可能是氧气用完、穿戴不当或供氧结束。

⑥ 若头部有热感、面罩瘪下、观察窗上有水汽和雾气、气流停止时，说明使用时间已到，应迅速到安全区域摘下防护式呼吸装置。

注意：在无烟区摘下 PBE，注意摘下 PBE 前应先松开两边带子的扣紧装置，将金属片向前拨动，方可松开系紧的带子。

⑦ 取下面罩后，因头发内残留有氧气，不要靠近有明火或火焰的地方，要充分抖散头发。

任务计划

一、注意事项

（1）进入实训舱应穿空乘学员训练服、鞋套，以空中乘务员标准进行盘发、化妆，佩戴三根指针的手表（时针、分针、秒针），按规定佩戴首饰。

（2）学生实训及操作设备期间，实训舱内必须有教师进行指导和监护。在非监控阶段，学生不得随意进出、使用相应实训设施设备。

（3）学生应留意实训舱附近的站立禁区（通常用黄黑警戒线标识），不得随意踏入，以免造成危险。

（4）学生应爱惜舱内实训物品，按程序操作，使用完的实训物品应及时归位并固定。

二、制订客舱应急设备检查流程

在教师的指导下，查阅相关资料，小组讨论并制订客舱内手提式水灭火瓶、手提式海伦灭火瓶和防护式呼吸装置的航前检查流程。

任务决策

各小组选派代表阐述任务计划，小组间相互讨论，提出不同看法，教师总结点评，完善方案。

任务实施

在教师的指导下完成乘务组分组，各号位乘务员合理分工，请根据表 4-1-2、表 4-1-4、表 4-1-6 完成与失火处置相关的应急设备检查，准备处置中的安全保障工具箱后，继续填写表 4-1-3、表 4-1-5、表 4-1-7 完成相应应急设备的使用。

表 4-1-2 "机上手提式水灭火瓶航前检查"任务实施表

作业内容	具体作业内容	结果记录
航前检查	（1）数量正确，固定在指定位置	是□ 否□
	（2）铅封处于完好状态，无损坏	是□ 否□
	（3）二氧化碳气瓶通过手柄上的小孔可视	是□ 否□
	（4）在有效期内	是□ 否□

表 4-1-3 "机上手提式水灭火瓶使用"任务实施表

作业内容	具体作业内容	结果记录
设备使用	（1）从固定支架上取下水灭火瓶	是□ 否□
	（2）用手握住瓶体下 $\frac{1}{3}$ 处，尽可能保持瓶体垂直	是□ 否□
	（3）顺时针转动手柄到底，听到"呲"的一声表示二氧化碳气瓶筒芯已被刺穿	是□ 否□
	（4）站在距离火源 2~3m 处，喷嘴对准火源底部，按下触发器	是□ 否□
	（5）喷射时间大约 40s	是□ 否□
注意事项	（1）瓶体不能横握或倒握	是□ 否□
	（2）灭火剂中添加了防冻剂和防锈剂，不能饮用	是□ 否□
	（3）不能用于 B 类和 C 类火灾	是□ 否□

表 4-1-4 "机上手提式海伦灭火瓶航前检查"任务实施表

作业内容	具体作业内容	结果记录
航前检查	（1）数量正确，固定在指定位置	是□ 否□
	（2）环形安全销穿过手柄并固定	是□ 否□
	（3）压力表指针位于绿色区域	是□ 否□
	（4）在有效期内	是□ 否□

表 4-1-5 "机上手提式海伦灭火瓶使用"任务实施表

作业内容	具体作业内容	结果记录
设备使用	（1）从固定支架上取下海伦灭火瓶	是□ 否□
	（2）用手握住瓶体的下 $\frac{1}{3}$ 处，尽可能保持瓶体垂直	是□ 否□
	（3）拔出环形安全销	是□ 否□
	（4）站在距离火源 2~3m 处，喷嘴对准火源底部，按压触发器并保持流量恒定直到火被扑灭	是□ 否□
	（5）可持续释放 9~12s，最长释放时间 15s	是□ 否□
注意事项	（1）喷射初期可能会导致火焰猛增，需保持镇定，继续灭火直至火被完全扑灭	是□ 否□
	（2）瓶体不能横握或倒握	是□ 否□
	（3）海伦灭火瓶喷射惰性气体，只能快速扑灭表层的火，灭火后需加强观察，防止死灰复燃（可以用打湿的毛巾或毛毯覆盖在可燃物上）	是□ 否□
	（4）狭小空间内灭火时需配合 PBE 一起使用	是□ 否□
	（5）不能直接对人体进行喷射，以免造成窒息	是□ 否□

表 4-1-6 "防护式呼吸保护装置航前检查"任务实施表（PBE）

作业内容	具体作业内容	结果记录
航前检查	（1）固定在指定位置且数量正确	是□ 否□
	（2）确认包装盒铅封完好或密封包装完好	是□ 否□

表 4-1-7 "防护式呼吸保护装置使用"任务实施表（PBE）

作业内容	具体作业内容	结果记录
设备使用	（1）打开贮存盒/透明塑料盖，取出密封袋	是□ 否□
	（2）打开密封袋口，取出 PBE 并展开	是□ 否□
	（3）视窗向下，双手手掌相合插入橡皮颈口中，然后双手分开将面罩撑开	是□ 否□
	（4）头向前倾，将 PBE 戴到头上，将头发完全放入，保证密封良好，橡皮颈口完全贴合颈部皮肤	是□ 否□

续表

作业内容	具体作业内容	结果记录
设备使用	（5）双手向前，向外拉动面罩两边调节带，触发氧气发生器工作（触发后能听到"嗞嗞"的气流声）	是□ 否□
	（6）向后收紧调节带使面罩紧固，确保里面的面罩罩在口鼻处，且面颊被覆盖	是□ 否□
	（7）取下时，应在远离火焰和烟雾的安全处进行	是□ 否□
	（8）松开带子，双手由颈下插入面部，向上拉起 PBE 并取下	是□ 否□
	（9）取下面罩后充分抖散头发	是□ 否□
注意事项	（1）每个 PBE 可提供约 15min 的氧气	是□ 否□
	（2）穿戴前取下锋利物品（如发卡等）、擦掉面部的油脂口红	是□ 否□
	（3）当拉动调节带后，若无氧气流出则再用力重复拉一次，若仍无氧气流出应取下 PBE，重新更换一个新的	是□ 否□
	（4）必须在远离火源处进行穿脱	是□ 否□
	（5）当呼吸困难时，可能是氧气用完、穿戴不当或供氧结束	是□ 否□
	（6）若头部有热感、面罩瘪下、观察窗上有水汽和雾气、气流停止时，说明使用时间已到，应迅速到安全区域摘下 PBE	是□ 否□
	（7）取下面罩后，因头发内残留有氧气，不要靠近有明火或火焰的地方，要充分抖散头发	是□ 否□

质量检查

一、乘务组自检

各乘务组根据任务实施的记录结果（表 4-1-8），对本小组的作业内容进行再次确认。

表 4-1-8　任务实施记录表

序号	检查项目	检查结果
1	仪容仪表与着装符合空乘实训规范	是□ 否□
2	已知晓实训安全守则，完成号位分工	是□ 否□
3	已确认各自区域应急设备	是□ 否□
4	已按照灭火处置应急设备检查单完成检查	是□ 否□
5	已将应急设备归位	是□ 否□

二、教师检查

教师根据各乘务组作业完成情况进行质量检查，选择优秀乘务员进行作业情况展示，针对任务实施过程中出现的问题提出改进措施与建议。

课后提升

客舱应急设备的航前检查与使用需要查阅学习资料,严格客舱乘务员对于应急设备的检查与使用规范进行,为了提升同学们的客舱安全保障意识,请同学们扫描二维码观看机载手提式水灭火瓶、手提式海伦灭火瓶、防护式呼吸装置的检查与使用视频,利用思维导图制作相应的检查与使用流程。

灭火设备(水灭火瓶和海伦灭火瓶)

评价反馈

学习小组能够按乘务组分工形式进行责任区域的合理分工,按乘务长和号位乘务员的安全职责来合作完成实训舱内应急灭火设备的检查与使用任务。完成相应作业任务后,结合个人、小组在课堂中的实际表现进行总结与反思。

请小组成员根据表 4-1-9 ~ 表 4-1-11,完成本次工作任务评分。

表 4-1-9 "客舱失火应急设备的检查与使用"作业评分表(手提式水灭火瓶)

班级				姓名		
乘务组成员				号位		
一级	二级	三 级	配分	得分	判定依据
标准程序应用	航前检查	□未检查在指定位置且数量正确扣 5 分	5		
		□未检查铅封完好扣 5 分	5		
		□未通过手柄上的孔检查二氧化碳气瓶是否可见扣 5 分	5		
		□未检查有效期扣 5 分	5		
	设备使用	□未顺时针转动手柄扣 5 分	5		
		□未将手柄完全转到底扣 5 分	5		
		□未听到"咝"的一声就开始使用水灭火瓶扣 5 分	5		
		□未保持有效距离 2~3m 扣 5 分	5		
		□未垂直握住瓶体扣 10 分	10		
		□未按下触发器,就对准火源喷射扣 5 分	5		
		□未对准火源底部边缘进行喷射扣 5 分	5		
核心素养	情景意识	□未能将手提式灭火瓶快速从支架上释放扣 5 分	5		
		□未能正确使用灭火瓶扣 5 分	5		
	信息沟通及协作	□未汇报灭火瓶检查、使用情况或汇报不准确扣 5 分	5		
		□未将使用过的灭火瓶及时归位扣 5 分	5		
		□未将使用情况记录在客舱维护记录本(CLB)上扣 5 分	5		

续表

一级	二级	三级	配分	得分	判定依据
核心素养	判断与决策	☐未正确选择灭火瓶扣 5 分	5		
		☐未有效判定喷射距离范围扣 5 分	5		
		☐未有效预估喷射时间扣 5 分	5		

表 4-1-10 "客舱失火应急设备的检查与使用"作业评分表（手提式海伦灭火瓶）

班级			姓名	
乘务组成员			号位	

一级	二级	三级	配分	得分	判定依据
标准程序应用	航前检查	☐未检查在指定位置且数量正确扣 5 分	5		
		☐未检查安全销穿过指定位置并固定扣 5 分	5		
		☐未检查压力表指示在绿色区域扣 5 分	5		
		☐未检查有效期扣 5 分	5		
	设备使用	☐未垂直拿起灭火瓶扣 5 分	5		
		☐未拔下环形保险销就开始使用灭火瓶扣 5 分	5		
		☐手柄和触发器握反扣 5 分	5		
		☐未将喷嘴对准火源底部边缘扫射扣 5 分	5		
		☐未保持 2~3m 有效距离扣 5 分	5		
		☐未平行移动灭火瓶扣 5 分	5		
		☐未向火源底部边缘快速扫射并保持流量恒定扣 5 分	5		
		☐记错喷射时长应为 9~12s 扣 5 分	5		
核心素养	情景意识	☐未能将手提式灭火瓶快速从支架上释放扣 5 分	5		
		☐未能正确使用灭火瓶扣 5 分	5		
	信息沟通及协作	☐未汇报灭火瓶检查、使用情况或汇报不准扣 5 分	5		
		☐未将使用过的灭火瓶及时归位扣 5 分	5		
		☐未将使用情况记录在客舱维护记录本（CLB）上扣 5 分	5		
核心素养	判断与决策	☐未正确选择灭火瓶扣 5 分	5		
		☐未有效判定喷射距离范围扣 5 分	5		
		☐未有效预估喷射时间扣 5 分	5		

表 4-1-11 "客舱失火应急设备的检查与使用"作业评分表

班级			姓名		
乘务组成员			号位		
一级	二级	三 级	配分	得分	判定依据
标准程序应用	航前检查	□未检查在指定位置且数量正确扣 5 分	5		
		□未检查铅封完好扣 5 分	5		
		□未确认包装盒或密封袋包装完好扣 5 分	5		
		□未检查有效期扣 5 分	5		
	设备使用	□未打开贮存盒 / 透明塑料盖,取出密封袋扣 5 分	5		
		□未打开密封袋口,取出 PBE 并展开扣 5 分	5		
		□未双手手掌相合插入橡皮颈口中,然后双手分开将面罩撑开扣 5 分	5		
		□未远离火源快速将面罩戴到头上,将头发完全放入面罩内,衣领没有离开密封胶圈,未保证密封良好扣 5 分	5		
		□未双手向前,向外拉动面罩两边带子,使氧气发生器工作并使面罩紧固,且能听到"咝咝"的气流声扣 5 分	5		
		□取下时,未在远离火焰和烟雾的安全处进行扣 5 分	5		
		□未松开带子,双手由颈下插入面部,向上拉起 PBE 并取下扣 5 分	5		
		□未远离火源抖散头发扣 5 分	5		
		□未知使用时间平均为 15 分钟;呼吸快时使用时间变短;可能有灰尘感和咸味扣 5 分	5		
核心素养	情景意识	□未能将 PBE 快速从支架上释放扣 5 分	5		
		□未能正确使用 PBE 扣 5 分	5		
	信息沟通及协作	□未汇报 PBE 的检查、使用情况或汇报不准确扣 5 分	5		
		□未将使用过的 PBE 归位扣 5 分	5		
		□未将使用情况记录在客舱维护记录本(CLB)上扣 5 分	5		
		□未有效预估 PBE 氧气快用完的识别方法扣 10 分	10		

任务二　航程中客舱失火处置

任务描述

乘务组执飞航班期间，前舱 1 号烤箱忽然冒出了浓烟，烟雾呈白色无刺鼻性气味，客舱乘务员陈悦第一时间反应——"我来灭火，你去报告"，在附近的乘务员王欣彤与她共同察看火情后，立即使用内话系统向机长汇报了客舱起火的情况与灭火进展，此时正处于后舱的乘务员钱逸文也迅速反应，在远离火源处穿戴好 PBE 并持灭火瓶前来接替灭火。客舱乘务组迅速而沉着地启动灭火程序。

任务目标

1. **发展能力**
   ◎ 熟练识别机上失火的类别。
   ◎ 熟练使用机上灭火设备。
   ◎ 准确应用失火处置程序。
2. **操作能力**
   ◎ 能够正确选择并使用机上灭火设备。
   ◎ 能够根据情境综合判断机上火情。
   ◎ 能够以乘务组为单位快速组成灭火小组并组织灭火。
3. **职业素养**
   ◎ 根据实际情况进行失火后的客舱管理，避免乘客大面积纵向移动。
   ◎ 有效调控自身情绪，冷静果断处置失火。
   ◎ 与机组协同做出航程中失火应对的沟通与联络。

任务书

_____是一名客舱乘务员，当航程进入平飞阶段后，客舱前厨房内的 1 号烤箱忽然弥漫出一股焦煳味，且伴随着滚滚浓烟，乘务员当机立断关闭烤箱电源，拔出该设备区域的跳开关，并迅速组成灭火小组开展后续灭火处置，请接到任务后开始对本次任务中的客舱特定区域灭火任务进行分组练习。

信息获取

在机上火灾的处置中，客舱乘务组应根据火情发生时的位置和紧急情况迅速组成灭火小组。第一个发现火情的乘务员应在第一时间承担灭火的职责，我们称之为"发现者"，并通过口令："我来灭火，你去报告。"指派最近的乘务员承担通讯员的职责。承担通讯员职责的乘务员应在观察火情后立即向机长汇报客舱起火情况等六项内容，并通知其他乘务员速来支援。此外，乘务组在接到灭火任务时应有一位乘务员迅速远离火源穿戴防护式呼吸保护装置，并根据火情选取正确的灭火瓶前往现场进行接替，我们称之为"接替者"。其余的乘务组成员协作配合，承担援助者职责，转移氧气瓶等易燃易爆物品，转移危险区域的乘客并指导防烟措施。发现者、通讯员、接替者、援助者的各项工作落实方能使火情迅速得到控制，以下是机上烤箱起火时各灭火小组成员的基本职责。

一、发现者灭火处置流程

（1）第一位发现烤箱起火的乘务员应作为发现者首先承担灭火的职责。

（2）发现者应立即关断对应烤箱配电板的电源（图 4-2-1），并拔出跳开关（图 4-2-2）。

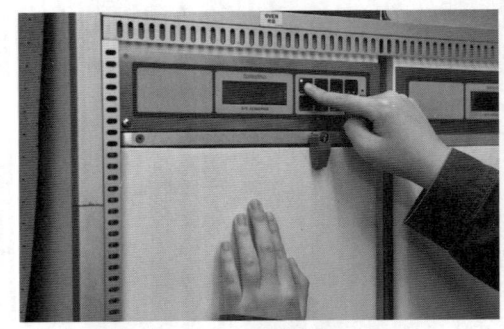 

图 4-2-1　关断烤箱配电板电源　　　　　　图 4-2-2　拔出跳开关

（3）发现烤箱起火应立即关闭烤箱门（若有通风口请立即堵上通风口），使其内部氧气消耗殆尽，熄灭火焰。

（4）发现者向最近的乘务员发布口令："我来灭火，你去报告。"

（5）机上烤箱起火为 C 类火灾，根据起火类型，发现者应拿取正确的就近的灭火瓶灭火，尽可能通知附近乘务员。

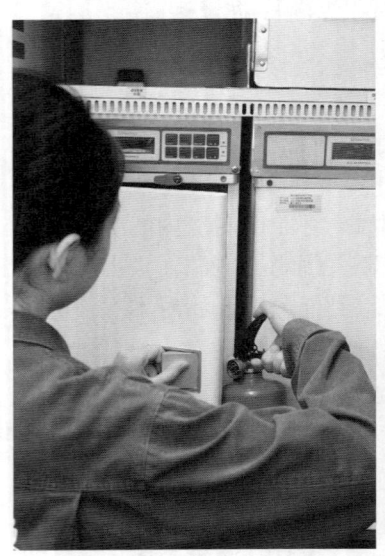

（6）如火焰扩展到烤箱外部，先扑灭外部的火源。

（7）缓慢打开烤箱的门，仅够伸入灭火瓶喷嘴即可，伸入灭火瓶喷嘴并释放灭火剂。烤箱失火处置站位如图 4-2-3 所示。

（8）灭火后向乘务长汇报机体破损情况、乘客伤亡及情绪情况、应急设备使用情况。

二、通讯员灭火处置流程

（1）离发现者最近的乘务员承担通讯员职责，通讯员应首先观察火情，观察火源的具体位置、火势与烟雾的具体情况、有无刺鼻性气味，对客舱内乘客的影响和乘务员采取的行动等。

（2）使用内话系统通知机长，通知的内容包括火源的具体位置、火势大小、烟雾浓度、颜色、有无刺激性气味、对乘客的处理及灭火进展等具体内容。

图 4-2-3　烤箱失火处置站位

（3）在可能的情况下帮助发现者，如协助传递新的灭火瓶等。
（4）通知其他舱位乘务员。
（5）监控火情并定时向驾驶舱报告最新火情进展以及最终灭火结束的情况。
（6）灭火后向乘务长汇报机体破损情况、乘客伤亡及情绪情况、应急设备使用情况。

三、接替者灭火处置流程

（1）接替者应迅速远离火源并正确穿戴PBE，如图4-2-4所示，以接替发现者。
（2）选择正确的灭火瓶接替发现者灭火，如图4-2-5所示。
（3）接替者宣布灭火结果并在远离烟雾处正确脱下PBE，因头发中可能有残余的氧气，接替者应充分抖散头发，如图4-2-6所示。
（4）灭火后向乘务长汇报机体破损情况、乘客伤亡及情绪情况、应急设备使用情况。

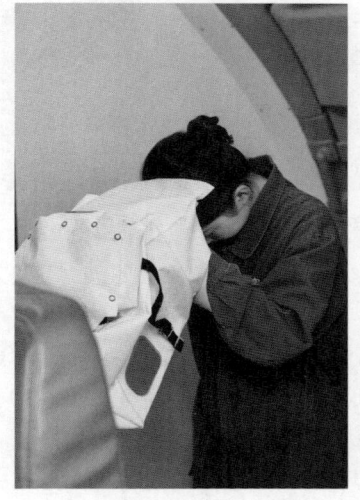 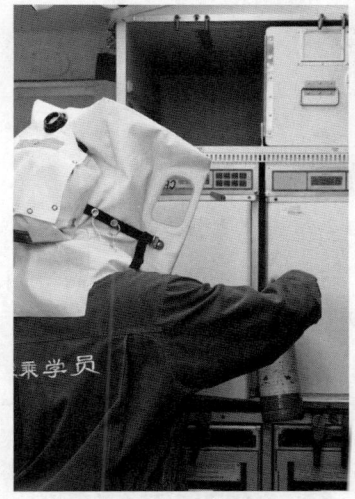

图4-2-4　接替者远离火源穿戴PBE　　　图4-2-5　接替者使用正确的灭火瓶接替灭火

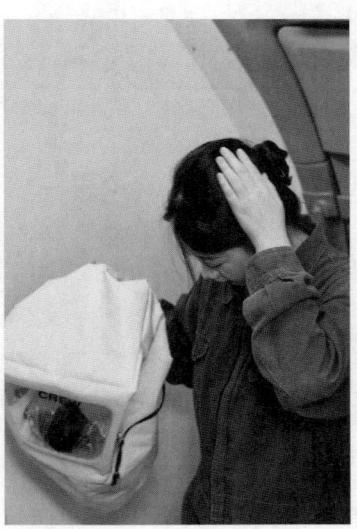

图4-2-6　接替者远离火源脱下PBE并充分抖散头发

四、援助者灭火处置流程

（1）援助者应立即转移火源附近的可燃物、易爆物品，如起火区域附近行李架内的氧气瓶等，如图4-2-7所示。

（2）转移火源附近被浓烟熏到的乘客，将其安置到妥当区域就座并系好安全带，如图4-2-8所示。但考虑到飞机的配平，乘务员应在第一时间控制客舱情绪，切记不可以大面积纵向转移乘客。

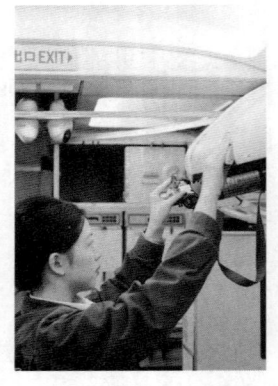
图 4-2-7　援助者转移氧气瓶

图 4-2-8　援助者转移乘客

（3）援助者在客舱内应做好自我防护，用领口袖口掩住口鼻，防止浓烟吸入，如图4-2-9所示。

（4）其余的客舱乘务员应指导乘客采取正确的防烟姿势，其口令为："保持低姿态，用领口袖口捂住口鼻；Stay low，cover your nose and mouth"指导的动作如图4-2-10所示。

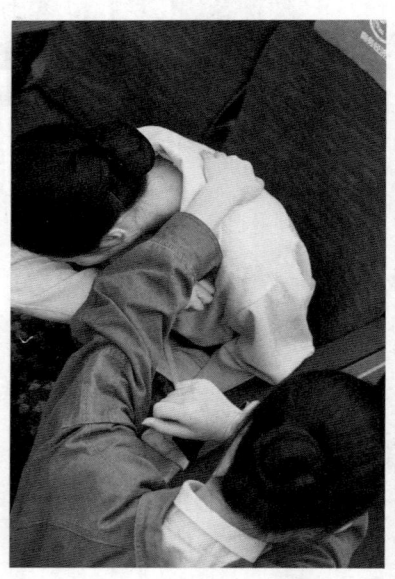
图 4-2-9　客舱乘务员在客舱内做好个人防护

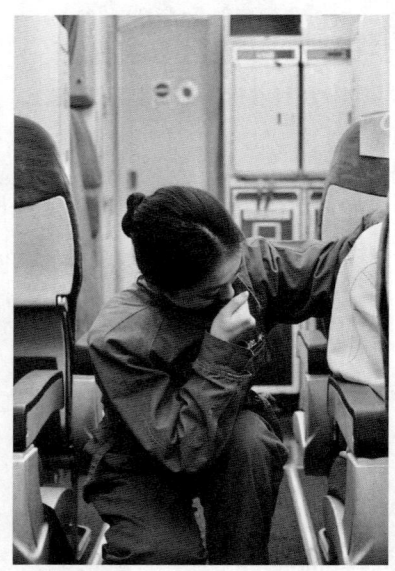
图 4-2-10　指导乘客防烟姿势

（5）灭火后向乘务长汇报机体破损情况、乘客伤亡及情绪情况、应急设备使用情况。

任务计划

一、注意事项

（1）进入实训舱应穿空乘学员训练服、鞋套，以空中乘务员标准进行盘发、化妆，佩戴三根指针的手表（时针、分针、秒针），按规定佩戴首饰。

（2）学生实训及操作设备期间，实训舱内必须有教师进行指导和监护。在非监控阶段，学生不得随意进出、使用相应实训设施设备。

（3）学生进行灭火处置任务期间，模拟实训舱内会有烟雾排出、灯光提示等实际模拟现象，学生宜充分调动听觉、视觉等留意舱内动态，也需积极调动，使用各种方法找到火源，应保持警觉，听从实训教师引导，并时刻注意自身实训安全。

（4）学生应爱惜舱内实训物品，按程序操作，使用完的实训物品应及时归位并固定。

二、根据 A320 机型进行灭火任务分组

请根据本次任务分组，根据各自在客舱内的号位职责填写图 4-2-11，并进行客舱失火的应急处置。

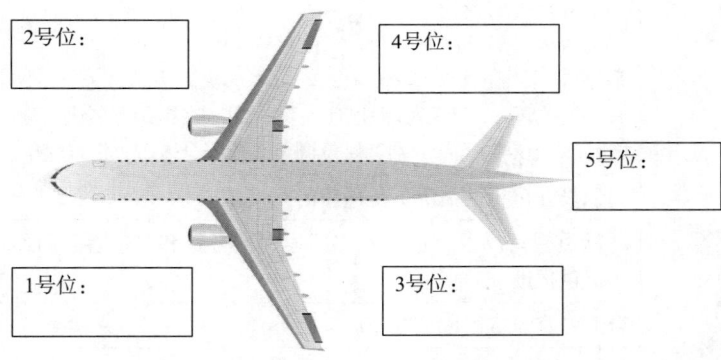

图 4-2-11　客舱失火应急处置分组训练单

三、制订灭火处置流程

在教师的指导下，查阅相关资料及教学视频，小组讨论并制订客舱灭火处置的流程。

任务决策

各小组选派代表阐述任务计划，小组间相互讨论，提出不同看法，教师总结点评，完善方案。

任务实施

在教师的指导下完成乘务组分组，各号位乘务员合理分工，填写表 4-2-1 "航程中灭火基本处置"任务实施表，及表 4-2-2 "烤箱失火处置"任务实施表，完成灭火处置任务。

表 4-2-1 "航程中灭火基本处置"任务实施表

班级			姓名	
乘务组成员			担任号位	
任务节点	灭火角色	任务实施程序		结果记录
发现火情	发现者	首先发现失火的乘务员应承担发现者的工作，在封闭空间用手背探温的方式确认火情、火灾类型及适用的灭火瓶，立即灭火，根据不同场景确认灭火处置程序		是□ 否□
		发现者将现场最近的乘务员指派为通讯员并发布口令："我来灭火，你去报告。"		是□ 否□
		取就近的合适灭火瓶灭火，尽可能通知附近乘务员		是□ 否□
	通讯员	通讯员应立即通知飞行机组失火／冒烟的情况，报告的内容包括： （1）火源的具体位置； （2）火势大小； （3）烟雾浓度及颜色； （4）有无刺激性气味； （5）对乘客的影响； （6）灭火进展。 举例："报告机长，客舱×××发生火灾，火势大／中／小等，有×色烟雾，有／无刺鼻性气味，乘务员正在组织开展灭火程序，并将×××附近部分乘客座位调至客舱安全区域，汇报完毕。"		是□ 否□
		通讯员在可行的情况下传递新的灭火瓶		是□ 否□
		通讯员视情况以合适方式立即通知乘务长和其他客舱机组成员提供援助		是□ 否□
	接替者	合适的客舱机组成员宣布成为接替者，口令："我来接替。"		是□ 否□
		接替者远离火源并正确穿戴并触发 PBE		是□ 否□
	援助者（其余提供支援的机组成员）	援助者立即转移火源附近的可燃物、易爆物品		是□ 否□
		援助者转移火源附近的乘客（可能被浓烟熏到的乘客），切记不可大面积纵向转移		是□ 否□
灭火中	发现者	发现者采取正确的灭火姿势（采取合适的防烟站位；注意密闭空间的打开及关闭方式）		是□ 否□
	通讯员	通讯员持续监控火情并定时向驾驶舱报告最新灭火进展		是□ 否□
	接替者	接替者佩戴 PBE，选择正确的灭火瓶接替发现者		是□ 否□
		接替者采取正确的灭火姿势继续灭火		是□ 否□
		接替者宣布灭火结果（如"火已被扑灭"）		是□ 否□
	援助者	援助者自身采取正确的防护措施		是□ 否□
		援助者可收集机上适宜的灭火设备到火场支援		是□ 否□

续表

任务节点	灭火角色	任务实施程序	结果记录
灭火中	援助者	援助者指导乘客采取正确的防烟姿势	是□ 否□
	援助者	援助者向靠近火灾现场的乘客发布正确防烟指令:"保持低姿态,用领口袖口捂住口鼻;Stay low, cover your nose and mouth。"	是□ 否□
灭火后	接替者	接替者在远离烟雾处正确脱下PBE并充分抖散头发	是□ 否□
	后续监控火场人员	乘务长指派专人监控火场,防止复燃	是□ 否□
检查后汇报	所有客舱乘务员	客舱乘务员回到各自号位向乘务长汇报各自负责区域的机体及客舱设备情况;乘客受伤及情绪情况;应急设备的使用情况,举例:报告乘务长,我是×号乘务员,我负责的区域,机体无破损/×××已被烧毁,乘客无伤亡/×排×座乘客×××被轻微/严重烫伤(若有),×××排乘客已被转移至×××,乘客情绪稳定,我使用了×个海伦灭火瓶,×个PBE,报告完毕	是□ 否□
	乘务长	乘务长总结并向机长汇报客舱情况,举例:报告机长,火已扑灭,客舱机体无破损/客舱×××已被烧毁、×排×座乘客已被安全转移至×排×座,×排×座乘客×××被烫伤(若有),乘客情绪稳定,客舱共使用了×个海伦灭火瓶,×个PBE,我们已派专人监控火场,汇报完毕	是□ 否□

表 4-2-2 "烤箱失火处置"任务实施表

班级		姓名	
乘务组成员		担任号位	
任务实施流程			
任务节点	灭火角色	具体实施内容	结果记录
发现烤箱着火	发现者	发现者发现烤箱起火	是□ 否□
		发现者切断对应烤箱配电板的电源,拔出相应区域对应的跳开关	是□ 否□
		发现者立即关闭烤箱门,使其内部氧气消耗殆尽,熄灭火焰	是□ 否□
		发现者向最近的乘务员发布口令:"我来灭火,你去报告。"	是□ 否□
		发现者拿正确的就近的灭火瓶灭火,尽可能通知附近乘务员	是□ 否□
		发现者采取正确的灭火姿势(站位;密闭空间的打开方式)	是□ 否□
	通讯员	通讯员观察火情	是□ 否□
		通讯员通知机长客舱起火的六项汇报内容	是□ 否□
		通讯员在可能的情况下传递新的灭火瓶	是□ 否□
		通讯员通知其他舱位乘务员	是□ 否□
	接替者	接替者远离火源并正确穿戴PBE	是□ 否□
		接替者选择正确的灭火瓶前往火场接替发现者	是□ 否□
	援助者	援助者立即转移火源附近的可燃物、易爆物品	是□ 否□

续表

任务节点	灭火角色	具体实施内容	结果记录
灭火中	通讯员	通讯员监控火情并定时向驾驶舱报告最新火情进展	是□ 否□
	接替者	接替者采取正确的灭火姿势（站位；密闭空间的打开方式）	是□ 否□
		接替者持续灭火并宣布灭火结果（如"火已被扑灭"）	是□ 否□
	援助者	援助者转移火源附近被浓烟熏到的乘客（不可大面积纵向转移）	是□ 否□
		援助者自身采取正确的防护措施	是□ 否□
		援助者使用动作和口令指导乘客采取正确的防烟姿势	是□ 否□
灭火后	接替者	接替者在远离烟雾处正确脱下 PBE 并充分抖散头发	是□ 否□
	所有责任号位	灭火后的检查（客舱机体情况；乘客情况；应急设备使用情况）	是□ 否□
		与机组成员之间的协作配合	是□ 否□
灭火后的汇报	所有责任号位	客舱机体情况	是□ 否□
		乘客受伤及情绪情况	是□ 否□
		应急设备的使用情况	是□ 否□

质量检查

一、乘务组自检

各乘务组根据任务实施的记录结果（表 4-2-3），对本小组的作业内容进行再次确认。

表 4-2-3　任务实施记录表

序号	检查项目	检查结果
1	仪容仪表与着装符合空乘实训规范	是□ 否□
2	已完成号位分工	是□ 否□
3	已确认各自区域应急设备	是□ 否□
4	已按照任务实施表完成客舱灭火的应急处置	是□ 否□
5	已将使用过的应急设备归位	是□ 否□
6	已知晓实训安全守则	是□ 否□

二、教师检查

教师根据各乘务组作业完成情况进行质量检查，选择优秀乘务员进行作业情况展示，针对任务实施过程中出现的问题提出改进措施与建议。

课后提升

客舱灭火是影响飞行安全的特殊情况，客舱乘务组应严格落实客舱乘务员对于客舱灭火处置的原则，建立与飞行机组的协同配合，在保障自身安全的同时保障人机安全。为了提升同学们的客舱安全保障意识,请同学们扫描二维码,观看客舱灭火处置的视频,利用思维导图制作相应的应急处置流程。

机上烤箱失火特情处置流程

📩 评价反馈

学习小组能够按乘务组分工形式进行责任区域的合理分工与协作,按乘务长和号位乘务员的安全职责来逐项完成航程中灭火处置任务。完成相应灭火处置任务后,结合个人、小组在课堂中的实际表现进行总结与反思。

请小组成员根据灭火过程中的不同职责,填写表 4-2-4 ~ 表 4-2-7,完成本次工作任务评分。

表 4-2-4 "烤箱失火处置"作业评分表(发现火情者)

班级			姓名		
乘务组成员			号位		
一级	二级	三 级	配分	得分	判定依据
标准程序应用	发现火情	□发现者未在第一时间判断烤箱起火扣 5 分	5		
		□发现者未及时切断对应烤箱的电源,未拔出跳开关,未立即关闭烤箱门扣 10 分	10		
		□发现者未向最近的乘务员发布:"我来灭火,你去汇报。"口令扣 10 分	10		
		□发现者未拿正确的就近的灭火瓶灭火扣 5 分	5		
	灭火中	□发现者未采取正确的灭火姿势扣 5 分	5		
		□发现者未采取正确的灭火程序(如灭火瓶使用不当)扣 5 分	5		
	灭火后的客舱检查与汇报	□未检查负责区域客舱的具体情况扣 5 分	5		
		□未向乘务长进行灭火后的汇报(乘务长未向机长汇报客舱情况)扣 5 分	5		
核心素养	情景意识	□未检查客舱受损情况扣 5 分	5		
		□未检查客舱内的乘客受伤状况及情绪扣 5 分	5		
		□无紧迫感扣 5 分	5		
	沟通与协作	□未汇报客舱情况扣 5 分	5		
		□未汇报乘客受伤及情绪情况扣 5 分	5		
		□未准确汇报应急设备的使用情况扣 5 分	5		
		□与机组成员之间的协作配合差扣 5 分	5		
	客舱管理	□未关注乘客情绪,有效安抚乘客扣 5 分	5		
		□未有效维持客舱秩序扣 5 分	5		

表 4-2-5 "烤箱灭火处置"作业评分表（通讯员）

班级			姓名		
乘务组成员			号位		
一级	二级	三级	配分	得分	判定依据
标准程序应用	发现火情	□通讯员未观察火情扣 10 分	10		
	灭火中	□通讯员未及时通过内话系统向机长报告火情，或汇报内容有误扣 10 分	10		
		□通讯员在可能的情况下未援助灭火者，通知其他舱位乘务员扣 5 分	5		
		□通讯员未持续监控火情并定时向驾驶舱报告最新火情进展扣 10 分	10		
	灭火后的客舱检查与汇报	□未及时向机长汇报灭火结束扣 10 分	10		
		□未检查负责区域客舱的具体情况扣 5 分	5		
		□未向乘务长进行灭火后的汇报（乘务长未向机长汇报客舱情况）扣 5 分	5		
核心素养	情景意识	□未检查客舱受损情况扣 5 分	5		
		□未检查客舱内的乘客受伤状况及情绪扣 5 分	5		
		□无紧迫感扣 5 分	5		
	沟通与协作	□未汇报客舱受损情况扣 5 分	5		
		□未汇报乘客受伤及情绪情况扣 5 分	5		
		□未准确汇报应急设备的使用情况扣 5 分	5		
		□与机组成员之间的协作配合差扣 5 分	5		
	客舱管理	□未关注乘客情绪，有效安抚乘客扣 5 分	5		
		□未有效维持客舱秩序扣 5 分	5		

表 4-2-6 "烤箱灭火处置"作业评分表（接替者）

班级			姓名		
乘务组成员			号位		
一级	二级	三级	配分	得分	判定依据
程序应用	发现火情	□接替者未第一时间宣布："我来接替。"扣 5 分	5		
		□接替者未远离火源并正确穿戴 PBE 扣 5 分	5		
		□接替者穿戴 PBE 后未在第一时间拿取正确灭火瓶前往火场扣 5 分	5		

续表

一级	二级	三级	配分	得分	判定依据
程序应用	灭火中	□接替者未迅速有效接替发现者扣5分	5		
		□接替者未使用正确的灭火姿势扣5分	5		
		□接替者未采取正确的灭火程序（如灭火瓶使用不当）扣5分	5		
	灭火后的客舱检查与汇报	□接替者未宣布灭火结果扣10分	10		
		□接替者在远离烟雾处正确脱下PBE并抖散头发扣5分	5		
		□未检查所负责区域的具体情况扣5分	5		
		□未向乘务长进行灭火后的汇报（乘务长未向机长汇报客舱情况）扣5分	5		
核心素养	情景意识	□未检查客舱受损情况扣5分	5		
		□未检查客舱内的乘客受伤状况及情绪扣5分	5		
		□无紧迫感扣5分	5		
	沟通与协作	□未汇报客舱情况扣5分	5		
		□未汇报乘客受伤及情绪情况扣5分	5		
		□未准确汇报应急设备的使用情况扣5分	5		
		□与机组成员之间的协作配合差扣5分	5		
	客舱管理	□未关注乘客情绪，有效安抚乘客扣5分	5		
		□未有效维持客舱秩序扣5分	5		

表4-2-7 "烤箱灭火处置"作业评分表（援助者）

班级			姓名	
乘务组成员			号位	

一级	二级	三级	配分	得分	判定依据
标准程序应用	发现火情	□援助者未及时转移火源附近的可燃物、易爆物品扣10分	10		
		□援助者未转移火源附近被浓烟熏到的乘客（不可大面积纵向转移）扣10分	10		
		□援助者未做好自身正确的防护措施扣5分	5		
	灭火中	□援助者未收集机上可用的灭火设备到火场扣5分	5		
		□援助者未指导乘客采取正确的防烟姿势扣5分	5		
		□援助者未向靠近火灾现场的乘客发布正确的防烟指令扣5分	5		

续表

一级	二级	三级	配分	得分	判定依据
标准程序应用	灭火后的客舱检查与汇报	□未检查负责区域客舱具体情况扣5分	5		
		□与机组成员之间的协作配合差扣5分	5		
		□未向乘务长进行灭火后的汇报（乘务长未向机长汇报客舱情况）扣5分	5		
核心素养	情景意识	□无紧迫感扣5分	5		
		□未关注客舱内的乘客状况及情绪扣5分	5		
	沟通与协作	□未汇报客舱受损情况扣5分	5		
		□未汇报乘客受伤及情绪情况扣5分	5		
		□未准确汇报应急设备的使用情况扣5分	5		
	客舱管理	□未有效安抚乘客并指导防烟措施扣10分	10		
		□未有效维持客舱秩序扣10分	10		

任务三　客舱失火特情处置

任务描述

客舱是供客舱乘务员及乘客活动的重要场所，在日常的航班运行中，烤箱、洗手间、衣帽间、行李架等客舱区域都有可能发生火情，在掌握了基本的灭火处置程序之后，我们将在客舱内的具体位置模拟火情，引导客舱乘务员在真实的灭火任务中进行客舱失火特情处置，结合客舱不同区域的灭火要点进行应急处置实训。

任务目标

1. 发展能力
◎ 熟练选取并使用机上灭火设备。
◎ 根据客舱不同区域的特点准确应用失火处置程序。
◎ 熟练掌握灭火小组的协作配合。

2. 操作能力
◎ 能够根据机上火情的判断正确选择与使用灭火设备。
◎ 能够在不同失火区域，熟练操作应急设备配合灭火程序的实施。
◎ 能够综合运用所学，针对不同失火类型应用适宜的灭火方案与原理。

3. 职业素养
◎ 根据实际情况进行失火后的客舱管理，避免乘客大面积纵向移动。
◎ 与机组协同做出失火应对的沟通与联络。

任务书

本次航班由空客机型 A320 执飞，进入平飞阶段后不久，1 排 DEF 行李架上方忽然冒出白色烟雾，乘务员在用手背探温后小心打开行李架，在判断了火源位置和起火具体情况下，第一时间以五人乘务组为单位组成灭火小组，分别承担发现者、通讯员、接替者、援助者等职责，有效配合、快速处置本次客舱行李架起火。

信息获取

一、机上洗手间、衣帽间及行李架灭火处置流程

机上封闭空间的起火主要发生在机上洗手间、衣帽间及行李架等区域，其处置流程与机上火灾基本处置流程大致相同。较特殊的是客舱乘务员需注意机上洗手间，若有烟雾无法消除，洗手间烟雾探测器将会发出警告声，洗手间壁板上的琥珀色灯将会闪亮，如

图 4-3-1 所示，这些声光提示表明洗手间存在烟雾或起火的现象。

1. 发现者灭火处置流程

（1）发现者首先应敲门，判断洗手间是否有人，如图 4-3-2 所示。若洗手间内有乘客，不可贸然往里喷洒含有惰性气体的灭火剂，以免发生窒息危险。

图 4-3-1　客舱洗手间烟雾警告　　　图 4-3-2　洗手间灭火处置第一步——敲门

（2）开启前先用手背探温

机上封闭空间灭火的处置原则为不可贸然开启门、盖板等设施，以防氧气大量涌入以致火势瞬间加大。如果洗手间无人，客舱乘务员应用手背沿着门上、中、下部移动，检查洗手间门的热度，作出初步判断，如图 4-3-3 所示；行李架无须确认有无人员，其手背探温的原则是，用手背沿着行李架面板呈"之"字形移动检查行李架面板的温度，温度最高处内部可初步判断为火源具体位置，如图 4-3-4 所示。衣帽间也应用手背沿着衣帽间门上中下部移动，感觉热度，以初步判断起火位置，如图 4-3-5 所示。

注意：不能在检查热度前贸然打开洗手间/衣帽间/行李架。

（3）如果洗手间/衣帽间/行李架门和舱壁不热。客舱乘务员应小心谨慎地打开，注意不要正面对着门缝或大幅度将门打开，检查确定烟雾/火警具体来源，如果烟雾或火警可见，执行灭火程序；如烟雾/火警不可见，彻底搜寻烟雾/火警的存在，按需进行灭火处置。机上洗手间应检查垃圾箱，防止复燃。

图 4-3-3　用手背探温洗手间　　图 4-3-4　用手背探温行李架　　图 4-3-5　用手背探温衣帽间

（4）如果洗手间/衣帽间/行李架的门和四周舱壁是烫的。此时客舱乘务员应注意：如果门板和四周舱壁很烫，说明火警处于一个危险期，应获取额外的可用灭火设备并准备使用。

（5）客舱乘务员在灭火全程应做好自我保护，如戴上 PBE 或用领口袖口掩住口鼻，保持低位或蹲下，使用门板作为保护，预防烟雾和高温，拿正确的就近的灭火瓶灭火，尽可能通知附近乘务员。洗手间灭火时应将洗手间门板作为掩护，缓慢将洗手间门打开一条小缝，向内释放灭火剂，如图 4-3-6 所示。衣帽间门也可作为挡板，客舱乘务员应注意站在门板后，将衣帽间门打开到仅够伸入灭火瓶喷嘴即可，如图 4-3-7 所示。行李架门也应注意不要一次性完全开启，小心打开仅容喷嘴通过的高度即可，如图 4-3-8 所示。这些封闭区域在释放灭火剂时，可使用"开启门板"→"喷射灭火剂"→"关闭门板"的动作循环，尽量不让大量氧气涌入。

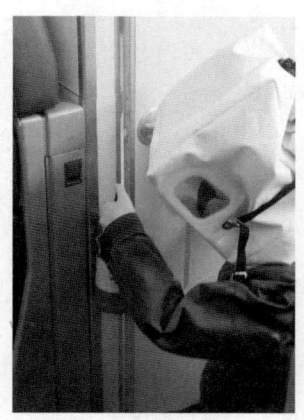 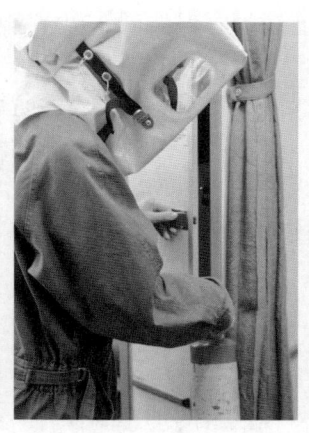 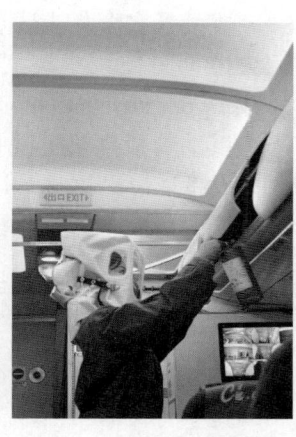

图 4-3-6　洗手间灭火站位　　图 4-3-7　衣帽间灭火站位　　图 4-3-8　行李架灭火站位

（6）当安全时，按洗手间/衣帽间/行李架的门或四周舱壁门不热的程序处置。为了压住火焰，可使用浸湿的毛毯/枕头等，打灭火苗。

（7）灭火成功后，客舱乘务员应锁闭洗手间、衣帽间，关闭行李架。

（8）灭火后向乘务长汇报机体破损情况、乘客伤亡及情绪情况、应急设备使用情况。

2. 通讯员灭火处置流程

（1）通讯员应首先观察火情，观察火源的具体位置、火势与烟雾的具体情况、有无刺鼻性气味，对客舱内乘客的影响和乘务员采取的行动等。

（2）使用内话系统通知机长，通知的内容包括火源的具体位置，火势大小，烟雾浓度、颜色、有无刺激性气味，对乘客的处理及灭火进展等具体内容。

（3）在可能的情况下协助发现者。

（4）通讯员应根据机上洗手间/衣帽间/行李架火情的大小，考虑通知其他舱位乘务员携带灭火设备前往现场支援。

（5）通讯员监控火情，并定时向驾驶舱报告最新火情进展以及最终灭火结束的情况。

（6）灭火后向乘务长汇报机体破损情况、乘客伤亡及情绪情况、应急设备使用情况。

3. 接替者灭火处置流程

（1）接替者应远离火源并正确穿戴 PBE，并在第一时间根据机上洗手间/衣帽间/行李架火情的性质选取适应的灭火瓶。

（2）接替者取用正确的灭火瓶接替发现者进行灭火，其灭火站位仍应考虑以机上洗手间/衣帽间/行李架面板作为掩护，防止直面烟雾，提高能见度，不让烟雾涌出侵害附近暂未转移的乘客，并对自身安全做出防护。

（3）接替者应宣布最终灭火结果并在远离烟雾处正确脱下 PBE，并充分抖散头发。

（4）灭火后向乘务长汇报机体破损情况、乘客伤亡及情绪情况、应急设备使用情况。

4. 援助者灭火处置流程

（1）援助者及时转移火源附近的可燃物、易爆物品，将其安置到远离火场的位置并固定。

（2）援助者在不可大面积纵向移动乘客的原则指导下，转移火源附近被浓烟熏到的乘客，将其安置到妥当区域就座并系好安全带。

（3）援助者在全程应注意自我防护，保持低姿态在客舱内行动，防止浓烟吸入。

（4）援助者使用中英文口令及示范动作"保持低姿态，用领口袖口捂住口鼻；Stay low, cover your nose and mouth"，指导乘客采取正确的防烟姿势。

（5）援助者根据机上洗手间/衣帽间/行李架火情的大小考虑是否需要支援、传递更多的灭火设备以协助灭火者进行灭火。

（6）灭火后向乘务长汇报机体破损情况、乘客伤亡及情绪情况、应急设备使用情况。

二、锂电池失火处置

1. 含有锂电池的设备

锂电池是一类有锂金属或锂合金为正/负极材料，使用非水电解质溶液的电池。由于锂金属的化学特性非常活泼，使得锂金属的加工、保存、使用对环境的要求非常高。乘客乘机携带手机、手提电脑、摄像机等自用的含锂电池设备、锂电池移动电源（如充电宝）等，以及携带出行所需的合理数量的备用电池，禁止将锂电池设备放入托运行李，应将其放入手提行李内携带登机。如设备中带有锂电池，应将其电池部分拆下随身携带。

2. 锂电池运输规定

经航空公司批准，可以携带超过（含）100W·h 但不超过 160W·h 锂电池的电子设备登机。每位乘客携带此类备用锂电池不能超过两个，且不能托运。禁止携带或托运超过 160W·h 的大型锂电池或电子设备。

3. 机上锂电池起火处置流程

锂电池失火处置程序要求客舱乘务组在基本灭火程序的基础上，组成灭火小组快速响应，关键要点可概括为"快速识别、科学应对、保持降温、全程监控"，具体核心环节如下：

（1）重点监控区域，锁定风险源头

机上锂电池失火应聚焦乘客行李架、座位周边及电子设备存放处（如手机、充电宝等锂电池设备），关注设备是否出现冒烟、鼓包、变色、变形、异响、焦味等异常迹象。比如在行李架失火灭火后，应持续监控、查明原因，若发现引起失火的物品为锂电池，则应立即切断电源（根据具体情况断开锂电池设备的外接电源或与该设备相连的机上电源、断开机上相关电源等），进一步进行锂电池起火的处置程序。

（2）多感官联动判断

视觉：观察是否有烟雾、明火或充电宝等设备外观异常。

嗅觉：留意刺鼻烧焦味（区别于普通电子设备发热气味）。

听觉：警惕锂电池内部短路引发的爆裂声、吱吱声。

（3）立即报告与处置

第一时间通过内话系统报告机长，明确失火位置与火势等六项具体内容，同时询问乘客起火物品的归属与具体情况。

迅速引导失火点附近乘客撤离（注意避免大面积纵向移动），保持过道畅通，指挥乘客弯腰、低姿态避免吸入有毒气体。

（4）冷却设备，浸水降温

锂电池起火的核心步骤为：用机上可用降温工具（如大瓶矿泉水等）持续浇灌冷却设备，确认设备不再燃爆后，戴上石棉手套将锂电池设备转移至盛有水的金属容器中（如机上冰桶、餐车金属箱等），确保锂电池被完全浸没，持续浸泡至少 30min（或直至彻底冷却）。

（5）持续监控，防止复燃

客舱管理人员应安排人员持续监控，安排专人每 5min 检查一次浸水容器，观察是否有冒烟、发热或复燃迹象。

在锂电池起火处置中请注意，勿用手直接接触失火设备，以避免烫伤或电解液灼伤。勿用冰块或干冰冷却设备，勿在未确认设备完全冷却前撤离监控。锂电池可能因内部反应滞后复燃，存在"热失控"风险。

通过以上处置要点，可最大限度降低锂电池失火的危害，保障客舱安全。

任务计划

一、注意事项

（1）进入实训舱应穿空乘学员训练服、鞋套，以空中乘务员标准进行盘发、化妆，佩戴三根指针的手表（时针、分针、秒针），按规定佩戴首饰。

（2）学生实训及操作设备期间，实训舱内必须有教师进行指导和监护。在非监控阶段，学生不得随意进出、使用相应实训设施设备。

（3）学生进行灭火处置任务期间，模拟实训舱内会有烟雾排出、灯光提示等实际模拟现象，学生宜充分调动听觉、视觉等留意舱内动态，也需积极调动，使用各种方法找到火源，应保持警觉，听从实训教师引导，并时刻注意自身实训安全。

（4）学生应爱惜舱内实训物品，按程序操作，使用完的实训物品应及时归位并固定。

二、根据 A320 机型进行灭火任务分组

请根据本次任务分组，根据各自在客舱内的号位职责填写图 4-3-9，并进行客舱失火的应急处置。

三、制订客舱特定区域灭火处置流程

在教师的指导下，查阅相关资料，小组讨论并制订客舱灭火处置的流程。

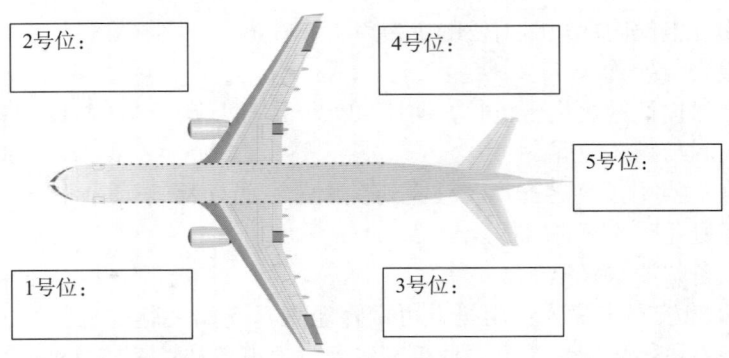

图 4-3-9 客舱失火应急处置分组训练单

任务决策

各小组选派代表阐述任务计划，小组间相互讨论，提出不同看法，教师总结点评，完善方案。

任务实施

在教师的指导下完成乘务组分组，各号位乘务员合理分工，按照表 4-3-1 和表 4-3-2 完成航程中特定区域灭火处置任务。

表 4-3-1 "洗手间、衣帽间及行李架失火处置"任务实施表

班级		姓名	
乘务组成员		担任号位	
任务实施流程			
任务节点	具体实施内容		结果记录
初步判断	敲门，确认洗手间是否有人。 衣帽间和行李架无须敲门		是☐ 否☐
感受门的温度，判断火情大小	通过用手背触摸洗手间/衣帽间/行李架门或壁板的上下部的温度，从而判断火情大小		是☐ 否☐
实施灭火处置流程	小心地打开洗手间/衣帽间/行李架，注意不正面对着门缝或大幅度将门打开		是☐ 否☐
	检查确定烟雾/火警具体来源，如果烟雾或火警可见，执行灭火程序		是☐ 否☐
	如烟雾/火警不可见，彻底搜寻烟雾/火警的存在，按需进行灭火处置。机上洗手间应检查垃圾箱，防止复燃		是☐ 否☐
	客舱乘务员在灭火全程应做好自我保护，如戴上 PBE 或用领口袖口掩住口鼻，保持低位或蹲下，使用门板作为保护，预防烟雾和高温		是☐ 否☐

续表

任务节点	具体实施内容	结果记录
实施灭火处置流程	封闭区域在释放灭火剂时，使用"开启门板"→"喷射灭火剂"→"关闭门板"的动作循环，尽量不让大量氧气涌入	是□ 否□
洗手间/衣帽间/行李架火情解除后的处置	灭火成功后，关闭洗手间/衣帽间/行李架，并通知机长	是□ 否□
检查后向机长汇报	检查客舱内设施及乘客情况	是□ 否□
	汇报乘客受伤及情绪情况	是□ 否□
	应急设备的使用情况（需报告使用的PBE及灭火瓶的数量）	是□ 否□

表 4-3-2 "机上锂电池失火处置"任务实施表

班级		姓名	
乘务组成员		担任号位	
任务实施流程			
任务节点	具体实施内容	结果记录	
查明物品	查明物品，确认由锂电池引发	是□ 否□	
	掌握时间发生位置、现象、涉及人员，确定处置措施	是□ 否□	
	维持客舱秩序，安抚乘客，必要时进行人员疏散转移	是□ 否□	
报告情况，保持联络	立即向机长报告	是□ 否□	
	保持联络，及时向机长报告处置情况	是□ 否□	
切断电源	在确保安全的情况下，关闭含锂电池设备电源	是□ 否□	
	断开锂电池设备的外接电源或与该设备相连的机上电源	是□ 否□	
	断开机上相关电源	是□ 否□	
	如果周围有座椅电子开关，不要进行任何调节动作，如果是锂电池设备，不要试图取出电池	是□ 否□	
冷却装置	拿一个合适的空的容器，向容器中倒入足够可以淹没装置的水（或其他不可燃液体），使用防护设备将装置放入容器内，浸泡在水中	是□ 否□	
不要贸然移动，监控复燃可能性	不要贸然移动装置	是□ 否□	
	不要覆盖或封装装置	是□ 否□	
	注意监控装置，防止复燃	是□ 否□	
	不可用冰块或干冰冷却装置	是□ 否□	
检查后向机长汇报	检查客舱内设施及乘客情况	是□ 否□	
	汇报乘客受伤及情绪情况	是□ 否□	
	应急设备的使用情况（如有，需报告使用的PBE及灭火瓶的数量）	是□ 否□	

质量检查

一、乘务组自检

各乘务组根据任务实施的记录结果（表4-3-3），对本小组的作业内容进行再次确认。

表4-3-3 任务实施记录表

序号	检查项目	检查结果
1	仪容仪表与着装符合空乘实训规范	是□ 否□
2	已完成号位分工	是□ 否□
3	已确认各自区域应急设备	是□ 否□
4	已按照任务实施表完成客舱特定区域灭火的灭火处置	是□ 否□
5	已将使用过的应急设备归位	是□ 否□
6	已知晓实训安全守则	是□ 否□

二、教师检查

教师根据各乘务组作业完成情况进行质量检查，选择优秀乘务员进行作业情况展示，针对任务实施过程中出现的问题提出改进措施与建议。

课后提升

客舱洗手间、衣帽间及行李架失火是影响飞行安全的特殊情况，客舱乘务组应严格落实客舱乘务员对于客舱失火处置的原则，建立与飞行机组的协同配合，在保障自身安全的同时保障人机安全。为了提升同学们的客舱安全保障意识，请同学们扫描二维码观看客舱洗手间、衣帽间及行李架失火处置的视频，利用思维导图制作相应的机上烤箱/洗手间/衣帽间/行李架失火应急处置流程。

机上洗手间失火
特情处置流程

评价反馈

学习小组能够按乘务组分工形式进行责任区域的合理分工与协作，按乘务长和号位乘务员的安全职责来逐项完成航程中失火处置任务，并根据表4-3-4～表4-3-7对"客舱特定区域失火处置"任务进行评价，根据表4-3-8对"客舱锂电池失火处置"任务进行评价，学习小组对在课堂中的实际表现进行总结与反思。

机上行李架失火
特情处置流程

机上衣帽间失火
特情处置流程

表 4-3-4 "客舱特定区域失火处置"作业评分表(发现火情者)

班级			姓名		
乘务组成员			号位		
一级	二级	三 级	配分	得分	判定依据
标准程序应用	失火初期处置	□发现者未敲门确认洗手间是否有人扣10分	10		
		□发现者未感受洗手间门/衣帽间门/行李架壁板的温度,判断火情大小扣10分	10		
		□发现者未向最近的乘务员发布口令:"我来灭火,你去报告。"扣10分	10		
		□发现者未拿正确的就近的灭火瓶灭火,尽可能通知附近乘务员扣5分	5		
		□发现者未准确判断特定区域火势大小并采取适宜灭火方式扣10分	10		
	灭火中	□发现者未用正确的灭火姿势(站位;密闭空间的打开方式)扣10分	10		
	灭火后	□未在灭火后向乘务长汇报情况(机体情况;乘客情况;应急设备使用情况)扣5分	5		
核心素养	情景意识	□未检查及准确汇报客舱受损情况扣5分	5		
		□未检查及准确汇报乘客受伤及情绪情况扣5分	5		
		□未检查及准确汇报应急设备的使用情况扣5分	5		
		□无紧迫感扣5分	5		
	客舱管理	□未关注乘客情绪,有效安抚乘客扣5分	5		
		□未有效维持客舱秩序扣5分	5		
	沟通协作	□与机组成员之间的协作配合差扣10分	10		

表 4-3-5 "客舱特定区域失火处置"作业评分表(通讯员)

班级			姓名		
乘务组成员			号位		
一级	二级	三 级	配分	得分	判定依据
标准程序应用	失火初期处置	□通讯员未观察火情扣10分	10		
		□通讯员未准确通知机长客舱起火具体情况(六项)扣15分	15		
		□通讯员未在可能的情况下传递新的灭火瓶扣5分	5		
		□通讯员未通知其他舱位乘务员扣5分	5		
	灭火中	□通讯员未能监控火情并定时向驾驶舱报告最新火情进展扣10分	10		
	灭火后	□未在灭火后向机长汇报灭火结束扣10分	10		

续表

一级	二级	三级	配分	得分	判定依据
核心素养	情景意识	□未检查及准确汇报客舱受损情况扣5分	5		
		□未检查及准确汇报乘客受伤及情绪情况扣5分	5		
		□未检查及准确汇报应急设备的使用情况扣5分	5		
		□无紧迫感扣10分	10		
	客舱管理	□未关注乘客情绪，有效安抚乘客扣5分	5		
		□未有效维持客舱秩序扣5分	5		
	沟通协作	□与机组成员之间的协作配合差扣10分	10		

表 4-3-6 "客舱特定区域失火处置"作业评分表（接替者）

班级				姓名	
乘务组成员				号位	

一级	二级	三级	配分	得分	判定依据
标准程序应用	失火初期处置	□接替者未第一时间宣布"我来接替"扣5分	5		
		□接替者未远离火源并正确穿戴PBE扣10分	5		
		□接替者穿戴PBE后未在第一时间拿取正确灭火瓶前往火场扣5分	5		
	灭火中	□未采取正确的灭火程序扣10分	10		
		□未采取正确的灭火程序扣10分	10		
		□接替者一直未宣布灭火结果扣10分	10		
	灭火后	□未在远离烟雾处正确脱下PBE扣10分	10		
		□未在灭火后宣布"我已在远离火源处脱下PBE并充分抖散头发"扣5分	5		
核心素养	情景意识	□未检查及准确汇报客舱受损情况扣5分	5		
		□未检查及准确汇报乘客受伤及情绪情况扣5分	5		
		□未检查及准确汇报应急设备的使用情况扣5分	5		
		□无紧迫感扣5分	5		
	客舱管理	□未关注乘客情绪，有效安抚乘客扣5分	5		
		□未有效维持客舱秩序扣5分	5		
	沟通协作	□与机组成员之间的协作配合差扣10分	10		

表 4-3-7 "客舱特定区域失火处置"作业评分表（援助者）

班级			姓名		
乘务组成员			号位		
一级	二级	三级	配分	得分	判定依据
标准程序应用	灭火中	□援助者未能转移火源附近的乘客（被浓烟熏到的乘客）扣 10 分	10		
		□援助者未能将火源附近的乘客转移至正确的位置（不可大面积纵向转移）扣 10 分	10		
		□援助者未能将火源附近的易燃、易爆物品及时转移并准确摆放位置扣 10 分	10		
		□援助者未能对自身进行正确的防护措施扣 10 分	10		
		□援助者未能指导乘客采取正确的防烟姿势及口令扣 10 分	10		
		□援助者未收集机上可用的灭火设备到火场扣 5 分	5		
核心素养	情景意识	□未检查及准确汇报客舱受损情况扣 5 分	5		
		□未检查及准确汇报乘客受伤及情绪情况扣 5 分	5		
		□未检查及准确汇报应急设备的使用情况扣 5 分	5		
		□无紧迫感扣 10 分	10		
	客舱管理	□未关注乘客情绪，有效安抚乘客扣 5 分	5		
		□未有效维持客舱秩序扣 10 分	10		
	沟通协作	□与机组成员之间的协作配合差扣 5 分	5		

表 4-3-8 "客舱锂电池失火处置"作业评分表

班级			姓名		
乘务组成员			号位		
一级	二级	三级	配分	得分	判定依据
标准程序应用	查明物品	□未查明物品扣 5 分	5		
	机组联络断开电源	□未立即向机长报告扣 5 分	5		
		□未与机长保持联络扣 5 分	5		
		□未在确保自身安全的情况下关闭含锂电池设备电源扣 10 分	10		
		□未断开锂电池设备的外界电源或与该设备相连的机上电源扣 10 分	10		
		□未断开机上相关电源扣 10 分	10		

续表

一级	二级	三级	配分	得分	判定依据
标准程序应用	冷却装置	□未正确冷却装置扣10分	10		
	不要贸然移动，监控复燃可能性	□贸然移动、覆盖装置扣10分	10		
		□用冰块或干冰冷却装置（禁止）扣5分	5		
核心素养	情景意识	□未检查及汇报客舱内设施受损情况扣5分	5		
		□未检查及汇报乘客受伤及情绪情况扣5分	5		
	沟通与协作	□未检查及准确汇报应急设备的使用情况扣5分	5		
		□与客舱机组其他成员配合度差扣5分	5		
	客舱管理	□未关注乘客情绪，有效安抚乘客扣5分	5		
		□未有效维持客舱秩序扣5分	5		

项目五
迫降（撤离）前的客舱准备

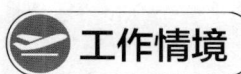 工作情境

  1998年9月10日下午7时38分，中国东方航空一架编号B-2173的麦道MD-11机型客机搭载了137名乘客及机员执行MU586号航班，计划从上海虹桥国际机场起飞，前往北京首都国际机场，再飞往洛杉矶国际机场。当飞机起飞后，机长发觉飞机的前起落架指示灯显示无法收回，于是通知虹桥国际机场塔台，塔台同意飞机回航。当证实前起落架不能收回及降下后，机组人员欲在空中将前起落架降下，将飞机降下再爬升，之后再以小半径侧滑，但仍未能将前起落架降下来。随后，机长指示一名机务查看起落架的状况，该名机务缠上绳子后冒险从前起落架舱门口探出身体，并用斧头敲打起落架出现故障的地方，但未见松动。机长最终决定进行陆地迫降。晚上10时10分，机场及飞机均开始进行迫降前的准备，机上的乘务员配合飞行机组执行客舱准备程序，这些迫降前的客舱准备程序保证了撤离通道的畅通，指导了乘客正确的逃生出口和防冲击姿势，为最终的迫降与撤离提高了生存概率。

  飞机最终在上空盘旋以消耗燃油后，在晚上11时7分成功迫降于上海虹桥机场，在客舱乘务员的指挥下所有乘客与机组成员均成功撤离。这是中国有史以来首宗民航飞机迫降事件，此次事件于1999年被上海电影制片厂拍摄成电影《紧急迫降》。今天，就让我们进入迫降前的客舱准备程序，来学习客舱乘务员的必备技能——迫降前的客舱准备。

学习目标

◎ 熟练掌握客舱准备的程序。
◎ 明确了解客舱准备的要领。
◎ 能够根据真实情境有效应用陆地、水上客舱准备程序。

任务一　陆地迫降前的客舱准备

📋 任务描述

今天客舱乘务组雏燕组执飞上海至东京航班，执飞机型为空客 A330-200 机型客机，起飞后机长发现飞机存在机械故障，并决定返回上海浦东国际机场进行陆地迫降。在客舱经理/乘务长与机长沟通协调后了解到本次为有准备的陆地迫降，客舱准备时间为 12min，防冲击指令与撤离指令均由机长以 PA 形式发出。在将客舱灯光调至 100% 亮度后，客舱机组成员进入到紧张而有序的客舱准备程序中。

📋 任务目标

1. 发展能力
◎ 明确能应对陆地迫降的客舱准备程序。
◎ 能根据真实情境和时限选择客舱准备要点。

2. 操作能力
◎ 综合应用客舱准备程序以应对陆地迫降。
◎ 在客舱准备中管理客舱、确保客舱撤离通道畅通并有效指导乘客。

3. 职业素养
◎ 面对应急情况能够与机组成员互相配合。
◎ 有效调控自身情绪，冷静沉着应对陆地迫降。

📋 任务书

_____是一名客舱乘务员，乘务组接到了由机长决定的陆地迫降任务，此次陆地迫降任务有 12min 的客舱准备时间，乘务长根据作业任务对乘务组人员进行了合理分工，同时强调了陆地迫降前客舱准备工作的紧迫性。接到任务后，对照陆地迫降简令纸开始执行本次任务中的客舱准备工作。

▶ 信息获取

一、客舱准备的意义

1. 迫降中的基本职责

大量的事实证明，如果没有机组成员的指导和帮助，很多乘客无法准确快速逃生，而且飞机在迫降时往往伴随着剧烈的撞击，迫降后可能引发烟雾和起火，导致进一步伤亡，所以，进行必要的客舱准备。例如，事先指导乘客正确的防冲击姿势，根据机型划分撤离区域，向乘客明确就近的应急逃生出口，并确保出口的畅通及高效实用，机组成员按程序有效指挥，有序组织撤离等，这些经过严格训练的行为都会提升航空事故的生存概率。

80%的航空事故发生在起飞后3min和着陆前8min内，通常称为"危险11分钟"，这段时间因为飞机的飞行高度较低、速度较小、离机场较近、较易获得救援，加上飞机越来越先进，所以，这段时间的航空事故也通常称之为"有生存可能的航空事故"。

成功处置迫降事件的关键在于全体机组成员明确职责，尤其是乘务员在机长指挥下完成撤离的能力，这就要求每一名机组成员做到以下几点。

（1）明确职责，在各种迫降事件中机组的基本职责都是相同的。
① 防止冲击，使机组和乘客在迫降后生存。
② 撤离飞机，机组和乘客在迫降后迅速撤离飞机。
③ 维持生存，让迫降中的幸存者获得庇护和救助。
（2）密切配合，机组间应密切配合，指挥全体乘客脱离飞机。
（3）寻求帮助，信任你的同伴，力所能及寻求他们的帮助。也可以让乘客来充当我们的援助者，让援助者协助机组完成撤离。
（4）运用程序，手册中的应急程序，是一种标准程序，它有利于我们提高处置事故的效率。
（5）回顾程序，能使乘务员更好地控制局势，在处置事故时充分发挥能力。

2. 迫降类型

当飞机遭遇危险情况时，机长会驾驶飞机选择就近机场着陆，必要时机长可决定迫降。飞机在飞行过程中不能或不宜飞往飞行计划中的目的地机场，或目的地机场不适合着陆，而降落在其他机场的行为称为备降。备降机场一般在起飞前都已预先选定好。在每一个航班起飞之前，当班机长签署的飞行计划中都必须至少明确一个条件合适的机场作为目的地备降机场。

迫降与备降的概念完全不同，迫降是飞机因特殊情况不能继续飞行时的被迫降落，通常是在飞机燃料用尽、机上起火、出现了重大机械故障等应急情况下，在机场或机场以外的地面或水面上进行有意识的紧急降落的行为，一般存在较大风险，是一种紧急情况。

根据迫降的着陆场地不同，可以分为水上迫降和陆地迫降，通常，水上迫降的危险性高于陆地迫降。请注意：迫降会导致应急撤离，但不是每次迫降都需要实施应急撤离。迫降前，机长会告知客舱机组迫降的注意事项，完成应急撤离准备。

二、陆地迫降

在民航飞行中，陆地迫降是一种极为特殊且危险的情况。陆地迫降是指民航客机在飞行过程中遇到突发紧急情况，无法正常降落于预定机场时，被迫选择在陆地上进行降落的一种应急操作。

导致陆地迫降的原因众多，比如飞机系统故障（发动机失效、起落架故障、液压系统失灵等）、恶劣天气条件（强风、暴雨、暴雪、大雾等致使能见度极低，无法安全降落机场）、遭遇鸟击或其他空中物体撞击造成飞机关键部位受损、机上突发紧急医疗事件需立即降落等。

陆地迫降的过程充满挑战和风险，机组人员需在极短时间内完成一系列关键操作。包括迅速判断迫降的可行性和最佳迫降地点，向乘客和地面相关部门通报迫降决定，指导乘客做好防冲击准备（如系好安全带、采取正确姿势等），调整飞机飞行姿态和速度以尽量确保平稳降落，在触地瞬间及后续滑行过程中全力保持飞机的稳定，防止出现翻滚、解体等更严重后果。

陆地迫降往往伴随着诸多严重危害，如强烈的冲击力可能致使飞机结构严重损坏，乘客和机组人员受到骨折、撞伤等不同程度伤害；飞机触地时的摩擦以及可能存在的燃油泄漏极易引发火灾甚至爆炸，对人员生命和周边环境构成巨大威胁；而且迫降地点通常远离机场和常规救援力量，救援队伍抵达现场耗时较长，不利于及时展开医疗救治和后续救援行动，进一步增加了事故的危险性和复杂性。陆地地形多样，即使是看似空旷的区域也可能存在不易察觉的坑洼、沟渠等，增加了迫降难度和风险。飞机机身在触地和滑行时可能严重变形、破损，影响乘客逃生通道。

陆地迫降是民航飞行中最严峻的挑战之一，需要机组人员具备高超的专业技能和冷静应对的能力，同时也依赖完善的应急救援体系来保障乘客生命安全。

1. 陆地迫降的要点

（1）选择迫降场地：机长会尽量选择平坦、开阔且障碍物少的区域，如大片的农田、空旷的草原等，同时要考虑风向、风速等气象条件。

（2）飞机姿态调整：在迫降前，机组人员需确保飞机保持合适的姿态，如水平或略微仰角，以保证起落架能正常触地并承受一定冲击力。

（3）乘客准备：乘务员会指导乘客系好安全带，采取正确的防冲击姿势，如弯腰、双手抱头、头靠膝盖等，以减少受伤可能。

2. 陆地迫降基本过程

（1）接近阶段：飞机按照选定的迫降场地进行进近，逐渐降低高度，速度也会控制在合适范围。

（2）触地瞬间：起落架首先接触地面，产生巨大冲击力，飞机可能会颠簸、摇晃，机身结构承受巨大压力。

（3）滑行阶段：飞机在地面继续滑行，机组人员要努力保持飞机的稳定，防止侧翻、打转等情况，同时尽可能让飞机减速。

三、客舱准备的基本程序

（一）客舱准备的飞行机组协调

一旦机长决定迫降，会使用 PA 发布："请乘务长到驾驶舱；Purser to cockpit please"指令通知客舱经理/乘务长，客舱经理/乘务长应立即携带笔、纸、手表进入驾驶舱，双方协调以下内容。

（1）如时间允许，应协调包括：

① 紧急情况的性质；

② 预知着陆时间；

③防冲击指令由谁发出和发出方式；
④撤离指令由谁发出和发出方式；
⑤特殊指示（着陆时可能出现的飞机状况、天气情况等）；
⑥客舱经理/乘务长重复以上信息并核对时间。
（2）如时间紧迫，至少协调迫降类型和预知着陆时间，客舱经理/乘务长重复以上信息。其他客舱机组进行固定松散物品等相应的准备。

（二）客舱准备的客舱机组协调

客舱经理/乘务长根据客舱具体状况，广播通知乘务员集中，或以内话方式，召开客舱机组协调会，如图5-1-1所示，向全体乘务员传达下列信息：
（1）来自机长的信息；
（2）确定客舱准备计划（根据预知着陆时间和实际具体情况，决定最终客舱准备内容，包括服务舱准备）；
（3）指示乘务员参阅陆地/水上迫降客舱准备简令纸；
（4）明确个人职责。

图 5-1-1　客舱机组协调会

（三）客舱准备的时间

如客舱准备时间充裕，按照简令纸完成所有准备内容；如客舱准备时间有限（通常陆地迫降少于8min/水上迫降少于10min），视情况完成简令纸中尤为重要的准备内容，准备的顺序如下。
（1）固定松散物品，系好安全带。
（2）演示防冲击姿势。
（3）救生衣演示（适用于水上迫降）。
（4）出口位置指示。
（5）选择援助者。

迫降准备中，客舱经理/乘务长可根据实际情况对准备内容作最终决定；当收到机长发出的："完成准备、完成准备；Be ready for landing、be ready for landing"的指令时（约在飞机触地/触水前3min），使用PA："全体乘务员做着陆/着水准备"，所有乘务员完成个人准备，入座并系好安全带。

（1）客舱准备时间应在预知着陆时间基础上再减去3min。
（2）客舱准备演示通过客舱经理/乘务长广播、演示乘务员站在各自区域的位置进行。为确保演示进度、广播内容和演示动作保持一致，演示完成每一项后，乘务员用👍手势，将完成情况传递给客舱经理/乘务长，如图5-1-2所示；如无法完成，用👎手势将无法完成的情况传递给客舱经理/乘务长，必要时，安排其他乘务员协同完成工作。

图 5-1-2　手势告知乘务长客舱准备情况

（3）客舱经理/乘务长还应做到：

①打开全部客舱灯光，调至100%亮度（水上迫降时穿上救生衣）；

②如机长事先没有作客舱广播，进行紧急情况的客舱经理/乘务长广播，内容包括机长的决定，广播应平静、清晰；

③客舱准备工作尽可能在机长规定的准备时间内完成，完成预定的准备工作后，立即报告机长。

（四）客舱准备要点

1. 固定松散物品

1）固定客舱松散物品

①收取餐盘和服务用品，并将其收藏好，收取时应尽量使用餐车。

②为节省时间，也可以直接使用垃圾车或垃圾袋，所有物品必须放在封闭的空间内（如储藏间、厕所、可封闭的餐车位、干果箱）并上锁，如图5-1-3所示。

2）固定服务舱松散物品

餐车、用具箱、烤箱、咖啡机、烧水壶和冷藏柜门等服务设施设备，应全部扣好并锁定，如图5-1-4所示；散装的餐盒、饮料等可收藏在封闭的储藏柜内。

图 5-1-3　将物品锁闭在干果箱内　　图 5-1-4　锁闭餐车并踩上刹车

2. 取下尖锐物，穿上衣服

（1）让乘客取下身上的尖锐物品，如发夹、各种首饰、笔类等。

（2）让乘客取下领带、丝巾等物，并松开衣领。

（3）将取下的物品让乘客放到行李或清洁袋内，并存放在行李架内，不要存放在座椅前面的口袋内。

（4）乘务员利用毛毯收取鞋子，陆地迫降收取高跟鞋，如图5-1-5所示，水上迫降收取所有鞋子；乘务员可使用塑胶袋或毛毯收取，并存放到密闭的衣帽间、储藏间或洗手间内（门开启的方向应避免朝向驾驶舱），如图5-1-6所示。陆地迫降地点如远离机场时，应将收取的鞋子携带下飞机。

（5）如时间允许，尽可能让乘客穿/戴上所带衣服和手套。

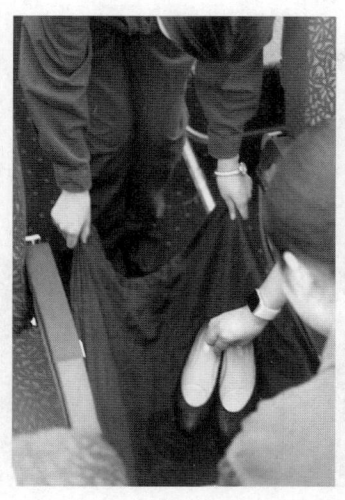
图 5-1-5　陆地迫降收取高跟鞋

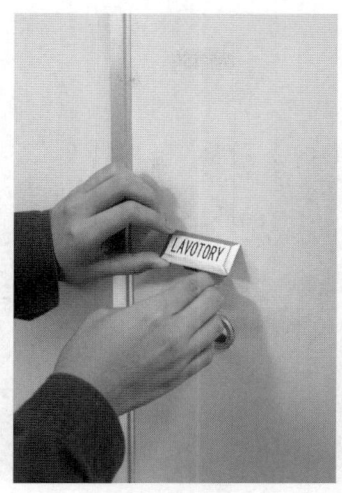
图 5-1-6　锁闭机上洗手间

（6）确保所有乘客已存放物品后（行李架或座椅底下行李档杆内），锁闭行李架。

3. 安全检查
（1）调直座椅靠背。
（2）收起小桌板、娱乐设备和脚踏板并固定。
（3）收藏服务舱内的用具、松散物品，固定撤离通道处的帘子，如图 5-1-7 所示。锁定设施设备，关闭全部电器设备电源。
（4）系紧安全带，腰部安全带应系在身体低位并拉紧，如有肩带也应扣好，空座位上的安全带让乘客协助扣上，乘务员应进行确认。

4. 演示防冲击姿势
乘务员应在乘客视线易见的明显位置进行演示，如站在过道中央向乘客演示防冲击姿势，以下为乘客根据各自情况应采取的防冲击姿势。

图 5-1-7　固定撤离通道处的帘子

1）腰带式安全带前向乘客座椅的防冲击姿势
（1）紧靠座椅靠背，系紧安全带，防止因安全带未系紧而向前滑动，安全带不应扭曲。
（2）下巴紧贴胸部，身体向前弯曲，把头抵在前面座椅的椅背上。
（3）将手放在头顶（手放在头的后面，两手交叠，不要交叉手指，肘部缩紧，如图 5-1-8 所示），或者将手臂放在小腿的两侧或抱住小腿（抱住小腿可以提供更稳定的位置，如图 5-1-9 所示）。
（4）将脚平放在地板上，尽量向后。
（5）如果乘客坐在靠舱壁排或不能触及前方座椅的座位时，应向前弯曲，双手放在头顶或将手臂放在小腿两侧或抱住小腿，如图 5-1-10 所示。

图 5-1-8　乘客防冲击姿势（手放头后）　　图 5-1-9　乘客防冲击姿势（手抱小腿）　　图 5-1-10　首排乘客防冲击姿势

采取防冲击姿势时，乘客应避免头部向后倾斜，即颈部不应该伸展，而是应该向前弯曲，以减少颈部或喉部受伤的风险。乘客不应该把头搁在交叉的前臂上，这会使前臂断裂。乘客不应该把头靠在手上，这会使双手和手指断裂。

错误的防冲击姿势会增加受伤风险。乘客应避免直立姿势，因为头部在二次碰撞时可能撞到前面；乘客应避免伸出他们的胳膊或腿，并按压他们面前的壁板、前排座位等物体表面；乘客还应避免用身体保护相邻座位上的另一名乘客，或协助另一人保持支撑位置，这也可能增加受伤的风险。

图 5-1-11　孕妇乘客的防冲击姿势

2）孕妇或身体受限或空间受限乘客的防冲击姿势

（1）紧靠座椅靠背。

（2）将安全带系在低处并系紧，确保安全带在腹部以下，安全带不得扭曲。

（3）尽可能宽的分开腿，身体向前弯曲。尽量靠在前面的座位上，如图 5-1-11 所示。

（4）将手放在头的后面，两手交叠，不要交叉手指；肘部缩紧。或者，把手臂放在小腿的侧面。

（5）如前方没有座位，应弯腰，双手放在头后面，或者把手臂放在小腿两侧，抱紧小腿，如图 5-1-12 所示。

（6）如可能的话，将脚平放在地板上，腿的后部稍微向后倾斜。

3）儿童的防冲击姿势

（1）腰带应系在儿童身体下方，刚好在臀部腿部上方，并系紧。

（2）儿童应在腰带上向前弯曲，并将头部放在两腿之间的坐垫上，或将头部向前弯曲，这样是为了减少头部摆动，如图 5-1-13 所示。

图 5-1-12 前方没有座位的孕妇乘客防冲击姿势

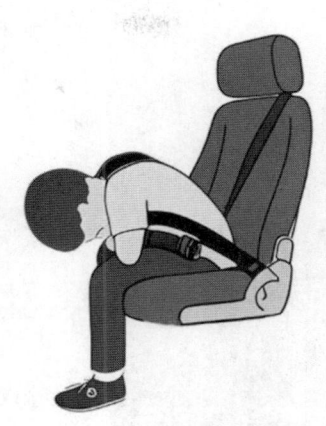
图 5-1-13 儿童的防冲击姿势

4）怀抱婴儿乘客的防冲击姿势

（1）对于仅安装腰带的前向座椅

婴儿应直立坐着（使其背部处于"垂直"位置），面向成人；成人应将一只手臂放在婴儿躯干周围，另一只手臂应支撑婴儿头部；成人向前倾斜，将头部顶部牢牢靠在其前面的座椅靠背上，使婴儿保持在成人和前排座椅靠背之间的空间内。对成年人来说，尽可能前倾来保护婴儿是非常重要的，成人离前面的座位越近越好；不应将婴儿放在成人膝盖上（水平位置），因为这可能导致婴儿的头部在横向飞机移动过程中撞击扶手或机身壁；在只有前向座椅和腰带的低密度座椅中，成年人抱着婴儿的支架位置应采用上述支架位置；但是，成年人应尽可能向前倾斜，一只手臂环绕婴儿躯干，另一只手臂支撑婴儿头部，如图 5-1-14 所示。

（2）安装腰带和肩带的前向座椅

应将婴儿直立坐着，使其背部处于"垂直"位置，并面向成人；成人将一只手臂放在婴儿躯干周围，另一只手臂应支撑婴儿头部，如图 5-1-15 所示；成人应坐直，下巴紧靠胸骨。成人的头部应尽量向下收拢，以免下巴与胸骨的二次撞击。

注意：如时间允许，让乘客练习一次防冲击姿势，乘务员逐个进行检查并纠正不正确姿势，对于特殊乘客，例如孕妇、身材高大者、肥胖者和怀抱婴儿乘客等，应作个别简介。同时，强调在飞机接地前一瞬间，应全身绷紧、用力。

图 5-1-14 安装腰带的怀抱婴儿防冲击姿势

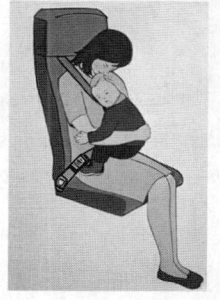
图 5-1-15 安装腰带和肩带的怀抱婴儿防冲击姿势

5. 出口位置指示

客舱乘务员应告知每位乘客所在区域内的所有出口，并明确离他/她最近两个出口的位置。如图5-1-16所示。在该阶段，乘务员可用如下口令："客舱有四个离您最近的紧急出口，两个在前，两个在后；There are four nearest emergency exits to you, two in the front, and two in the rear"

当其中一个出口失效时，可使用另外出口。不应将已知迫降后不能使用的出口，作为撤离出口向乘客进行介绍。

另一个最近的出口位置分布如下。

（1）宽体机，另一个较近的出口通常是与最近出口相对的那个。

（2）窄体机，相对的两个出口作为一个最近出口向乘客说明，当最近出口失效时，另一个较近的出口通常是前/中/后部的另外的出口。

图 5-1-16　客舱乘务员指示出口

此外，客舱乘务员应告知撤离路径灯的作用是引导乘客至应急出口处，尤其在烟雾或黑暗的环境中方便乘客找到出口；客舱乘务员可以使用询问方式，掌握乘客知晓出口位置的情况。

为了确保撤离时的速度和效率，乘务员通常会将乘客划分成若干个区域小组进行撤离，如图5-1-17和图5-1-18所示。会使用到的口令为："首先，我们将大家分成两个大组；Firstly, we will divide you into two blocks。"

图 5-1-17　从客舱当中进行区域分组

图 5-1-18　将乘客分成左右两个区域

"坐在这一侧的乘客请听从我的指挥，坐在那一侧的乘客请听从他/她的指挥；Passengers on this side, please follow my instructions, passengers on that side, please follow her/his instructions。"该阶段的指示动作如图5-1-19和图5-1-20所示。

图 5-1-19　指示左边区域的乘客

图 5-1-20　指示该区域责任乘务员

每一位乘客都必须知道自己所在区域内的所有出口，并明确距离自己最近的那个出口，以及当这个出口失效无法撤离时，另外一个较近出口的具体位置。乘务员在介绍完毕以后应当选择个别乘客，比如区域划分交接处的乘客，通过提问的方式来确认乘客是否已经明确。该阶段相应的口令为："坐在这里的乘客，坐在这里的乘客，请从这边的门撤离（该阶段的指示动作如图 5-1-21 所示），如果这边的门不能使用（该阶段的指示动作如图 5-1-22 所示），请从那边的门撤离；Passengers sitting in this area, passengers sitting in this area, please evacuate through this door/these doors, if this door/these doors cannot be used, use that door/those doors。"

图 5-1-21　告知乘客从哪个具体出口撤离

图 5-1-22　告知乘客该出口无法使用

6. 介绍安全说明书，并提示乘客取下贴身的尖锐物品

乘务员应当提示乘客阅读座椅前插袋内的《安全须知》（图 5-1-23），确认有关安全的各项事宜。同时，提示乘客取下眼镜、假牙、助听器等尖锐物品，并放入外衣口袋内，以便撤离后可以使用。

7. 选择援助者

1）出口援助者

选择援助者时，应首先选择加入机组人员、航空公司雇员（包括其他航空公司）、军人、警察、消防员和执法人员等；每个出口选择 3 名援助者，1 名在机上协助乘务员指挥乘客撤离，另 2 名先下机，在机下协助其他乘客撤离飞机。

客舱乘务员应让援助者明确以下几点：

（1）飞机停稳后，在机门处手挽手拦住涌来的乘客。

图 5-1-23　提示旅客阅读《安全须知》

（2）如乘务员不能开门，帮助打开。

（3）打开前先观察机外情况，如机外安全（无烟、无火、无障碍物、水上迫降水位正常），可以打开。

（4）如机外不安全（有烟、有火、有障碍物），不能打开，指挥乘客从另外出口撤离。

（5）打开出口的方法。

（6）告知出口处援助者使用表 5-1-1 中口令指挥乘客撤离。

表 5-1-1　撤离口令

迫降性质	地点	口令
陆地迫降	机门处	这边来！Come this way! 跳！滑！Jump! Slide! 快离开飞机！Evacuate the plane! 这个出口不能使用！走那边！This door can't be used! That way!
	翼上应急出口处	跨出去！从机翼后部滑下！ Get out! Slide down from the rear of the wing!

（7）对机下／救生筏上援助者进行简介。

陆地迫降在滑梯底端／在机翼下方协助其他乘客撤离并远离飞机。

（8）如乘务员受伤，应带下飞机，并指导解开安全带的方法。

（9）如时间允许，让援助者重复各自任务。

（10）调整援助者的座位。

（11）重新确定防冲击的姿势。

如准备时间有限，乘务员可直接选择应急出口旁边的乘客做援助者；如准备时间充裕，乘务员应向援助者详细介绍应急出口的打开操作方法和要求，以便更有效组织撤离乘客。

2）乘客协助者

（1）为需要帮助的特殊乘客（如老年乘客、残疾乘客和无成人陪伴儿童 UM 等）安排自愿协助者。

（2）调整协助者与特殊乘客的座位，安排坐在一起，但避免与家人分开就座。

（3）指导协助者帮助不能行走的乘客移到出口处的方法。

① 毛毯法：首选的运送方法，选 2 位协助者将不能行走的乘客放在毛毯上，然后拉起毛毯的角，将乘客移动到出口处。

② 抬送法：将椅背向后倾，乘客向前倾，协助者站在乘客背后，双臂穿过乘客腋下，双手交叉握住乘客的手腕，向乘客身体方向拉动手腕和手臂，将身体抬起来，如有另一名协助者，可以抱住乘客的膝盖，将乘客运送至出口处。

（4）指导协助者在机门口处帮助不能行走乘客撤离的方法。

客舱乘务员可安排 2 名协助者先下飞机，在滑梯底部提供帮助；将乘客移至滑梯顶部并坐下，另 1 名协助者坐在乘客后面。双腿叉开，随同乘客一起滑下；协助者应当帮助乘客离开滑梯并远离飞机。

（5）应急撤离时，特殊乘客无优先撤离权。

8. 乘务员个人准备

（1）取下身上的尖锐物品和领带、丝巾，松开衣领。

（2）脱下高跟鞋，并去除尼龙丝袜。

（3）弄湿头发，防止被火引燃。

（4）确认手电筒及撤离时应携带的物品的位置，但不要先从支架上取下。

（5）在乘务员折叠座椅上坐好，系紧安全带。

（6）作防冲击的准备动作，在收到防冲击指令或飞机撞击时立即做防冲击姿势。

（7）回顾撤离分工，并做静默三十秒（silence for thirty seconds，STS）复查，静默三十秒的具体内容如下。

① 防冲击姿势（Brace for Impact）：乘务员在不同座位上应采取的防冲击姿势；指导不同乘客采取防冲击姿势的口令。

② 情绪控制（Panic Control）：乘务员自我情绪的控制；控制乘客的情绪。

③ 判断情况（Judgement）：飞机是否处于会导致撤离的最严重情况（起火和烟雾、机体严重破损、发动机周围漏油、机体浸水）；机外是否安全（火、油、烟雾、障碍物、水等的影响），机门是否失效。

④ 协作配合（Coordination）：帮助同伴一起行动；提示同伴应采取的步骤；思考机组成员间的联络方法。

⑤ 组织撤离（Evacuation）：回顾撤离的每一个步骤/程序；各种不同情况下的撤离方法（如烟雾、黑暗的环境）；撤离的不同阶段应使用的口令（如防冲击、指挥脱出、客舱检查等）。

（8）乘务员的防冲击姿势。

① 面向机头方向的乘务员防冲击姿势，如图 5-1-24 所示。

- 确保上背部和下背部紧靠座椅靠背。
- 系紧安全带和肩带，确保安全腰带在臀部保持低位，并正确的定位锁扣，安全带不应扭曲。
- 将下颌置于胸部。
- 将手放在大腿上。
- 将脚和腿稍微分开。
- 如前方没有隔板，尽可能伸展腿，将脚平放在地板上。
- 如前方有隔板，将脚平放在地板上，向前直到脚尖碰到隔板（不要将脚踩到隔板上）。

② 面向机尾方向的乘务员防冲击姿势，如图 5-1-25 所示。

- 确保上背部和下背部紧靠座椅靠背。
- 系紧安全带和肩带，确保安全腰带在臀部保持低位，并正确定位锁扣，安全带不应扭曲。

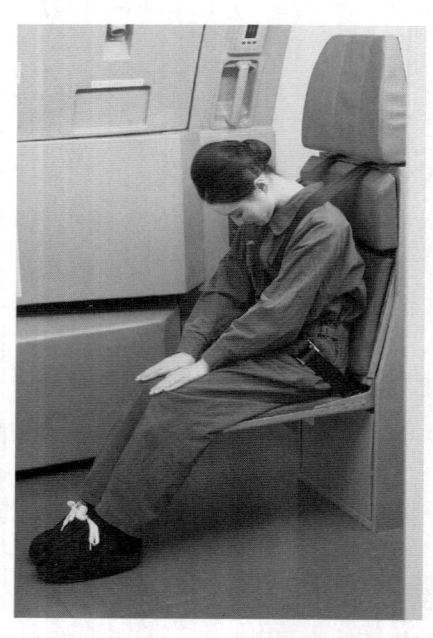 

图 5-1-24　面向机头方向的乘务员防冲击姿势　　图 5-1-25　面向机尾方向的乘务员防冲击姿势

- 向后倾斜并保持头部紧靠靠背或头枕。
- 胸前交叉手臂（不要握住肩带）。
- 将脚和腿稍微分开。
- 将脚平放在地板上。
- 保持膝盖弯曲 90°。

9. 极地迫降客舱准备

除常规的迫降前准备工作外，极地迫降还应注意：机长会通知客舱经理/乘务长迫降原因、地面状况、天气情况、预计到达迫降地时间，明确各阶段的联络方式和指令，确定可向乘客通报的内容；客舱经理广播，除按简令纸程序完成客舱准备外，还需：

（1）介绍防雪盲和保暖知识；
（2）取下尖锐物品时，太阳眼镜可以放在外衣口袋内；
（3）穿上所有衣物，将毛毯枕头发给乘客；
（4）介绍救生衣穿戴方法，用于御寒，禁止充气；
（5）乘务员做个人准备时，穿上所有保暖衣物；
（6）客舱经理／乘务长确认客舱准备全部完成，报告机长。

四、应对迫降的原则

1. 保持警戒

在飞行全过程中，客舱乘务员应始终对可能发生的各种紧急情况保持警戒。这可以尽早发现问题，充分评估形势，及时做出决策，这些举动不仅可以为作出迫降决定争取更多的准备时间，还可以降低迫降带来的危害。为了降低无准备迫降中的伤亡率，提高撤离的速度，乘务员应：

（1）飞行前认真检查应急设备；
（2）起飞前对乘客介绍《安全须知》；
（3）起飞和下降前做好安全检查；
（4）每次起飞和着陆前，客舱乘务员应做静默30s复查。

2. 及时报告

（1）任何乘务员当发现涉及飞行安全的异常情况，包括但不限于烟雾、起火、客舱释压、异常声响和撞击、机体破损、发动机漏油，机翼上有冰、雪、霜，应立即报告机长，即使在飞行关键阶段，机长会以安全为主，确定谈话是否应继续还是终止。
（2）报告时应使用应急呼叫驾驶舱，必要时可直接进入驾驶舱。
（3）乘务员如不能立即与驾驶舱取得联系，不应放弃，立即报告客舱经理／乘务长。
（4）听从机长和客舱经理／乘务长的指示，保持联系，及时报告情况进展。一旦恶化，做应急撤离的准备。

3. 确保应急情况下的机组协调

（1）发生紧急情况时，应保证驾驶舱与客舱的通信正确和畅通无阻。
（2）发生紧急情况时，机长的首要职责是组织撤离，机长的意图也应准确地传达至乘务员，以便乘务员根据机长指令和实际情况，组织有准备或无准备的应急撤离。
（3）紧急情况时飞行机组通知客舱的最好方法是使用客舱广播。
（4）飞行机组的应急通信也可能通过各种灯光、声响等方式进行提示，这些会事先告知客舱机组。
（5）客舱乘务员应明确机组成员指挥权接替次序。

在飞行中，当机长由于生病、生理或其他原因丧失管理和指挥能力时，应按以下次序接替指挥权：巡航机长；副驾驶；客舱经理；乘务长；乘务员（依次为头等／公务舱和普通舱乘务员）；其他机组成员。

任务计划

一、注意事项

（1）进入实训舱应穿空乘学员训练服、鞋套，以空中乘务员标准进行盘发、化妆，佩戴三根指针的手表（时针、分针、秒针），按规定佩戴首饰。

（2）学生实训及操作设备期间，实训舱内必须有教师进行指导和监护。在非监控阶段，学生不得随意进出、使用相应实训设施设备。

（3）学生应留意实训舱附近的站立禁区（通常用黄黑警戒线标识），不得随意踏入，以免造成危险。

（4）学生在进行陆地迫降前的客舱准备时，应爱惜舱内实训物品，按程序操作，使用完的实训物品应及时归位并固定。

二、制订陆地迫降前的客舱准备流程

在教师的指导下，查阅相关资料，小组讨论并制订陆地迫降前的客舱准备流程。

任务决策

各小组选派代表阐述任务计划，小组间相互讨论，提出不同看法，教师总结点评，完善方案。

任务实施

在教师的指导下完成乘务组分组，各号位乘务员合理分工，完成表5-1-2"陆地迫降客舱经理/乘务长与飞行机组协调"任务实施表、表5-1-3"陆地迫降客舱经理/乘务长与客舱机组协调客舱准备"任务实施表和表5-1-4"有准备的陆地迫降"任务实施表。

表5-1-2 "陆地迫降客舱经理/乘务长与飞行机组协调"任务实施表

担任号位		机型	
任务实施流程			
作业内容	具体作业内容	具体情况记录	结果记录
机组协调	（1）紧急情况的性质		是□ 否□
	（2）客舱准备的时间		是□ 否□
	（3）如何发出防冲击命令		是□ 否□
	（4）如何发出撤离命令		是□ 否□
	（5）特别的指示		是□ 否□
	（6）重复上述内容		是□ 否□
	（7）核对时间		是□ 否□

表 5-1-3 "陆地迫降客舱经理/乘务长与客舱机组协调客舱准备"任务实施表

有准备的陆地迫降
机组协调： 1. 紧急情况的种类 2. 客舱准备的时间 3. 如何发出防冲击指令 4. 如何发出撤离指令 5. 特别的指示 6. 重复上述内容（对时间）

表 5-1-4 "有准备的陆地迫降"任务实施表

程　　序	广播词（口令）
1. 开灯 召开乘务员准备会，打开所有的客舱灯光	
2. 乘务长广播	女士们，先生们，请注意：现在是乘务长广播。我们已决定采取陆地迫降，请乘客们回座位坐好，保持安静，注意并听从乘务员的指挥。Ladies and gentlemen, It is necessary to make an emergency landing. Please return to your seats, keep calm and follow our directions.
乘务员：整理厨房，帮助乘客存放行李	请将您的餐盘和所有其他服务用具准备好，以便乘务员收取。Pass your food tray and all other service items for picking up. 调直座椅靠背，固定好小桌板，存放好脚踏板。Bring seatbacks to the upright position and stow all tray tables and footrests.
乘务员：在客舱内强调并督促乘客完成准备工作	为了撤离时您的安全，请取下随身的尖锐物品，如钢笔、手表和首饰，取下领带和围巾等物品。Ladies and gentlemen, remove sharp objects, such as pens, watches, jewelry to prevent injury. Remove neckties and scarves. 把所有这些物品放入行李内，请不要把任何东西放在你前面的座椅袋内。Put them in your baggage, do not put anything in the seat-pocket in front of you.（暂停广播） 现在，请大家取出衣服穿好，把所有行李放入行李架内。Now, everybody takes your coats and puts them on, please put all your baggage in the overhead locker.（暂停广播） 脱下高跟鞋交由乘务员保管。Remove high-heeled shoes and hand them to your flight attendants.（暂停广播） 系紧安全带。Fasten your seat belt tight and low.
3. 说明防冲击的姿势 乘务员演示防冲击的方法	现在乘务员将向您介绍两种防冲击的姿势。Now we will explain you brace positions to against impact. 当您听到防冲击指令时，请尽可能贴近座椅靠背，将下巴紧贴胸部，向前弯曲，头部紧靠前排座椅靠背，双手放在头顶。When you hear the brace command, sit as far as possible, tuck chin onto chest, and bend forward, place hands against on top of head.

续表

程　序	广播词（口令）
	如果无法紧靠前面的座椅靠背或者您前面没有座椅，请向前弯曲，双手放在头顶，或者将手臂贴在小腿两侧，或抓住小腿。If you cannot hold the seatback, or there is not a seatback in front of you, please bend forward, place hands on top of head, or place arms at sides of lower legs or hold lower legs. 当你听到'低下头！全身紧迫用力！'的口令时采取这种姿势，直到听见'解开安全带！'的口令为止。Take this position when you hear 'Heads down!Brace.'and keep it until you hear'Release your seat belt!' 在飞机着陆时，可能会有多次撞击，保持防冲击姿势直到飞机完全停稳。While landing, there may be more than one impact, assume your brace position until the aircraft comes to a complete stop. 现在，我们开始练习。Now let's practice.（暂停广播） （乘务员重复）低下头！全身紧迫用力！Heads down!Brace! 解开安全带！Release your seat belt! 系紧安全带！Fasten your seat belt tight and low! 👍
4. 出口位置指示 乘务员确认出口环境，划分撤离区域，演示并确认	现在乘务员将告诉您紧急出口的位置，请确认至少两个离您最近的出口。安装在地板上/靠近地板的应急灯光将引导您到出口处。白色为撤离路径灯，红色为出口指示灯。撤离时，不准携带任何物品。Now we will show you the location of your nearest exit. The track lights on the floor will lead you to those exits. The white lights will lead to the red lights that indicate exits. Leave everything while evacuating.（暂停广播）
乘务员演示出口位置：（单、双通道适用）	客舱有四个离您最近的紧急出口，两个在前，两个在后。There are four nearest emergency exits to you, two in the front, and two in the rear.
（双通道客机）	首先，我们将大家分成两个大组。坐在这一侧的乘客请听从我的指挥，坐在那一侧的乘客请听从他/她的指挥。Firstly, we will divide you into two blocks.Passengers on this side, please follow my instructions, passengers on that side please follow her/his instructions.
（单、双通道适用，做两组说明）	坐在这里的乘客，坐在这里的乘客，请从这边的门撤离，如果这边的门不能使用，请从那边的门撤离。Passengers sitting in this area, Passengers sitting in this area, Please evacuate through this door/these doors, if this door/these doors cannot be used, use that door/those doors.
（向数名靠走道的乘客确认）	请问您从哪边的门撤离？如果这边的门不能使用，应从哪边的门撤离？From which door do you evacuate? If this door/these doors cannot be used, which door do you use? 👍
5. 介绍安全说明书，提示乘客	在您前面的座椅口袋中有安全说明书，请仔细阅读。如果有疑问请向邻座乘客询问。Take out the safety instruction card from the seat pocket in front of you, and read it carefully.If you cannot understand it well, ask your neighbours.（暂停广播） 各位乘客现在请拿下眼镜、假牙和助听器，并将它们放在袜套中或外衣口袋内。Ladies and gentlemen, please remove glasses, denture, hearing-aid, and put them in your sock or pocket.（暂停广播）👍

续表

程　序	广播词（口令）
6. 选择援助者并更换乘客座位	女士们，先生们请注意：如果您是航空公司的雇员、执法人员、消防人员或军人的话，请与乘务员联络，我们需要您的协助。同时，根据机长的要求，我们将调整一些人的座位。Ladies and gentlemen, please contact our flight attendant if you are an employee of airlines, law enforcement personnel, firefighter of military service personnel. We appreciate your assistance. Please cooperate as we relocate passengers according to the instructions from captain.（暂停广播）
机门口援助者分工（援助者的座位换至出口附近，告知防冲击姿势及确认安全带）👍：	请做我的援助者。Please be my helper. 像这样挡住乘客，直到滑梯完全充气。Block passengers like this until slide is fully inflated. 如果我不能开门，请帮我打开。（指导开门及滑梯充气方式）If I cannot open the door, please help me. 注意观察机外情况，打开出口，如有烟雾、起火和障碍物等情况不要开门，指挥乘客去其他出口。（说明最近的另一出口）Assess the situation outside, and open the door. If there is smoke, fire or obstruction, don't open the door, and direct passengers to evacuate through other exits. 你们两个先跳下滑梯，在滑梯两侧帮助乘客撤离并指挥他们远离飞机。You and you jump the slide first. Help passengers on both sides of the slide and direct them to run away from the plane. 你在门边像我一样抓住这个把手，指挥乘客"到这边来，跳，滑"。You hold the door handle like this, and direct passengers "Come this way! Jump! Slide" 如果我受伤，将我带下飞机，我的安全带是这样解开的（介绍乘务员安全带的解开方式）。If I'm injured, please take me away from the plane. 请重复你们的任务。Please repeat back.
翼上窗援助者分工：	请做我的援助者。Please be my helper. 观察窗外情况，如有烟雾、起火和障碍物等情况不要开门，指挥乘客去其他出口。（说明最近的另一出口）Assess the situation outside, if there is smoke, fire or obstruction, don't open the exit, and direct passengers to evacuate through other exits. 打开出口后（介绍出口操作和滑梯充气方法），从上面取出救生索，连接到机翼上的扣环内，从机翼后/前部滑下飞机，在机下指挥乘客远离飞机。After opening the exit, get out the escape rope in the ceiling and connect it to the plane. Slide along the rear/front edge of the wing, and direct passengers to run away from the plane. 请重复你们的任务。Please repeat back.
7. 调节客舱灯光	女士们、先生们，请注意：我们将调暗客舱灯光。Ladies and gentlemen: Now we will dim the cabin lights.
8. 对乘务员广播	全体乘务员作好最后准备。All attendants prepare yourself.

质量检查

一、乘务组自检

各乘务组根据任务实施的记录结果（表 5-1-5），对本小组的作业内容进行再次确认。

表 5-1-5　任务实施记录表

序号	检查项目	检查结果
1	仪容仪表与着装符合空乘实训规范	是□　否□
2	已知晓实训安全守则	是□　否□
3	已完成号位分工	是□　否□
4	已确认各自区域应急设备	是□　否□
5	已按照陆地迫降简令纸完成客舱准备	是□　否□
6	已将应急设备归位	是□　否□

二、教师检查

教师根据各乘务组作业完成情况进行质量检查，选择优秀乘务员进行作业情况展示，针对任务实施过程中出现的问题提出改进措施与建议。

课后提升

陆地迫降前的客舱准备需要查阅学习资料，严格按照客舱乘务员对于陆地迫降前的客舱准备规范进行，为了提升同学们的客舱安全保障意识，请同学们登录教学平台，观看陆地迫降前的客舱准备视频，利用思维导图制作相应的检查与使用流程。

评价反馈

学习小组能够按乘务组分工形式进行责任区域的合理分工，按乘务长和和号位乘务员的安全职责来合作完成有准备的陆地迫降前客舱准备任务。完成相应作业任务后，结合个人、小组在课堂中的实际表现进行总结与反思。

请小组成员填写表 5-1-6 "有准备的陆地迫降"作业评分表，完成本次工作任务评分。

表 5-1-6　"有准备的陆地迫降"作业评分表

班级		乘务组成员				
姓名		机型		号位		
客舱经理/乘务长打开所有的客舱灯光，召开乘务员准备会，乘务员准备相应陆地迫降物品						
标准程序	客舱经理/乘务长广播	落实细则		配分	得分	判定依据
机组协调准备		客舱经理/乘务长带好纸、笔、手表进入驾驶舱机组协调复述及结果记录准确		5		

续表

标准程序	客舱经理/乘务长广播	落实细则	配分	得分	判定依据
机组协调准备		客舱经理/乘务长打开所有的客舱灯光，召开乘务员准备会，乘务员准备相应陆地迫降物品正确	5		
通告乘客情况	女士们，先生们，请注意：现在是客舱经理/乘务长广播。我们已决定采取陆地迫降，请乘客们回座位坐好，保持镇静，注意并听从乘务员的指挥	根据号位分工回到客舱内各自区域站位正确	5		
固定松散物品	将您的餐盘和所有其他服务用具准备好，以便乘务员收取。 Pass your food tray and all other service items for picking up.（暂停广播）	向各自负责区域乘客强调相关中英文指令正确	5		
		及时收取客舱内的服务用具（如餐盘），整理厨房			
	调直座椅靠背，固定好小桌板，存放好脚踏板。 Bring seatback to the upright position and stow all tray tables and footrests.	向各自负责区域乘客强调相关中英文指令正确	5		
		检查并确认乘客完成相应准备工作			
	为了撤离时的安全，请取下随身的尖锐物品，取下领带围巾，把这些物品放入行李内，不要把任何东西放在你前面的座椅袋内。 For safety, please remove sharp objects, remove neckties and scarves. Put them in your baggage, do not put anything in the seat-pocket in front of you.（暂停广播）	向各自负责区域乘客强调相关中英文指令	5		
		督促乘客完成相应准备工作			
		手势确认			
	现在，请大家取出衣服穿好，把所有行李放入行李架内。 Now, everybody takes your clothes out and put them on. Please put all your baggage in the overhead locker.（暂停广播）	向各自负责区域乘客强调相关中英文指令	5		
		确认乘客完成相应准备工作			
	脱下高跟鞋交由乘务员保管。 Remove high-heeled shoes and hand them to your flight attendants.（暂停广播）	一边向各自负责区域乘客强调相关中英文指令，一边利用毛毯收取乘客高跟鞋	5		
		将收集到的高跟鞋打包并放入开口不朝机头方向的盥洗室内并锁闭			

续表

标准程序	客舱经理/乘务长广播	落实细则	配分	得分	判定依据
固定松散物品	系紧安全带。 Fasten your seat belt tight and low.	向各自负责区域乘客强调相关中英文指令	5		
		检查并确认负责区域乘客已系紧安全带			
		手势确认			
演示防冲击姿势	现在乘务员将向您介绍两种防冲击的姿势。 Now we will explain you brace positions to against impact.	根据号位分工调整客舱内各自区域站位，确保乘客清晰可见防冲击姿势的示范	5		
	防冲击指令广播	配合广播指令逐一向乘客演示防冲击姿势正确			
		根据广播口令再次示范相应防冲击姿势			
	当你听到'低下头！全身紧迫用力！低下头！全身紧迫用力！'的口令时采取这种姿势，直到听见'解开安全带！解开安全带！'的口令为止。 Take this position when you hear 'Heads down! Brace! Heads down! Brace!' and keep it until you hear 'Release your seat belt! Release your seat belt!' 现在，我们开始练习。 Now let's practice.（暂停广播）	向各自负责区域乘客强调防冲击中英文指令并检查指令的执行情况"低下头！全身紧迫用力！Heads down! Brace!解开安全带！Release your seatbelt!系紧安全带！Fasten your seat belt tight and low!"	5		
		手势确认			
出口位置指示	现在乘务员将告诉您紧急出口的位置，请确认至少两个以上离您最近的出口。安装在地板上/靠近地板的应急灯光将引导您到出口处。白色为撤离路径灯，红色为出口指示灯。撤离时，不准携带任何物品。 Now we will show you the location of your nearest exit. The track lights on the floor will lead you to those exits. The white lights will lead to the red lights	用手势引导乘客客舱应急灯光所在方位	5		
		一边重复相关中英文指令，一边用手势告知负责区域的乘客所在出口的具体位置，动作及口令正确"客舱有四个离您最近的紧急出口，两个在前，两个在后；There are four nearest emergency exits to you, two in the front, and two in the rear"	5		

续表

标准程序	客舱经理/乘务长广播	落实细则	配分	得分	判定依据
出口位置指示	that indicate exits. Leave everything while evacuating.（暂停广播）	划分区域并向乘客介绍该撤离区域责任乘务员，动作及口令正确 "首先，我们将大家分成两个大组。坐在这一侧的乘客请听从我的指挥，坐在那一侧的乘客请听从他/她的指挥。" "Firstly, we will divide you into two blocks. Passengers on this side, please follow my instructions, passengers on that side please follow her/his instructions."	5		
		根据机型将乘客的撤离出口进行划分，动作及口令正确 "坐在这里的乘客，坐在这里的乘客，请从这边的门撤离，如果这边的门不能使用，请从那边的门撤离。" "Passengers sitting in this area, Passengers sitting in this area, Please evacuate through this door/these doors, if this door/these doors cannot be used, use that door/those doors."	5		
		向数名靠过道乘客确认撤离出口，动作及口令正确"请问您从哪边的门撤离？如果这边的门不能使用，应从哪边的门撤离？From which door do you evacuate? If this door/these doors cannot be used, which door do you use?"	5		
		手势确认			
介绍安全说明书，提示乘客	客舱经理/乘务长介绍安全说明书	向乘客展示安全说明书动作规范	5		
	各位乘客现在请拿下眼镜、假牙和助听器，并将它们放在袜套中或外衣口袋内。Ladies and gentlemen, please remove glasses, denture, hearing-aid, and put them in your sock or pocket.（暂停广播）	向各自负责区域乘客强调相关中英文指令并检查完成情况	5		
		手势确认			

续表

标准程序	客舱经理/乘务长广播	落实细则	配分	得分	判定依据
选择援助者并更换乘客座位（应急门）注：选择应急门与应急窗援助者择其一记分，不重复记分	客舱经理/乘务长援助者选择广播	根据各自负责区域选择合适的援助者并说明援助者职责（应急门援助者）指令及指导动作正确	10		
		指导机门援助者开门及滑梯充气方式指令及指导动作正确			
		提示援助者开门前先确认机门外部情况并指示最近的另一出口指令及指导动作			
		确定先下飞机的援助者指令及指导动作正确			
		确定协助指挥撤离的援助者指令及指导动作正确			
		指导乘客乘务员失能的基本处置方法正确			
		帮助援助者更换座位、防冲击姿势及确认安全带			
选择援助者并更换乘客座位（应急窗）注：选择应急门与应急窗援助者择其一记分，不重复记分	客舱经理/乘务长援助者选择广播	根据各自负责区域选择合适的援助者并说明援助者职责（应急窗援助者）指令及指导动作正确	10		
		提示援助者打开应急窗前先确认应急窗外部情况并指示最近的另一出口指令及指导动作正确			
		介绍出口操作和滑梯充气方法（应急窗）指令及指导动作正确			
		确认援助者了解各自任务			
		帮助援助者更换座位、防冲击姿势及确认安全带			
乘务员做个人准备	全体乘务员作好最后准备。All attendants prepare yourself.	根据号位分工回到各自乘务员座位并做好个人准备			
调节客舱灯光	女士们、先生们，请注意：我们将调暗客舱灯光。Ladies and gentlemen: Now we will dim cabin lights.	根据各自乘务员座位分布情况做好乘务员防冲击姿势	5		
		进行 STS 回顾			

任务二　水上迫降前的客舱准备

任务描述

客机在 28 000ft 的飞行高度时，驾驶舱的雷达显示前方有暴雨云，当班机长通过与地面空管沟通之后，决定绕开云团从雷达显示的绿色区域里穿行过去。可没想到，刚飞进去，雷达显示竟然变成了一片红色，原来他们面临的是一个单体超级风暴。突如其来的乱流强度超出了所有人的预料，飞机开始剧烈摇晃，很快两个引擎几乎在同一时间熄火，飞机完全丧失了推力。机长立即下令执行紧急检查单，并呼叫乘务长速进驾驶舱，告知乘务长飞机将在 15min 后进行水上迫降，请乘务长组织客舱乘务员尽快完成水上迫降前的各项客舱准备工作。

任务目标

1. 发展能力
◎ 明确能应对水上迫降的客舱准备程序。
◎ 能根据真实情境和时限选择客舱准备要点。

2. 操作能力
◎ 综合应用客舱准备程序以应对水上迫降。
◎ 在客舱准备中管理客舱、确保客舱撤离通道畅通并有效指导乘客。

3. 职业素养
◎ 面对应急情况能够与机组成员互相配合。
◎ 有效调控自身情绪，冷静沉着应对水上迫降。

任务书

_____是一名乘务长，在飞行过程中接到了来自驾驶舱的指令，因发动机故障，机长决定采取水上迫降。此次水上迫降任务有 12min 的客舱准备时间，作为乘务长根据作业任务对乘务组人员进行合理分工，同时强调水上迫降前客舱准备工作的重点。请对照水上迫降简令纸开始执行本次任务中的客舱准备工作。

信息获取

一、水上迫降

1. 水上迫降的特点
水上迫降是指着陆场在海洋、湖泊等水面上，水上迫降的危险性要高于陆地迫降。飞机在水上迫降中会经历着水、水面滑行和水面漂浮三个阶段。

首先，在着水阶段中，水上最佳的迫降姿态是飞机与水面保持12°的入水角度，并且入水后机身还要保持平衡（图5-2-1），但是这两个条件在实际的操作中很难实现。当飞机遇到较严重的故障时，飞机往往已经失控，会大角度地接触水面。此时，水面形成的巨大张力会破坏机身的结构，甚至使飞机解体。就算飞机勉强可以控制并以较小的角度接触水面，但由于伯努利原理的产生，水的流速越快，流体产生的压强就会越弱，所以飞机受水势较强的一边就会把压力推向较弱的一边，造成的负压也会使机身失去平衡，而且当被这种负压吸入水里时，飞机同样会面临翻滚甚至解体。

其次，在水面滑行阶段，机身的强度并不能适应水流的冲击（图5-2-2）。因为，水的阻力是空气阻力的几百倍，而飞机在设计的时候是按照空气中的阻力设计降落的。如果采取水面迫降的话，水对机身的冲击力会直接撕裂整个机身。

图 5-2-1　飞机着水

图 5-2-2　飞机在水面滑行

图 5-2-3　飞机在水面漂浮

最后，在漂浮阶段中的救援也是一个很大的问题（图5-2-3）。因为在水面上救援的速度远没有飞机沉没的速度快，同时，生还者还要面临水中低温的威胁，幸存者可能随时在等待救援的过程中因寒冷而被冻死。

2. 飞机上的漂浮设备

飞机在水上迫降后要解决乘客在水上的漂浮和等待救援的问题，因此，飞机上会配备救生衣、滑梯/救生筏、圆形救生筏等水上救生设备，此外，乘务员座位上的头枕和可以撕下来的乘客座椅垫也是很好的漂浮设备。

1）救生衣

每架飞机上都配有机组救生衣（图5-2-4）、乘客救生衣（图5-2-5）和婴儿救生衣（图5-2-6）。

红色的机组救生衣存放在每一个机组座位下方（图5-2-7）；黄色的乘客救生衣存放在每一个乘客座位下方（图5-2-8）；黄色的婴儿救生衣存放在前舱储藏柜内，必要时提供给相应的婴儿乘客。

项目五 迫降（撤离）前的客舱准备 145

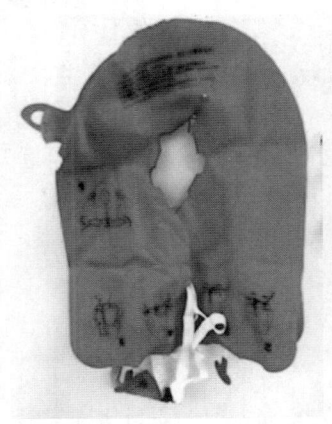 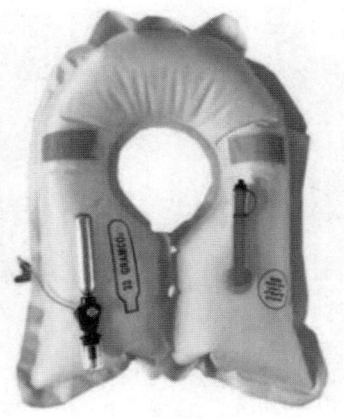 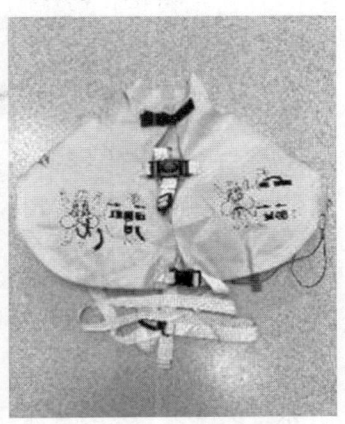

图 5-2-4　机组救生衣　　　　图 5-2-5　乘客救生衣　　　　图 5-2-6　婴儿救生衣

 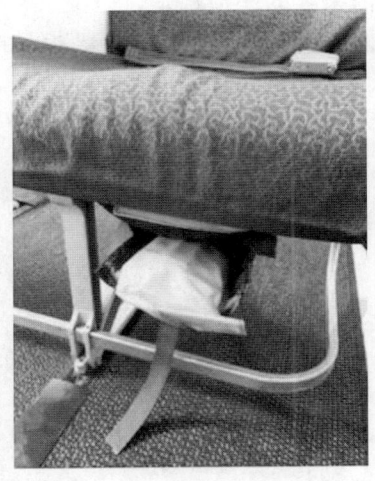

图 5-2-7　机组救生衣存放处　　　　图 5-2-8　乘客救生衣存放处

2）滑梯/救生筏

滑梯/救生筏是双通道两用的逃生设备。在陆地撤离时，可作为充气滑梯让乘客逃生；在水上撤离时，则作为救生筏供乘客乘坐。当舱门应急打开时，滑梯/救生筏会自动向机外展开并充气（图 5-2-9）。由于滑梯/救生筏直接和舱门相连，乘客可以直接在机门口登上救生筏，待所有人员均登上滑梯/救生筏后，乘务员将滑梯/救生筏和舱门出口地板相连处的"断开"手柄拉动，即可使滑梯/救生筏与机体分离。

3）圆形救生筏

在没有滑梯/救生筏的机型上，会配备圆形救生筏作为水上漂浮设备供水上迫降时使用。圆形救生筏会储藏在靠近客舱出口顶部的隔舱内或行李架内。在应急情况下，取出圆形救生筏，从打开的舱门处向外抛放，在抛放圆形救生筏的同时拉动 T 形环，启动高压气瓶使圆形救生筏充气并展开（图 5-2-10）。圆形救生筏充气后会漂浮在水面上，乘客可以直接在舱门口登筏，待所有人员登筏后，乘务员使用钩形小刀将系留绳割断，圆形救生筏即可与机体分离。

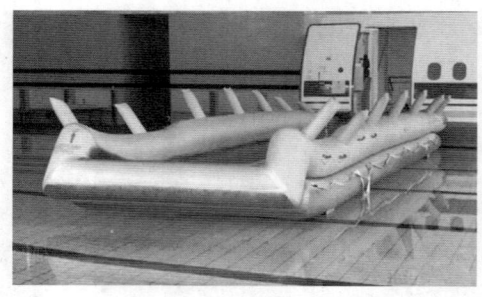
图 5-2-9　滑梯 / 救生筏

图 5-2-10　圆形救生筏

（4）乘务员头枕

乘务员座位上方的头枕是可以拆卸的，必要时能够作为漂浮设备（图 5-2-11）。

（5）乘客座椅垫

客舱内乘客的座椅垫是可以撕下来的（图 5-2-12），遭遇水上迫降时，乘客可以撕下座椅垫，抱住座椅垫并抓住座椅垫背面的两根红绳，座椅垫即可成为漂浮设备。

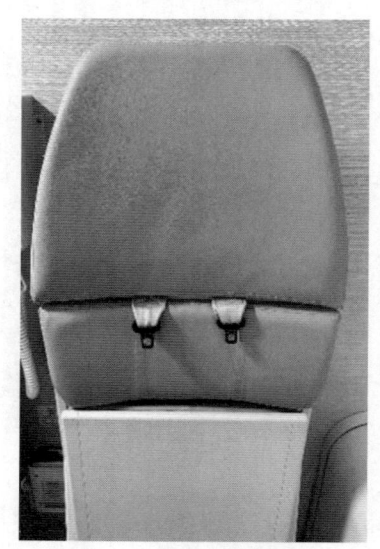
图 5-2-11　乘务员头枕

图 5-2-12　可撕下来的乘客座椅垫

二、客舱准备的基本程序

1. 客舱准备的飞行机组协调

当客舱经理 / 乘务长接到来自飞行机组发出的"客舱经理 / 乘务长速进驾驶舱"的指令时，客舱经理 / 乘务长应当立即停止所有的服务工作，带好纸、笔、手表（图 5-2-13）迅速进入驾驶舱与机长进行信息沟通。

客舱经理 / 乘务长与机长应当协调的内容。

（1）紧急情况的性质（如是陆地迫降还是水上迫降）。

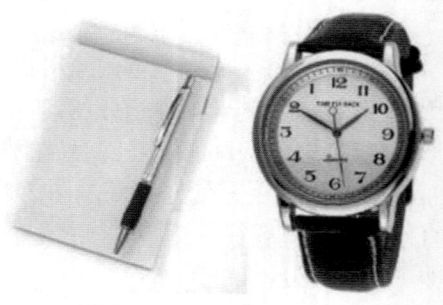
图 5-2-13　纸、笔、手表

（2）客舱准备的时间。
（3）防冲击指令由谁以何种方式发出。
（4）撤离指令由谁以何种方式发出。
（5）特殊指示（着陆时可能出现的飞机状况、天气情况等）。
（6）客舱经理/乘务长采用封闭式提问向机长重复以上信息。
（7）与机组核对准确时间。

2. 客舱准备的客舱机组协调

客舱经理/乘务长根据客舱具体状况，广播通知乘务员至前舱，集中召开乘务组协同会（图 5-2-14），或以内话方式，向全体乘务员传达下列信息：
（1）来自机长的信息；
（2）确定客舱准备计划；
（3）指示乘务员参阅水上迫降客舱准备简令纸；
（4）明确个人职责。

三、客舱准备的时间

客舱经理/乘务组打开所有灯光（图 5-2-15），乘务员们准备演示用具（如用来收鞋子的毛毯、救生衣、婴儿救生衣等）。

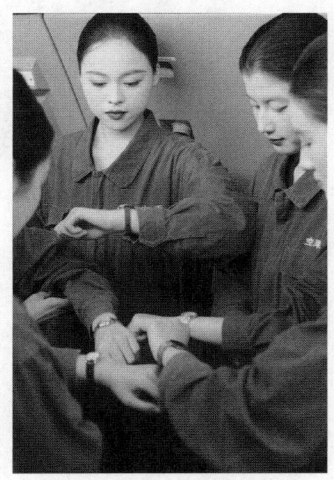
图 5-2-14　乘务组协同会

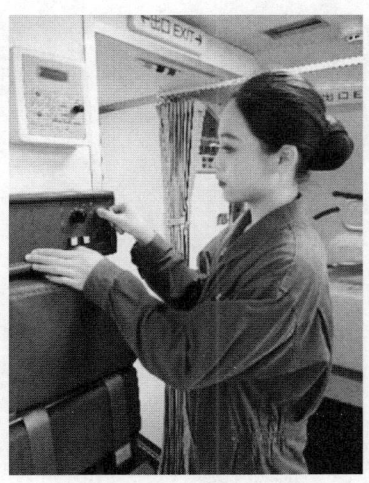
图 5-2-15　乘务长打开所有灯光

1. 乘务长广播向乘客传达信息，乘务员协助乘客

（1）收取乘客的餐盘等服务用具（图 5-2-16）。
（2）协助乘客调直座椅靠背（图 5-2-17）。
（3）固定散落的小桌板（图 5-2-18）以及部分脚踏板。
（4）指导乘客取下随身的尖锐物品，如钢笔、手表和首饰，取下领带和围巾等物品并放入行李内。
（5）协助乘客将身边的行李放入行李架内（图 5-2-19）。
（6）收取所有乘客的鞋子（图 5-2-20），将包裹鞋子的毛毯打结后放入门开启方向不朝向驾驶舱的洗手间内，并锁闭洗手间的门（图 5-2-21）。

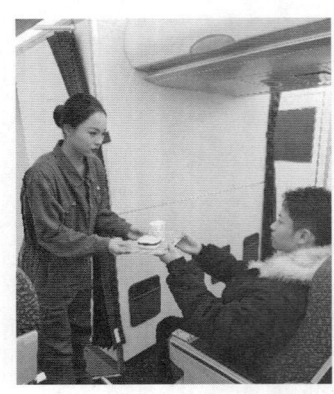
图 5-2-16 收取乘客餐盘

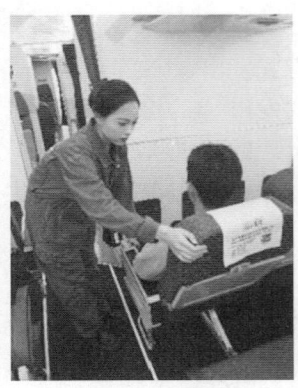
图 5-2-17 调直乘客椅背

图 5-2-18 收起小桌板

图 5-2-19 将行李放入行李架

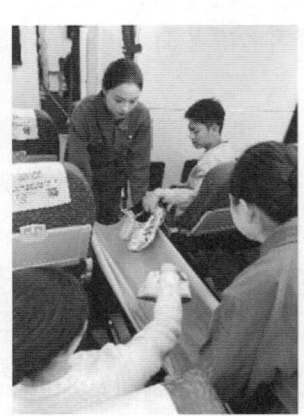
图 5-2-20 收取乘客的鞋子

图 5-2-21 将鞋子锁入洗手间

2. 演示防冲击姿势

乘务员应在乘客视线易见的明显位置进行演示，根据乘务长的广播内容指导乘客在紧急迫降时采用正确的姿势，这里介绍两种乘务员的防冲击姿势。

（1）面向机尾的乘务员防冲击姿势，见图 5-2-22 和图 5-2-23。

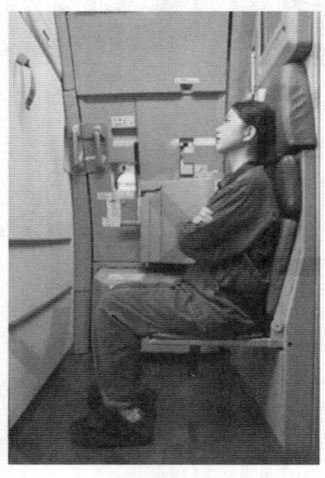
图 5-2-22 面向机尾防冲击姿势（侧面）

图 5-2-23 面向机尾防冲击姿势（左前方视角）

① 坐满座，背部紧靠座椅靠背。
② 系紧安全带，肩带和腰带不得扭曲，锁扣正面朝上。
③ 两腿分开与肩同宽，大腿与小腿呈 90°。
④ 两臂交叉环抱在胸前，双手抓住双臂。
⑤ 头部微微抬起，后脑勺顶住乘务员头枕。
⑥ 两腿用力蹬地，全身紧迫用力。
（2）面向机头的乘务员防冲击姿势，如图 5-2-24 和图 5-2-25 所示。

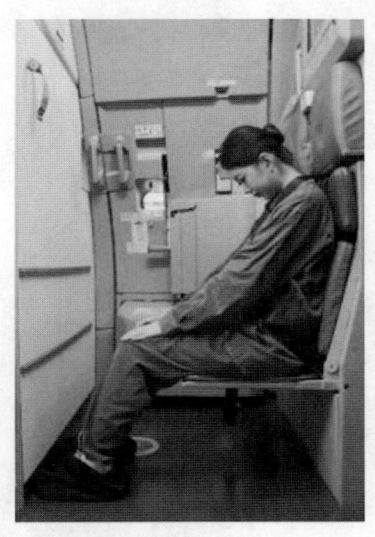
图 5-2-24　面向机头的防冲击姿势（侧面）

图 5-2-25　面向机头的防冲击姿势（左前方视角）

① 坐满座，背部紧靠座椅靠背。
② 系紧安全带，肩带和腰带不得扭曲，锁扣正面朝上。
③ 两腿分开与肩同宽，双脚向前伸，使脚尖抵住隔板。
④ 如前方没有隔板，双脚向前伸，确保整个脚掌踩在地板上。
⑤ 双手放在膝盖上。
⑥ 低下头，收紧下颚，全身紧迫用力。

3. 救生衣演示

在水上迫降时，乘务员需要向所有乘客演示救生衣的穿戴方法（图 5-2-26 和图 5-2-27），如果飞机上有婴儿乘客，需要向乘客发放婴儿救生衣，并协助家长帮助婴儿穿戴救生衣。

乘务员应当告知成人乘客，救生衣穿戴完毕后在客舱内不能充气（图 5-2-28），在离开机门口的时候再将救生衣充气（图 5-2-29）；婴儿救生衣在穿戴完毕之后立即充气；儿童救生衣在穿戴完毕之后充一层气。

4. 出口位置指示

（1）乘务员应当向乘客说明应急撤离路径灯／客舱地板上荧光反射条的作用（图 5-2-30），让乘客知道撤离路径灯／客舱地板上荧光反射条是用来引导撤离行径路线的，以便乘客能够在浓烟或黑暗的环境下找到逃生出口。

图 5-2-26　乘务员演示救生衣穿戴

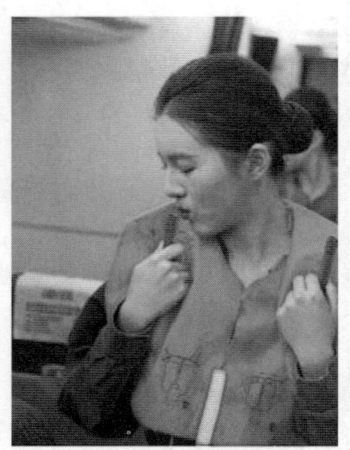

图 5-2-27　演示救生衣吹管充气

图 5-2-28　救生衣在客舱内不能充气

图 5-2-29　救生衣在机门口充气

图 5-2-30　指示撤离路径

（2）为了确保撤离时的速度和效率，乘务员通常会将乘客划分成若干个区域小组（图 5-2-31）进行撤离，并会向乘客示意区域内的负责人（图 5-2-32）。

每一位乘客都必须知道自己所在区域内的所有出口，并明确距离自己最近的那个出口，以及当这个出口失效无法撤离时，另外一个较近出口的具体位置。乘务员在介绍完毕以后应当选择个别乘客，比如区域划分交接处的乘客，通过提问的方式来确认乘客是否已经明确（图 5-2-33）。

5. 介绍安全说明书

乘务员应当提示乘客阅读座椅前插袋内的《安全须知》，确认有关安全的各项事宜。同时，提示乘客取下眼镜、假牙、助听器等尖锐物品，并放入外衣口袋内，以便撤离后可以使用。

6. 选择援助者

选择援助者时，应首先选择身强体壮的乘客，比如加入机组人员、航空公司雇员（包括其他航空公司）、军人、警察、消防员和执法人员等；将所选择的援助者带至舱门处进

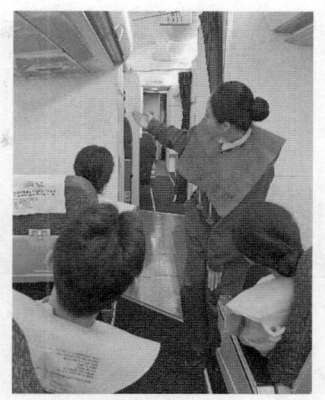

图 5-2-31　区域划分　　　　图 5-2-32　确认负责人　　　　图 5-2-33　向乘客提问确认出口

行任务分配与指导（图 5-2-34）。

客舱乘务员应让援助者明确：

（1）在座位上坐好直至飞机完全停稳；

（2）在舱门处面向客舱挡住涌过来的乘客，以便乘务员操作舱门；

（3）在乘务员能力受限时，帮助乘务员打开舱门；

（4）开门前观察外部情况，判断是否可以打开舱门（如有烟、火、障碍物、水位过高等则不能开启舱门）；

（5）如果出口不能使用，需要指挥乘客去就近的出口撤离；

（6）指导舱门的操作方法以及滑梯 / 救生筏充气方法；

（7）两位援助者先登筏，帮助其他乘客登筏并指挥大家分散坐在筏上；

（8）如果乘务员受伤，需将乘务员带下飞机，了解乘务员安全带的打开方式。

当援助者们了解相应职责之后，乘务员应当通过提问的方式引导援助者重复各自的职责。最后，请援助者回座位坐好，并确认他们系好安全带（图 5-2-35）。

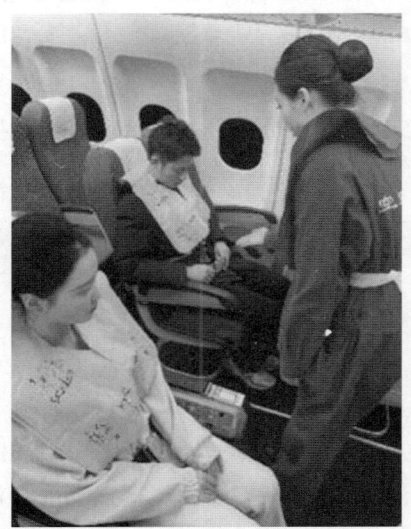

图 5-2-34　指导援助者　　　　图 5-2-35　提示援助者系好安全带

7. 调暗客舱灯光

选择援助者的任务完成后，客舱经理/乘务长要调暗客舱灯光，并打开应急灯光（图 5-2-36）。这样可以使乘客能够尽快适应外部的光线，也能够确保飞机的正常灯光关闭后，应急灯光正常照明。

8. 乘务员个人准备

客舱经理/乘务长下达："所有乘务员完成个人准备。"的指令，随后就座，系好安全带，客舱经理/乘务长通过内话系统向机长报告客舱情况（图 5-2-37~图 5-2-39）。

乘务员的个人准备内容如下。

（1）取下身上的尖锐物品和领带、丝巾，松开衣领。
（2）脱下高跟鞋，并去除尼龙丝袜。
（3）弄湿头发，防止被火引燃。

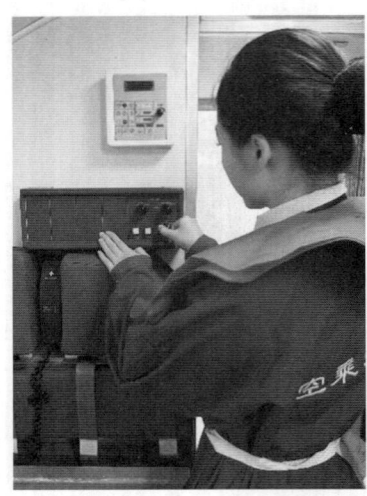

图 5-2-36　乘务长调暗客舱灯光

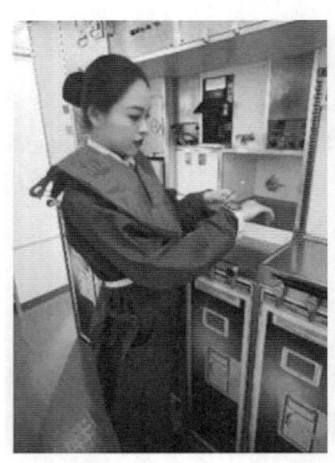

图 5-2-37　乘务员个人准备

图 5-2-38　乘务员就座

图 5-2-39　乘务长向机长报告

（4）确认撤离时应携带的物品的位置，但不要先从支架上取下。
（5）在乘务员折叠座椅上坐好，系紧安全带。
（6）做静默 30s（STS）复查。

任务计划

一、注意事项

（1）进入实训舱应穿空乘学员训练服、鞋套，以空中乘务员标准进行盘发、化妆，佩戴三根指针的手表（时针、分针、秒针），按规定佩戴首饰。

（2）学生实训及操作设备期间，实训舱内必须有教师进行指导和监护。在非监控阶段，学生不得随意进出、使用相应实训设施设备。

（3）学生应留意实训舱附近的站立禁区（通常用黄黑警戒线标识），不得随意踏入，以免造成危险。

（4）学生在进行水上迫降前的客舱准备时，应爱惜舱内实训物品，按程序操作，使用完的实训物品应及时归位并固定。

二、制订陆地迫降前的客舱准备流程

在教师的指导下，查阅相关资料，小组讨论并制订水上迫降前的客舱准备流程。

任务决策

各小组选派代表阐述任务计划，小组间相互讨论，提出不同看法，教师总结点评，完善方案。

任务实施

在教师的指导下完成乘务组分组，各号位乘务员合理分工，完成表 5-2-1"水上迫降客舱经理/乘务长与飞行机组协调"任务实施表、表 5-2-2"水上迫降客舱经理/乘务长与客舱机组协调客舱准备"任务实施表和表 5-2-3"有准备的水上迫降"任务实施表。

表 5-2-1 "水上迫降客舱经理/乘务长与飞行机组协调"任务实施表

担任号位		机型	
任务实施流程			
作业内容	具体作业内容	具体情况记录	结果记录
机组协调	（1）紧急情况的性质		是□ 否□
	（2）客舱准备的时间		是□ 否□
	（3）如何发出防冲击命令		是□ 否□
	（4）如何发出撤离命令		是□ 否□
	（5）特别的指示		是□ 否□
	（6）重复上述内容		是□ 否□
	（7）核对时间		是□ 否□

表 5-2-2 "水上迫降客舱经理/乘务长与客舱机组协调客舱准备"任务实施表

有准备的水上迫降
机组协调： 1. 紧急情况的种类 2. 客舱准备的时间 3. 如何发出防冲击指令 4. 如何发出撤离指令 5. 特别的指示 6. 重复上述内容（对时间）

表 5-2-3 "有准备的水上迫降"任务实施表

程序	广播词（口令）
1. 开灯 召开乘务员准备会，打开所有的客舱灯光	
2. 乘务长广播	女士们，先生们，请注意：现在是乘务长广播。我们已决定采取水上迫降，请乘客们回座位坐好，保持安静，注意并听从乘务员的指挥。Ladies and gentlemen, It is necessary to make a ditching.Please return to your seats, keep calm and follow our directions.
乘务员：整理厨房，帮助乘客存放行李	请将您的餐盘和所有其他服务用具准备好，以便乘务员收取。Pass your food tray and all other service items for picking up. 调直座椅靠背，固定好小桌板，存放好脚踏板。Bring seatback to the upright position and stow all tray tables and footrests.
乘务员：在客舱内强调并督促乘客完成准备工作	为了撤离时您的安全，请取下随身的尖锐物品，如钢笔、手表和首饰，取下领带和围巾等物品。Ladies and gentlemen, remove sharp objects, such as pens, watches, jewelry to prevent injury.Remove neckties and scarves. 把所有这些物品放入行李内，请不要把任何东西放在你前面的座椅袋内。Put them in your baggage, do not put anything in the seat-pocket in front of you."（暂停广播）👍 现在，请大家取出衣服穿好，把所有行李放入行李架内。Now, everybody takes your coats and puts them on, please put all your baggage in the overhead locker.（暂停广播） 脱下鞋子交由乘务员保管。Remove shoes and hand them to your flight attendants.（暂停广播） 系紧安全带。Fasten your seat belt tight and low.👍
3. 说明防冲击的姿势 乘务员演示防冲击的方法	现在乘务员将向您介绍两种防冲击的姿势。Now we will explain you brace positions to against impact. 当您听到防冲击指令时，请尽可能贴近座椅靠背，将下巴紧贴胸部，向前弯曲，头部紧靠前排座椅靠背，双手放在头顶。When you hear the brace command, sit as far as possible, tuck chin onto chest, and bend forward, place hands against on top of head. 如果无法紧靠前面的座椅靠背或者您前面没有座椅，请向前弯曲，双手放在头顶，或者将手臂贴在小腿两侧，或抓住小腿。If you cannot hold the seatback, or there is no taseatback in front of you, please bend forward, place hands on top of head, or place arms at sides of lower legs or hold lower legs. 当你听到'低下头！全身紧迫用力！'的口令时采取这种姿势，直到听见'解开安全带！'的口令为止。Take this position when you hear 'Heads down!Brace!'and keep it until you hear'Release your seatbelt!' 在飞机着水时，可能会有多次撞击，保持防冲击姿势直到飞机完全停稳。While ditching, there may be more than one impact, assume your brace position until the aircraft comes to a complete stop.

续表

程序	广播词（口令）
	现在，我们开始练习。Now let's practice.（暂停广播） （乘务员重复）"低下头！全身紧迫用力！Heads down!Brace! 解开安全带！Release your seat belt! 系紧安全带！Fasten your seat belt tight and low! 👍
4. 救生衣演示 乘务员使用红色的机组救生衣进行演示。乘务员协助任何需要帮助的乘客穿上救生衣，清理舱内救生衣的包装袋。👍	现在乘务员将向您演示救生衣的使用方法，请从座位下取出救生衣，随同乘务员的演示穿上救生衣，但在客舱内不要充气。Now we will explain the use of life vest. Please take out your life vest under your seat and follow the demonstration of your flight attendants to put it on, but do not inflate it while you are in the cabin. 撕开包装，将救生衣经头部穿好，将带子扣好，系紧。To put the vest on, slip it over your head, then fasten the buckles and pull the straps tight around your waist. 当你离开飞机时，拉下救生衣两侧的红色充气把手，但在客舱内不要充气。Just before leaving the aircraft, pull the red tabs to inflate your vest, but do not inflate it while you are in the cabin. 充气不足时，可将救生衣上部的人工充气管拉出，用嘴向里充气。If your vest is not inflated enough, you can also inflate it by blowing into the tubes.
5. 出口位置指示 乘务员确认出口环境，划分撤离区域，演示并确认	现在乘务员将告诉您紧急出口的位置，请确认至少两个以上离您最近的出口。安装在地板上/靠近地板的应急灯光将引导您到出口处。白色为撤离路径灯，红色为出口指示灯。撤离时，不准携带任何物品。 Now we will show you the location of your nearest exit.The track lights on the floor will lead you to those exits.The white lights will lead to the red lights that indicate exits.Leave everything while evacuating.（暂停广播）
乘务员演示出口位置： （1）单、双通道适用	客舱有四个离您最近的紧急出口，两个在前，两个在后。There are four nearest emergency exits to you, two in the front, and two in the rear.
（2）双通道客机	首先，我们将大家分成两个大组。坐在这一侧的乘客请听从我的指挥，坐在那一侧的乘客请听从他/她的指挥。Firstly, we will divide you into two blocks. Passengers on this side, please follow my instructions, passengers on that side please follow her/his instructions.
（3）单、双通道适用，做两组说明	坐在这里的乘客，坐在这里的乘客，请从这边的门撤离，如果这边的门不能使用，请从那边的门撤离。Passengers sitting in this area, Passengers sitting in this area, Please evacuate through this door/these doors, if this door/these doors cannot be used, use that door/those doors.
（4）向数名靠走道的乘客确认	请问您从哪边的门撤离？如果这边的门不能使用，应从哪边的门撤离？From which door do you evacuate? If this door/these doors cannot be used, which door do you use? 👍
6. 介绍安全说明书，提示乘客	在您前面的座椅口袋中有安全说明书，请仔细阅读。如果有疑问请向邻座乘客询问。Take out the safety instruction card from the seat pocket in front of you, and read it carefully.If you cannot understand it well, ask your neighbours.（暂停广播）

续表

程序	广播词（口令）
	各位乘客现在请拿下眼镜、假牙和助听器，并将它们放在袜套中或外衣口袋内。Ladies and gentlemen, please remove glasses, denture, hearing-aid, and put them in your sock or pocket.（暂停广播）👍
7. 选择援助者并更换乘客座位	女士们，先生们请注意：如果您是航空公司的雇员、执法人员、消防人员或军人的话，请与乘务员联络，我们需要您的协助。同时，根据机长的要求，我们将调整一些人的座位。Ladies and gentlemen, please contact our flight attendant if you are an employee of airlines, law enforcement personnel, firefighter of military service personnel. We appreciate your assistance. Please cooperate as we relocate passengers according to the instructions from captain.（暂停广播）
机门口援助者分工（援助者的座位换至出口附近，告知防冲击姿势及确认安全带）👍	请做我的援助者。Please be my helper. 像这样挡住乘客，直到滑梯完全充气。Block passengers like this until slide is fully inflated. 如果我不能开门，请帮我打开。（指导开门及滑梯充气方式）If I cannot open the door, please help me. 注意观察机外情况，打开出口，如水位过高，门外有火，不要开门，指挥乘客去其他出口。（说明最近的另一出口）Assess the situation outside, and open the door. If there is fire outside or any part of the exit is under water level, don't open the door, and direct passengers to evacuate through other exits. 你们两个先上船，在船头引导乘客分两边坐下，你在门边像我一样抓住这个把手，指挥乘客'充气！上船！' You and you board the life raft first and at the bow direct passengers to spread out and sit in the raft opposite each other for balance. You hold the door handle like this and direct passengers 'Inflate your vest! Board the raft!' 如果我受伤，将我带下飞机，我的安全带是这样解开的。（介绍乘务员安全带的解开方式）. If I'm injured, please take me away from the plane. 请重复你们的任务。Please repeat back.
翼上窗援助者分工	请做我的援助者 Please be my helper. 观察窗外情况，打开出口（介绍出口操作方式），如果水位过高、门外有火，不要开门，指挥乘客去其他出口（说明最近的另一出口）。Assess the situation outside, and open the exits. If there is fire outside or any part of the exit is under water level, don't open the exit and direct passengers to evacuate through other exits. 命令出口处的乘客救生衣充气，协助我取出救生船，跟随我的指令操作，帮助乘客登船，分散坐下。Tell passengers to inflate vests at the door and help me to take out raft. Follow my instructions to direct passengers to board the raft and spread out to sit. 请重复你们的任务。Please repeat back.👍
8. 调节客舱灯光	女士们、先生们，请注意：我们将调暗客舱灯光。Ladies and gentlemen: Now we will dim the cabin lights.
9. 对乘务员广播	全体乘务员作好最后准备。All attendants prepare yourself.

质量检查

一、乘务组自检

各乘务组根据任务实施的记录结果（表 5-2-3），对本小组的作业内容进行再次确认。

表 5-2-3　任务实施记录表

序号	检查项目	检查结果
1	仪容仪表与着装符合空乘实训规范	是□　否□
2	已知晓实训安全守则	是□　否□
3	已完成号位分工	是□　否□
4	已确认各自区域应急设备	是□　否□
5	已按照水上迫降简令纸完成客舱准备	是□　否□
6	已将应急设备归位	是□　否□

二、教师检查

教师根据各乘务组作业完成情况进行质量检查，选择优秀乘务员进行作业情况展示，针对任务实施过程中出现的问题提出改进措施与建议。

课后提升

陆地迫降前的客舱准备需要查阅学习资料，严格客舱乘务员对于水上迫降前的客舱准备规范进行，为了提升同学们的客舱安全保障意识，请同学们登录教学平台，观看水上迫降前的客舱准备视频，利用思维导图制作相应的检查与使用流程。

评价反馈

学习小组能够按乘务组分工形式进行责任区域的合理分工，按乘务长和和号位乘务员的安全职责来合作完成有准备的水上迫降前客舱准备任务。完成相应作业任务后，结合个人、小组在课堂中的实际表现进行总结与反思。

请小组成员填写表 5-2-4 "有准备的水上迫降"作业评分表，完成本次工作任务评分。

表 5-2-4　"有准备的水上迫降"作业评分表

班级		乘务组成员				
姓名		机型			号位	
标准程序	客舱经理/乘务长广播	落实细则		配分	得分	判定依据
机组协调准备		客舱经理/乘务长带好纸、笔、手表进入驾驶舱机组协调复述及结果记录准确		5		

续表

标准程序	客舱经理/乘务长广播	落实细则	配分	得分	判定依据
机组协调准备		客舱经理/乘务长打开所有的客舱灯光，召开乘务员准备会，乘务员准备相应水上迫降物品正确（如婴儿救生衣）	5		
通告乘客情况	女士们，先生们，请注意：现在是客舱经理/乘务长广播。我们已决定采取水上迫降，请乘客们回座位坐好，保持镇静，注意并听从乘务员的指挥	根据号位分工回到客舱内各自区域站位正确	5		
固定松散物品	"将您的餐盘和所有其他服务用具准备好，以便乘务员收取。Pass your food tray and all other service items for picking up.（暂停广播）	向各自负责区域乘客强调相关中英文指令正确	5		
		及时收取客舱内的服务用具（如餐盘），整理厨房			
	调直座椅靠背，固定好小桌板，存放好脚踏板。Bring seatback to the upright position and stow all tray tables and footrests.	向各自负责区域乘客强调相关中英文指令正确	5		
		检查并确认乘客完成相应准备工作			
	"为了撤离时的安全，请取下随身的尖锐物品，取下领带、围巾。把这些物品放入行李内，不要把任何东西放在你前面的座椅袋内。For safety, please remove sharp objects, remove neckties and scarves.Put them in your baggage, do not put anything in the seatpocket in front of you.（暂停广播）	向各自负责区域乘客强调相关中英文指令	5		
		督促乘客完成相应准备工作			
		手势确认			
	现在，请大家取出衣服穿好，把所有行李放入行李架内。Now, everybody takes your clothes out and put them on. Please put all your baggage in the overhead locker.（暂停广播）	向各自负责区域乘客强调相关中英文指令	5		
		确认乘客完成相应准备工作			

续表

标准程序	客舱经理/乘务长广播	落实细则	配分	得分	判定依据
固定松散物品	脱下鞋子交由乘务员保管。Remove shoes and hand them to your flight attendants.（暂停广播）	一边向各自负责区域乘客强调相关中英文指令，一边利用毛毯收取乘客鞋子	5		
		将收集到的鞋子打包并放入开口不朝机头方向的盥洗室内并锁闭			
	系紧安全带。Fasten your seat belt tight and low.	向各自负责区域乘客强调相关中英文指令	5		
		检查并确认负责区域乘客已系紧安全带			
		手势确认			
演示防冲击姿势	现在乘务员将向您介绍两种防冲击的姿势。Now we will explain you brace positions to against impact.	根据号位分工调整客舱内各自区域站位，确保乘客清晰可见防冲击姿势的示范	5		
	防冲击指令广播	配合广播指令逐一向乘客演示防冲击姿势正确			
		根据广播口令再次示范相应防冲击姿势			
	当你听到'低下头！全身紧迫用力！低下头！全身紧迫用力！'的口令时采取这种姿势，直到听见'解开安全带！''解开安全带！'的口令为止。Take this position when you hear 'Heads down! Brace!' 'Heads down! Brace!' and keep it until you hear 'Release your seat belt!' 'Release your seat belt!' 现在，我们开始练习。Now let's practice.（暂停广播）	向各自负责区域乘客强调防冲击中英文指令并指令的执行情况 "低下头！全身紧迫用力！Heads down! Brace! 解开安全带！Release your seat belt! 系紧安全带！Fasten your seat belt tight and low！"	5		
		手势确认			
救生衣演示	现在乘务员将向您演示救生衣的使用方法，请从座位下取出救生衣，随同乘务员的演示穿上救生衣，但在客舱内不要充气。Now we will explain the use of life vest. Please take out your life vest under your seat and follow the demonstration of your flight attendants to put it on, but do not inflate it while you are in the cabin.	根据广播口令示救生衣的穿戴（客舱经理/乘务长穿好橙红色的机组救生衣）	10		
		提供婴儿救生衣，协助乘客穿戴救生衣，清理客舱内救生衣的包装袋			

续表

标准程序	客舱经理/乘务长广播	落实细则	配分	得分	判定依据
救生衣演示	撕开包装,将救生衣经头部穿好,将带子扣好,系紧。To put the vest on, slip it over your head, then fasten the buckles and pull the straps tight around your waist. 当你离开飞机时,拉下救生衣两侧的红色充气把手,但在客舱内不要充气。Just before leaving the aircraft, pull the red tabs to inflate your vest, but do not inflate it while you are in the cabin.				
出口位置指示	"现在乘务员将告诉您紧急出口的位置,请确认至少两个以上离您最近的出口。安装在地板上/靠近地板的应急灯光将引导您到出口处。白色为撤离路径灯,红色为出口指示灯。撤离时,不准携带任何物品。Now we will show you the location of your nearest exit. The track lights on the floor will lead you to those exits. The white lights will lead to the red lights that indicate exits. Leave everything while evacuating."(暂停广播)	用手势引导乘客客舱应急灯光所在方位	5		
		一边重复相关中英文指令,一边用手势告知负责区域的乘客所在出口的具体位置,动作及口令正确"客舱有四个离您最近的紧急出口,两个在前,两个在后。There are four nearest emergency exits to you, two in the front, and two in the rear."	5		
		划分区域并向乘客介绍该撤离区域责任乘务员,动作及口令正确"首先,我们将大家分成两个大组。坐在这一侧的乘客请听从我的指挥,坐在那一侧的乘客请听从他/她的指挥。" "Firstly, we will divide you into two blocks. Passengers on this side, please follow my instructions, passengers on that side please follow her/his instructions."	5		
		根据机型将乘客的撤离出口进行划分,动作及口令正确"坐在这里的乘客,坐在这里的乘客,请从这边的门撤离,如果这边的门不能使用,请从那边的门撤离。Passengers sitting in this area, Passengers sitting in this area, Please evacuate through this door/these doors, if this door/these doors cannot be used, use that door/those doors."	5		

续表

标准程序	客舱经理/乘务长广播	落实细则	配分	得分	判定依据
出口位置指示		向数名靠过道乘客确认撤离出口,动作及口令正确 "请问您从哪边的门撤离?如果这边的门不能使用,应从哪边的门撤离? From which door do you evacuate? If this door/these doors cannot be used, which door do you use?"	5		
		手势确认			
介绍安全说明书,提示乘客	客舱经理/乘务长介绍安全说明书	向乘客展示安全说明书动作规范	5	5	
	各位乘客现在请拿下眼镜、假牙和助听器,并将它们放在袜套中或外衣口袋内。 Ladies and gentlemen, please remove glasses, denture, hearing-aid, and put them in your sock or pocket.(暂停广播)	向各自负责区域乘客强调相关中英文指令并检查完成情况			
		手势确认			
选择援助者并更换乘客座位(应急门)注:选择应急门与应急窗援助者择其一记分,不重复记分	客舱经理/乘务长援助者选择广播	根据各自负责区域选择合适的援助者并说明援助者职责(应急门援助者) 指令及指导动作正确	5		
		指导机门援助者开门及滑梯(救生筏)充气方式 指令及指导动作正确			
		提示援助者开门前先确认机门外部情况并指示最近的另一出口 指令及指导动作			
		确定先上救生筏的援助者 指令及指导动作正确			
		确定协助指挥撤离的援助者 指令及指导动作正确			
		指导乘客乘务员失能的基本处置方法正确			
		帮助援助者更换座位、防冲击姿势及确认安全带			

续表

标准程序	客舱经理/乘务长广播	落实细则	配分	得分	判定依据
选择援助者并更换乘客座位（应急窗）注：选择应急门与应急窗援助者择其一记分，不重复记分	客舱经理/乘务长援助者选择广播	根据各自负责区域选择合适的援助者并说明援助者职责（应急窗援助者）指令及指导动作正确	5		
		提示援助者打开应急窗前先确认应急窗外部情况并指示最近的另一出口指令及指导动作正确			
		介绍出口操作和救生筏充气方法（应急窗）指令及指导动作正确			
		确认援助者了解各自任务			
		帮助援助者更换座位、防冲击姿势及确认安全带			
乘务员做个人准备	"全体乘务员作好最后准备。All attendants prepare yourself."	根据号位分工回到各自乘务员座位并做好个人准备	5		
调节客舱灯光	女士们、先生们，请注意：我们将调暗客舱灯光。Ladies and gentlemen: Now we will dim cabin lights."	根据各自乘务员座位分布情况做好乘务员防冲击姿势			
		进行 STS 回顾			

项目六
组织撤离

工作情境

由于机械故障，机长最终决定陆地迫降，客舱机组与驾驶舱机组联络后有序地进行了相应的客舱准备，固定松散物品、指导乘客取下尖锐物品，做好必要的安全检查并演示了防冲击姿势，向乘客指示其相应的出口位置，选择了身强力壮的援助者，并回到乘务员座位做好个人准备。

飞机距离地面越来越近了，随着机长用广播发布指令——"还有 500ft，防冲击！防冲击！"所有客舱机组成员沉着、清晰、响亮地持续喊出口令："低头弯腰！紧迫用力！Bend over! Brace! 低头弯腰！紧迫用力！Bend over! Brace!"同时自己也保持防冲击姿势，迎接飞机触地那一刻所带来的巨大冲击。

飞机在迫降点着陆，伴随着一阵剧烈的冲击，"低头弯腰、紧迫用力！Bend over! Brace!"的口令仍在继续，响彻整个客舱。所幸飞机终于在数次撞击后停稳，为避免飞机进一步燃爆，客舱所有机组成员争分夺秒开启组织撤离的程序。她们在机长发布："客舱机组各就各位。"的指令后第一时间起身控制客舱情绪："镇静！听指挥！Keep Calm! Follow Instructions!"紧接着，机长发出了："撤离！撤离！Evacuate! Evacuate!"的指令，客舱机组来到各自负责的紧急出口前判断机外情况——"无烟无火无障碍！可以开门！"待命状态下舱门开启，客舱各个应急出口滑梯纷纷充气展开。"解开安全带！不要带行李！脱掉高跟鞋！Release your seat blet! No baggage! No high-heeled shoes!"撤离口令喊出，所有机组成员拼尽全力为乘客开辟了一条条求生的通道。

飞机在陆地迫降 90s 后，大概率会发生起火燃烧，抑或在水上迫降后机体迅速下沉。因此，客舱乘务员必须快速打开逃生出口，同时有效指挥乘客们在 90s 内或飞机在水中沉没之前撤离出客舱。"到这边来！跳！滑！Come this way! Jump! Slide!"在确保滑梯充气完成后，客舱机组退到门边让出撤离通道，同时高举手臂呼喊所有乘客紧急撤离。在整个撤离过程中，乘务长时刻关注着客舱内的情况，协调撤离进度，确保每一位乘客都能安全撤离。乘务员们凭借着专业的训练和顽强的意志，有序地组织着这场与时间赛跑的紧急撤离。

学习目标

◎ 能够通过指令和观察准确判断出迫降性质。
◎ 掌握各种防冲击的姿势。
◎ 掌握 15s 应急开舱门的技能。
◎ 掌握陆地迫降时撤离滑梯的使用方法。
◎ 掌握水上迫降时救生筏的使用方法。

任务一　组织陆地撤离

任务描述

雏燕乘务组执行乌鲁木齐至北京的航班任务，当飞机飞行至甘肃上空时，机组人员发现飞机发动机起火。机组人员立即向乘客通报情况，同时按照陆地迫降程序进行准备。乘务员们迅速指导乘客采取正确的防冲击姿势，提醒大家保持冷静、系好安全带。机长凭借精湛的驾驶技术，选择了一片相对开阔的农田作为迫降场地。在迫降过程中，飞机以较小的角度接近地面，起落架首先触地，尽管机身剧烈颠簸，但依然保持了基本的稳定。飞机成功降落后，客舱乘务员迅速将应急舱门打开，应急撤离滑梯充气展开。乘客们在机组人员的指挥下，紧张而有序地通过滑梯撤离到地面。

任务目标

1. 发展能力
◎ 能够对飞行机组发出的指令快速做出正确反应。
◎ 掌握乘务员在不同座位上的防冲击姿势。
◎ 能够指导不同类型乘客使用有效的防冲击姿势。
◎ 能够熟练掌握组织陆地撤离时的指挥口令。

2. 操作能力
◎ 能够熟练地完成 15s 陆地应急开舱门程序。
◎ 能够熟练地完成滑梯的操作。

3. 职业素养
◎ 课堂上紧跟老师的学习进度，积极参与舱门模拟器的实操练习。
◎ 双人配合，完成不同情境下的撤离指挥。

任务书

　　_____是一名客舱乘务员，乘务组接到了由机长宣布的组织陆地撤离任务，根据陆地撤离的紧迫性与时效性，客舱乘务员需要在 15s 内应急开启所负责的客舱舱门并有效组织撤离。接到任务后，对照陆地撤离的 15s 应急开门工单，开始对本次任务中的撤离任务作出判断与协作。

信息获取

一、组织陆地撤离的要点

组织陆地撤离是一个复杂而严谨的过程，旨在确保在飞机遇到紧急情况并决定在陆地上进行迫降后，所有乘客和机组人员能够安全、有序地撤离飞机。在组织陆地撤离时，客舱乘务员应保持冷静，集中注意力执行必要的程序，以应对即将到来的挑战。在前一项目中，我们已经学习了撤离前的客舱准备，在本项目中我们将继续学习组织陆地撤离的主要步骤和注意事项。

在飞行全过程中，客舱乘务员应始终对可能发生的各种紧急情况保持警戒。这可以尽早发现问题，充分评估形势，及时做出决策，为作出迫降决定争取更多的准备时间，降低事故带来的危害。为了在"危险的11min"有效降低无准备迫降中的伤亡率，提高撤离的速度，身为客舱乘务员应在每一次航程中都要对客舱安全保持警戒，提升自己的安全意识，并落实与安全相关的责任，这些日常安全职责的执行也会在有可能发生的撤离时确保出口通畅、提升撤离效率。

客舱乘务员应履行的具体安全职责如下。

（1）飞行前认真检查应急设备，以便在紧急情况发生时，这些应急设备可以在第一时间有效取用。

（2）起飞前对乘客进行安全简介，指示最近的撤离出口、在黑暗或烟雾环境下撤离飞机的方法、应急撤离路径灯的所在方位、相应的防冲击姿势等重要信息。

（3）起飞和下降前做好安全检查，确保乘客已经打开遮光板、调直座椅靠背、收纳外置的影音设备、正确系好座椅安全带等安全事项。

（4）每次起飞和着陆前，客舱乘务员应做静默30s（BPJCE）五项复查，以及在前一项目客舱准备的最后，客舱乘务员的个人准备最关键的一条——也是在乘务员座椅上调整情绪、集中注意力回顾静默30s（BPJCE）五项复查的内容。静默30s的英语全称为silence for thirty seconds，故也可被简称为STS复查。静默30s（BPJCE）五项复查的具体内容如表6-1-1所示。

表6-1-1 静默30s（BPJCE）五项复查检查单

Brace for Impact——防冲击姿势
• 乘务员在不同座位上应采取的防冲击姿势；
• 指导不同乘客采取防冲击姿势的口令。
Panic Control——情绪控制
• 乘务员自我情绪的控制；
• 控制乘客的情绪。
Judgement——判断情况
• 判断飞机是否处于会导致撤离的最严重情况（如起火和烟雾、机体严重破损、发动机周围漏油、机体浸水）；
• 判断机外是否安全（火、油、烟雾、障碍物、水等的影响），机门是否失效。

续表

> Coordination——协作配合
> • 帮助同伴一起行动;
> • 提示同伴应采取的步骤;
> • 思考机组成员间的联络方法。
> Evacuation——组织撤离
> • 回顾撤离的每一个步骤/程序;
> • 各种不同情况下的撤离方法(如烟雾、黑暗的环境);
> • 撤离的不同阶段应使用的口令(如防冲击、指挥脱出、客舱检查等)。

二、组织应急撤离的原则

1. 必须执行应急撤离程序的情况

客舱乘务员应在飞行全程保持警戒,当客舱出现下列不正常情况时,需要意识到以下情况十分危急,必须执行应急撤离程序。实施应急撤离时,客舱乘务员应尽可能快地打开所有可以使用的应急出口,并组织乘客高效撤离飞机;机长和客舱经理/乘务长应在检查所有其他人员撤离飞机后,最后撤离飞机。提示必须撤离飞机的情况如下。

(1)机上出现火警或烟雾,无法熄灭和消除。
(2)严重燃油泄漏。
(3)机体严重损坏。
(4)水上迫降。
(5)危及机上人员和飞机安全的其他情况。

2. 应急撤离的分类

应急撤离分为无准备的应急撤离和有准备的应急撤离。

(1)无准备的应急撤离,通常发生在飞机起飞和着陆过程中,机组没有时间进行应急撤离的准备工作。

由于没有充分时间为撤离做客舱准备,因此,乘务员应始终保持情景意识,事先做好充分的防范,并在出现第一个撞击迹象时做出反应,如飞行机组未发布防冲击指令,应自主发布指令。

(2)有准备的应急撤离,机组有时间进行着陆前应急撤离的准备工作。

有准备的应急撤离,通常有时间让机组成员和机场做准备工作。乘务员应在机长规定的准备时间内,最大限度地完成预定的准备工作,对乘客进行必要的简介,提高应急撤离的成功率,减少机上人员的伤亡;客舱机组必须以镇静的姿态面对乘客,并使所有乘客保持安静,遵守秩序,并且应以保护乘客和机组人员的生命为最高原则。

3. 应急撤离决定的宣布

当飞机完全停稳且发动机已经关车后,方可视当时情况宣布并实施应急撤离。应急撤离必须由机长决定并宣布,如机长失能,应按指挥权接替顺序,决定并宣布应急撤离。当发生以下严重危及机上乘客生命安全的情况时,客舱乘务员可在未得到飞行机组指令的情况下,自主发起撤离指令。撤离前,应确认飞机已完全停稳且发动机已关车。撤离时,应首先通知飞行机组,以便于飞行机组协助共同实施应急撤离,并使用接通撤离按钮、PA

广播、扩音器或口头指令等方式发布撤离。除下述严重情况外，飞机迫降并停稳后，若未接到来自驾驶舱的任何指令，客舱经理/乘务长立即应急呼叫驾驶舱；无应答，即应急呼叫驾驶舱；无应答，可强行进入驾驶舱，确定是否需要应急撤离。

（1）水上迫降。

（2）客舱失火、烟雾无法控制。

（3）燃油严重泄漏（呈倾泻式或喷射状泄漏）。

（4）飞机严重损坏（如机身断裂）。

4. 应急撤离的指令

应急撤离的指令可能来自 PA、扩音器、撤离警告声，甚至是口头指令，乘务员应听清指令。一旦作出应急撤离的决定，应立即发出撤离指令，全体机组成员必须密切合作，确保撤离的成功。按照撤离的种类不同，撤离指令分为如下几种形式。

（1）无准备应急撤离指令

机长使用 PA 通知："机组各就各位，机组各就各位！Crew at your station, crew at your station!"

客舱机组收到"机组各就各位，机组各就各位！Crew at your station, crew at your station!"指令后，立即解开安全带，控制客舱。使用口令："镇静！听指挥！Keep calm! Follow instructions!"

机长使用 PA 通知："撤离、撤离！Evacuate! Evacuate!"；若无须撤离，使用 PA 通知："原位坐好，原位坐好！Remain seated, remain seated!"

客舱机组收到"撤离、撤离！Evacuate! Evacuate!"指令后，通过出口上的观察窗或客舱舷窗确认出口是否可用，按照规定打开或封住出口，指挥乘客撤离飞机。

若收到来自机长发出的："原位坐好，原位坐好！Remain seated, remain seated!"指令后，客舱机组应安抚乘客，使用口令："镇静！听指挥，原位坐好！Keep calm! Follow instructions, remain seated!"

客舱经理/乘务长与机长共同进行客舱检查，口令为："客舱里还有人吗？听到请回答！Anyone else? Answer me!"，确认所有人员已撤离后，使用合适的出口撤离飞机。

（2）有准备应急撤离指令

一旦机长决定迫降，机长会使用 PA 通知客舱经理/乘务长到驾驶舱，标准用语为："请乘务长到驾驶舱！Purser to cockpit, please!"

客舱机组收到"请乘务长到驾驶舱！Purser to cockpit, please!"的指令后，客舱经理/乘务长应速到驾驶舱，确定和协调相关撤离事项。

在飞机触地或触水前 3min，机长会使用 PA 发出指令："完成准备，完成准备！Be ready for landing, be ready for landing!"

客舱机组收到"完成准备，完成准备！Be ready for landing, be ready for landing!"指令后，客舱经理/乘务长使用 PA 广播："全体乘务员做着陆/着水准备！"，所有乘务员完成个人准备，入座并系好安全带。

约在飞机触地或触水前 1min，机长会使用 PA 发出指令："防冲击！防冲击！Brace! Brace!"

客舱机组收到"防冲击！防冲击！Brace! Brace!"指令后，所有乘务员采取防冲击姿势，并向乘客发布防冲击口令："低头弯腰！全身紧迫用力！Bend over! Brace!"，直到飞机完全停稳。

在防冲击指令发出后，客舱机组还需注意如下事项：

乘务员收到飞行机组发出的防冲击指令或感觉到飞机出现撞击迹象时，应立即采取防冲击姿势。

飞机在减速过程中，可能会有多次撞击，乘务员应保持防冲击姿势、大声且清晰地向乘客持续发布防冲击指令："低头弯腰！全身紧迫用力！Bend over! Brace!"，直到飞机完全停稳。飞机停稳后立即打开应急灯。

飞机完全停稳后，机长会使用 PA 发出指令："机组各就各位，机组各就各位！Crew at your station, crew at your station!"。

乘务员收到指令或没有指令但飞机已完全停稳后，应立即解开安全带，控制客舱，使用口令："镇静！听指挥！Keep calm! Follow instructions!"，稳定乘客情绪。在客舱秩序得到有效控制的情况下，及时评估机外及机内的情况，判断是否需要立即组织撤离或视情况联系驾驶舱。

（3）组织撤离/无须撤离

如需撤离，机长会使用 PA 发出："撤离！撤离！Evacuate! Evacuate!"的指令，乘务员收到撤离指令后，执行应急撤离程序。

如无须撤离，机长会使用 PA 发出无须撤离的指令："原位坐好、原位坐好！Remain seated, remain seated!"；乘务员收到无须撤离指令后，应指挥乘客留在原位，稳定乘客情绪，使用口令："镇静！听指挥！原位坐好！Keep calm! Follow instructions! Remain seated!"，等待机长的下一步指令。

5. 应急撤离的注意事项

成功应急撤离的因素，包括但不限于：客舱机组的知识，包括训练、经验和行为、飞机结构、客舱布局、飞机内外环境（如出现烟雾、火警、客舱灯光和外部情况）、乘客的行李、年龄和对于客舱的有效管理与情绪控制。在紧急情况下，乘务员应能够运用所学的撤离知识，快速投入到撤离状态中。以下注意事项应引起客舱乘务员的高度重视，有利于撤离速度和效率的提升。

（1）人群的控制

客舱机组有效地控制人群的管理能力是高效撤离的重要因素之一。在撤离期间，乘务员的行为和命令将直接影响到乘客的行为表现。客舱乘务员应在每一个可用的出口，快速组织乘客流，掌控撤离的速度，保持每个出口的乘客撤离速度均衡，时刻监控滑梯可用状态，还应防止滑梯下出现拥堵，并以最快速度逃离飞机。

（2）使用指令时的状态

为了有效指挥乘客朝向出口，并帮助他们跳下滑梯，客舱乘务员必须使用积极的口头命令和肢体动作，使用的命令应该是坚定的、积极的、清晰且沉着冷静的。乘务员必须坚定地、完全地控制住撤离时乘客的情绪并做好自身的情绪管理工作。当客舱拥挤或一个出口不能使用时，应调整乘客的行为和对他们的命令，使撤离通畅和最大限度地使用所有出口。

（3）对行李的控制

在应急撤离过程中，如乘客携带他/她们坚持的物品，可能导致出口速度减慢，对乘客或其他使用滑梯的人员造成伤害、对滑梯底部协助的人员造成伤害、对滑梯造成损坏、导致滑梯底部障碍物的堆积等严重后果，客舱乘务员应在应急撤离过程中，使用清晰、简单的指令，命令乘客不得携带任何手提行李。

三、陆地撤离的程序

在飞机完全停稳后，客舱乘务员收到机长发出的撤离指令后，应立即执行陆地应急撤离程序。陆地迫降组织撤离的程序如下。

1. 有效的防冲击姿势

当飞机距离地面还有500ft时，机长会使用PA发出指令："防冲击！防冲击！Brace! Brace!"

客舱机组收到"防冲击！防冲击！Brace! Brace!"指令后，所有客舱机组根据所坐乘务员座位方向的不同，采取相应防冲击姿势（图6-1-1和图6-1-2），并向乘客发布防冲击口令："低头弯腰！全身紧迫用力！Bend over! Brace!"，该口令应中英文交替反复喊出直至飞机完全停稳。

 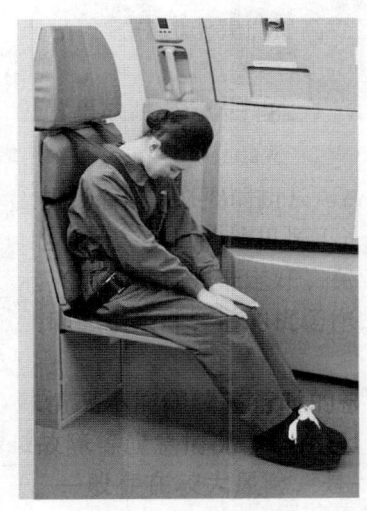

图 6-1-1　背朝机头方向的乘务员防冲击姿势　　图 6-1-2　面朝机头方向的乘务员防冲击姿势

2. 控制客舱乘客的情绪

飞机停稳后，当听到驾驶舱发出："撤离！撤离！Evacuate! Evacuate!"的指令时，所有乘务员应当快速解开安全带站立起来，面对客舱过道，双手高举过头并采取下压的动作稳定客舱内乘客们的情绪并发布："镇静！听指挥！Keep calm! Follow instructions!"的口令，如图6-1-3所示。

3. 判断机外状况

客舱乘务员应通过出口上的观察窗或出口旁客舱舷窗，观察机外状况，判断该出口是否可以使用，如图6-1-4所示；在判断机外状况时，应注意不要把手直接放在开门手柄上，以避免未判断准确前就贸然开启舱门。如发现机外无浓烟、无起火、无障碍物（如金属残片)、无严重燃油渗出,则该出口可以使用。该阶段口令为:"无烟无火无障碍,可以开门!"

如发现机外有浓烟、起火、障碍物(如金属残片)、严重燃油渗出,则该出口无法使用,冒险打开可能会引发飞机进一步燃爆等严重后果!经判断后出口无法使用,客舱乘务员应挡住出口,并指挥乘客到其他就近的可用出口,使用口令:"这门不能使用,走那边!This door can't be used, That way!"注意,如有更好的出口可以选择,不要冒险打开因浓烟等因素无法判断机外状况的出口。

图 6-1-3　乘务员用手势控制客舱情绪

图 6-1-4　乘务员在开门前判断机外情况

打开出口前,客舱乘务员还可以结合飞机最终停稳的姿态对有效出口做出综合判断与评估,可以被使用的出口判断依据如表 6-1-2 所示。

表 6-1-2　不同飞机姿态下可以使用的出口

飞机姿态(情形)	可以使用的出口	飞机姿态(情形)	可以使用的出口
机腹着陆	所有可用的出口	机头低	前部的应急门(应急窗)
机头高	较低的应急门(应急窗)	起火	与起火出口相对的出口

4. 应急开启舱门 / 窗

经判断后出口可以使用,客舱乘务员确定机门 / 窗处于待命状态（ARMED 待命位）,并在应急状态下打开该舱门 / 窗。舱门 / 窗应急开启后,乘务员应在第一时间去拉人工充气手柄以再次确保滑梯充气,如图 6-1-5 所示。在拉动人工充气手柄的同时,客舱乘务员应用另一只手紧紧拉住门旁的辅助手柄固定自身,确保在滑梯未充气完成前,不被人群推搡而跌落机外,如图 6-1-6 所示。如果出口一次无法打开,应再次尝试设法打开。

除非附近的出口没有乘务员指挥,否则乘务员不要随便离开失效的出口处,防止乘客擅自打开;如果附近的出口没有乘务员指挥,应立即找援助者协助守护失效出口,再前往附近出口,在判定出口可以使用的情况下,立即打开并组织乘客撤离。

撤离前,客舱乘务员应确认滑梯状况,确保滑梯已经充气完成后,再指挥乘客完成陆地撤离,确认滑梯不同状态后,乘务员应采取的行动如表 6-1-3 所示。

图 6-1-5　乘务员拉人工充气手柄

图 6-1-6　有效固定自身

表 6-1-3　不同滑梯状态下乘务员应采取的行动

滑梯状态	乘务员采取的行动
滑梯未能自动充气	拉人工充气把手
滑梯完全充气并处于安全状态	立即指挥乘客撤离
滑梯未能完全充气或漏气	指挥乘客使用其他可用出口撤离，或如时间允许，将滑梯改作软梯使用

客舱乘务员在滑梯充气过程中，必须用两手抓住机门两侧的辅助把手作出封门动作，确保滑梯未充气完成前，乘客不贸然跳滑，如图 6-1-7 所示。在封门等待滑梯充气完成的过程中，使用口令"解开安全带！不要带行李！脱下高跟鞋！Release your seat belt! No baggage! No high-heeled shoes!"向客舱内乘客作出指示。

5. 互相协助指挥乘客撤离

待滑梯充气完毕后，客舱乘务员应迅速面向客舱，退到一侧，单手抓住辅助把手，立即指挥乘客撤离，指挥撤离的姿势如图 6-1-8 所示。客舱乘务员使用的指挥撤离口令为："快到这边来，跳，滑！Come this way, jump, slide!"撤离时，应避免触碰到乘客，除非机门处有犹豫不动的乘客，应将其推出门外。

若该乘务员负责的是翼上应急出口，则应在翼上应急出口处指挥乘客撤离，如执飞的是 B737-800 机型，则该口令为："跨出去！从机翼后部坐！滑！Get out! Sit down! Slide from the rear of the wing!"。

若由特殊情况导致滑梯未充气或漏气，则应将滑梯架设为软梯使用，将滑梯架设为软梯的方法如下：选择 2 位援助者先下滑梯，指导援助者在滑梯两侧相对站立，双手抓住滑梯两边的把手，与飞机成 45°拉出滑梯。指挥乘客一个一个地撤离飞机，使用口令："坐！滑！Sit down! Slide!"选择另外的援助者在滑梯的底部协助乘客撤离并远离飞机。请注意，使用软梯撤离时，乘客不得连接着滑下，需保持一定的距离。

图 6-1-7　客舱乘务员的封门动作

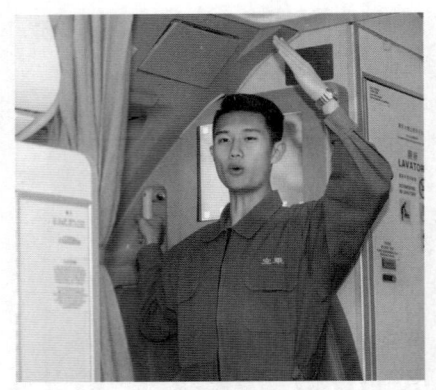
图 6-1-8　客舱乘务员在舱门处指挥撤离

图 6-1-9　烟雾环境下撤离

如事先未选择援助者,客舱乘务员应先指挥第 1 位乘客站到对面,使用口令:"你像我一样指挥乘客撤离。",接着指挥第 2 和第 3 位乘客先下飞机,留在滑梯旁帮助乘客远离飞机。

若陆地撤离是在烟雾环境中,客舱乘务员还应使用口令:"伏下身,用衣袖捂住口鼻!""Bend over, cover your nose and mouth!",如图 6-1-9 所示。

若在黑暗环境下(应急电源失效)撤离时,立即取出并打开手电筒,伏下身,照射附近的地板来回晃动,同时使用口令:"朝灯光方向走!Follow the flash light!"

陆地撤离时,为保证最快速度全员从机体撤离,所有乘客与全体机组成员都应从舱门口跳出,进行跳滑梯撤离。以下是跳滑梯的注意事项如下。

(1)跳滑梯时应双臂平举,手握空心拳,在舱门口向外向前从舱内跳出。

(2)落在滑梯内时双臂平举的位置不变,上体保持垂直,微向前倾。如图 6-1-10 所示。

(3)双腿并拢,紧贴梯面,足尖翘起,尽量减少鞋底与滑梯的摩擦。如图 6-1-11 所示。

图 6-1-10　跳滑梯的正确姿势

图 6-1-11　跳滑梯时足尖翘起

（4）保持收腹弯腰重心向下，滑到梯底时脚用力蹬地，快速站起，朝风上侧跑开，让出撤离通道。

（5）抱小孩的乘客要把孩子抱在怀中，坐着滑下飞机。如图 6-1-12 所示。

（6）儿童、老人和孕妇也应坐着滑下飞机，在梯面的姿势与普通乘客相同。

（7）伤残乘客则须根据自身情况，坐滑或由援助者协助坐滑撤离。

（8）穿长筒丝袜的女士需要在撤离前脱下丝袜，因为在下滑时，腿部与滑梯会产生摩擦，而产生的热量易熔化丝袜，灼伤皮肤。

图 6-1-12　怀抱小孩的跳滑梯姿势

注意：在进行跳滑时，双臂应始终保持手握空心拳，向前平举的姿势以调整重心，保持平衡，双腿应始终保持并拢，紧贴梯面，足尖翘起的姿态直到滑梯底部。不可在跳滑过程中用手去撑滑梯表面或蜷起双腿。在下滑过程中腰腹部应始终保持发力，保证上半身直立微向前倾的状态，不可直接躺在滑梯上下滑，如图 6-1-13 所示。

图 6-1-13　跳滑梯应避免的动作

跳下滑梯，成功撤离飞机后，还不能掉以轻心，只有撤到安全区域才算真正的安全。因为飞机发生意外进行紧急迫降时，往往伴随浓烟、大火甚至爆炸，浓烟和火焰会随着风势蔓延。客舱乘务员应引导乘客朝风上侧快速撤离，顺风跑动可能会受到二次伤害。撤下飞机后，应快速判断当时的风势，尽可能地远离飞机，确保最大程度的安全。

撤到安全区域后，客舱乘务员应指挥乘客，聚集到一起，及时清点人数，并为受伤的乘客提供救护。

6. 机组撤离飞机

无客舱指挥撤离职责的机组成员，包括航空安全员等，应先下飞机，指挥乘客撤离至安全区域，通常是飞机的风上侧，距离飞机至少 100m 的区域。客舱乘务员检查客舱时，应使用口令："客舱里还有人吗？听到请回答！Anyone else? Answer me！"。

客舱机组应确保所有乘客已经撤离飞机，客舱乘务员清舱，确保所负责区域的乘客全部撤离飞机后，从就近的出口撤离。客舱经理/乘务长应协同机长，从前往后对整个客舱进行全面检查，确保所有人员撤离后，使用合适的出口撤离飞机。

如撤离后能及时获得救援或飞机随时存在起火爆炸的可能，应尽快撤离飞机。如飞机迫降在未能及时获得救援的区域且在预计时间内没有起火爆炸的可能，应携带应急定位发射器、应急医疗箱、急救箱、扩音器、手电筒和尽可能多的饮料、食品、毛毯等求生用品。一旦撤出飞机,不要马上返回飞机。无论哪一位机组成员撤离至地面后,应指挥并组织乘客撤离至安全区域。

四、应急撤离的设备

应急撤离滑梯(图 6-1-14)是飞机出现紧急情况时使用的应急撤离设备,主要功能是提供撤离通道(在水上撤离时作为救生筏/水上漂浮物)。作为一名客舱乘务员,最主要的职责就是保障机上所有人员的安全。当飞机发生紧急情况,需要所有人员立即撤离时,安装在客舱所有舱门处的滑梯/救生筏便是至关重要的逃生设备。依照国际惯例,航空器在设计时,应该在一半的出口无法使用的情况下让乘客在 90s 内全部撤出飞机,作为重要逃生工具的滑梯必须能快速打开。滑梯的主要作用是让乘客从离地面较高的客舱安全地下降至地面,但在水上撤离时,部分滑梯也可以当作救生筏使用。

图 6-1-14 应急撤离滑梯

滑梯包一般被储藏在客舱舱门上或舱门下方的储藏柜中。当舱门在滑梯待命状态被打开时,滑梯会被扯出并触发充气装置使滑梯充气。不同的飞机机型在设计时,考虑到客座数、所飞航线特点、机型结构等不同,其滑梯的配备会有所不同。

客舱应急出口使用涉及多种类型舱门的操作,如Ⅰ型门(C型门)和Ⅲ型门等。Ⅰ型门和C型门都是和地板齐平的舱门,具体操作方法和登机门类似。Ⅲ型门属于翼上出口,从飞机内外部都可以操作。开门时需注意舱门的转移和撤离通道的疏通,安装翼上撤离绳。

应急撤离滑梯通常分为单通道滑梯和双通道滑梯。双通道双用滑梯既可以作为滑梯使用,也可以作为救生筏使用;双通道单用滑梯仅作为滑梯使用。以 A320 机型为例,该机型应急撤离滑梯分布如图 6-1-15 所示。

图 6-1-15 真实撤离案例中的 A320 机型应急撤离滑梯分布

A320 机型翼上出口主要有两种构型:一种是塞子式门,塞子式门打开后,门向客舱内拆下是一个独立部件;另一种是铰链式门,铰链式门打开后,门向外翻转向上打开并固定在打开位置。如图 6-1-16 所示。

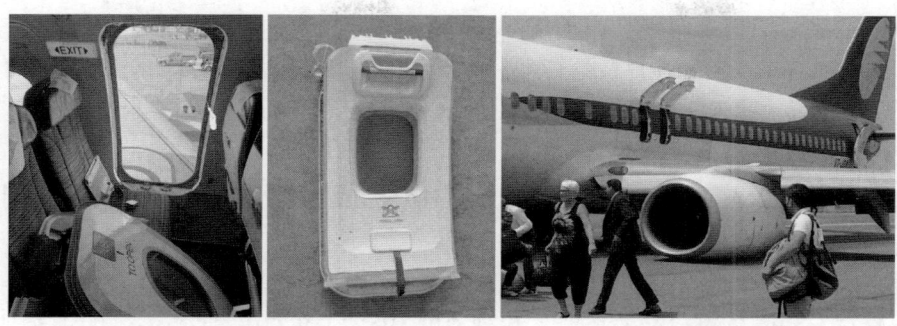

（a）塞子式门　　　　　　　　　（b）铰链式门

图 6-1-16　翼上出口的不同构型

以 A320 机型为例，A320 机型的双翼上应急出口结构如图 6-1-17 所示，分别由以下各部件组成。

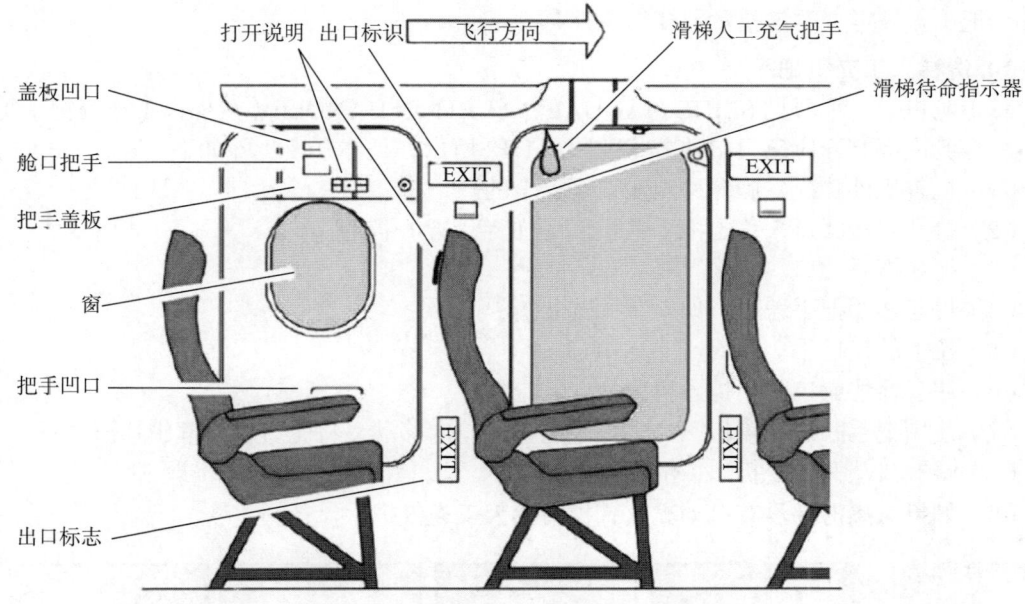

图 6-1-17　A320 机型的双翼上应急出口结构

1. 出口标志

紧急情况下，应急出口舱口两侧的 EXIT（出口）标志亮。

2. 把手凹口

HANDLE RECESS（把手凹口）和 COVER FLAP RECESS（盖板凹口）在移动应急出口舱口时使用。

3. 窗

应急出口舱口装有一个带窗帘的普通窗。

4. 把手盖板

HANDLE COVER（手柄盖）覆盖在 HATCH HANDLE（舱口把手）上。

5. 舱口把手

亮着的 HATCH HANDLE（舱口把手）可从机内打开和关闭舱口。作为选装的 HATCH HANDLE（舱口把手）上覆盖有透明的手柄盖。

6. 盖板凹口

COVER FLAP RECESS（盖板凹口）和 HANDLE RECESS（把手凹口）用于移走舱口。

7. 打开说明

可在舱口上和应急出口旁的椅背上找到 OPENING INSTRUCTIONS（打开说明）。

8. 出口标识

亮着的 EXIT（出口）标识用来指示应急出口的位置。

9. 滑梯待命指示器

舱门旁的 SLIDE ARMED（滑梯待命）指示器表示滑梯状态。指示器位于舱口旁边。有一个把手盖被拆下时该指示器变亮（ON）。

10. 滑梯人工充气把手

移走舱口时，可看见 SLIDE MANUAL INFLATION HANDLE（滑梯人工充气把手）。从客舱内部打开应急出口的方式如图 6-1-18 所示，具体开启步骤如下。

（1）检查机外状况，确保移走舱口是安全的。
（2）打开盖板凹口来移走把手盖板。滑梯待命指示器亮。
（3）抓住把手凹口。
（4）提起透明把手盖板，如安装（选装）。
（5）拉下舱口把手。
（6）注意抓住舱口防止掉入机内。
（7）使用把手凹口和盖板凹口，提起舱口向舱内移动，将舱口从门框中移出。
（8）将舱口从开口处扔出，滑梯自动充气。
（9）如果撤离滑梯没有自动充气，拉滑梯人工充气把手。

 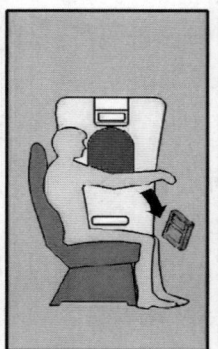 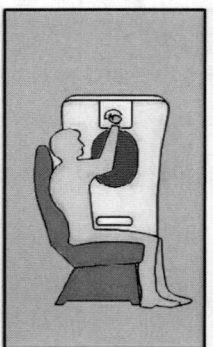 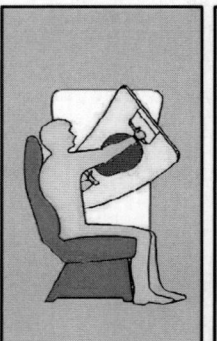 

（a）拉下盖板活门　（b）取下盖板　（c）松开锁定机构　（d）移开应急舱门　（e）将舱门从开口处移开

图 6-1-18　从客舱内部打开应急出口的方式

A320 机型的应急出口（Ⅲ型门）滑梯均为双通道单用，且始终处于待命状态。

五、陆地撤离指挥口令

陆地撤离指挥口令见表 6-1-4。

表 6-1-4　陆地撤离指挥口令

状　态	口　令
当飞机在 2 000ft AGL（约在飞机触地前 3min），机长使用 PA	机长："完成准备！完成准备！Be ready for landing! Be ready for landing!"
当飞机在 500ft AGL 时（约在飞机触地前 1min），机长使用 PA	机长："防冲击！防冲击！Brace! Brace!" 乘务员："低头弯腰！紧迫用力！Bend over! Brace!"（重复口令）
飞机完全停稳，机组发布就位指令	机长："客舱机组各就各位！" "Crew at your station!"
乘务员迅速解开安全带站立起来，并控制客舱	乘务员："镇静！听指挥！" "Keep calm! Follow instruction!"
机长发布撤离指令（高音频蜂鸣声）	机长："撤离！Evacuate!"
乘务员观察并判断舱外情况	乘务员："无烟、无火、无障碍，可以开门！"
乘务员打开出口，拉人工充气手柄，封住门	乘务员："解开安全带！不要带行李！脱下高跟鞋！" "Release your seat belt! No baggage! No high-heeled shoes!"
出口已打开，滑梯/救生筏充气完毕后退至辅助空间，一只手抓住辅助手柄，另一只手指挥乘客进行撤离	乘务员："到这边来！滑！" "Come this way! Slide!"（重复口令）
当乘客通过非地板高度出口时	乘务员："到这边来，坐下，滑！" "Come this way, Sit down, Jump! Slide!"
当舱门无法打开（门把手卡住、舱外有烟、火、障碍物、水位过高时），乘务员用身体挡住开门手柄，面向客舱，双臂十字交叉，高举过头；如果舱门已经打开，滑梯/救生筏充气失效时，乘务员两手抓住辅助手柄进行封门	乘务员："这个门不能使用，走那边！/往前走！/往后走！" "This door can not be used, That way!/Go forward!/Go backward!"（重复口令）
遇到无计划的紧急撞击时	乘务员："系好安全带，低头弯腰，紧迫用力！" "Fasten your seat belt, Bend over, Brace!"
当飞机着陆后，机长指示无须撤离时	乘务员："镇静！听指挥，原位坐好！" "Keep calm! Follow instruction, Stay in your seat!"
清舱	乘务员："还有人吗？听到请回答！" "Anybody else? Answer me!"

任务计划

一、注意事项

（1）进入实训舱应穿空乘学员训练服、鞋套，以空中乘务员标准进行盘发、化妆，佩戴三根指针的手表（时针、分针、秒针），按规定佩戴首饰。

（2）学生实训及操作设备期间，实训舱内必须有教师进行指导和监护。在非监控阶段，学生不得随意进出、使用相应实训设施设备。

（3）学生应留意实训舱附近的站立禁区（通常用黄黑警戒线标识），不得随意踏入，以免造成危险。

（4）学生在进行陆地迫降前的客舱准备时，应爱惜舱内实训物品，按程序操作，使用完的实训物品应及时归位并固定。

二、制订组织陆地撤离操作流程

在教师的指导下，查阅相关资料及教学视频，小组讨论并制订陆地应急撤离操作流程。

任务决策

各小组选派代表阐述任务计划，小组间相互讨论，提出不同看法，教师总结点评，完善方案。

任务实施

在教师的指导下完成乘务组分组，每位乘务员在教师规定的时限内完成表 6-1-5 "15s 应急开舱门（陆地撤离）"任务实施表。

表 6-1-5 "15s 应急开舱门（陆地撤离）"任务实施表

飞机状态	机长口令	乘务员程序	乘务员口令	结果记录
500ft AGL	"500ft，防冲击！防冲击！"	系好安全带，做出相应乘务员位置上的防冲击姿势	"低头弯腰！紧迫用力！" "Bend over! Brace!"（重复口令）	是□ 否□
飞机停稳	"客舱机组各就各位。"	解开安全带并确保安全带完全固定在座椅垫内，起身面向客舱双手以下压的姿势镇静乘客情绪，控制客舱	"镇静！听指挥！" "Keep calm! Follow instructions!"	是□ 否□
	"撤离！撤离！Evacuate! Evacuate!"	一手抓住舱壁内侧的辅助手柄，透过观察窗观察并判断舱门外情况	"无烟、无火、无障碍，可以开门！"	是□ 否□
		打开舱门，一手抓住辅助手柄一手拉人工充气手柄，两手同时握住辅助手柄封门，两腿一前一后呈"弓"字步站立，面朝客舱喊出封门口令，确认滑梯充气完成	"解开安全带，不要带行李，脱下高跟鞋！" "Release your seat belt! No baggage! No high-heeled shoes!"	是□ 否□
		退至辅助空间让出撤离通道，一手握住辅助手柄，另一手高举过头指挥乘客撤离	"到这边来！跳！滑！" "Come this way! Jump! Slide!"（重复口令）	是□ 否□

质量检查

一、乘务组自检

各乘务组根据任务实施的记录结果（表 6-1-6），对本小组的作业内容进行再次确认。

表 6-1-6　任务实施记录表

序号	检查项目	检查结果
1	仪容仪表与着装符合空乘实训规范	是□ 否□
2	已知晓实训安全守则	是□ 否□
3	已确认陆地撤离的性质	是□ 否□
4	已按照应急开门标准单（陆地）进行操作	是□ 否□
5	已掌握相应口令	是□ 否□

二、教师检查

教师根据各乘务组作业完成情况进行质量检查，选择优秀乘务员进行作业情况展示，针对任务实施过程中出现的问题提出改进措施与建议。

课后提升

陆地迫降后的组织撤离需要查阅学习资料，严格客舱乘务员对于陆地迫降后的组织撤离程序规范进行，为了提升同学们的客舱安全保障意识，请同学们扫描二维码，观看应急开舱门（陆地撤离）的视频，可以根据视频内容进行模拟练习。

陆地迫降 15s 开门程序

评价反馈

学习小组能够按乘务组分工形式进行责任舱门的合理分工，按组织陆地撤离程序来合作完成陆地撤离应急开舱门的练习任务。完成相应作业任务后，结合个人、小组在课堂中的实际表现进行总结与反思。

请小组成员填写表 6-1-7 "15s 应急开舱门（陆地撤离）"作业评分表，完成本次工作任务评分。

表 6-1-7　"15s 应急开舱门（陆地撤离）"作业评分表

班级			姓名			
一级	二级	三级		扣分值/项	扣分	总分
专业能力	防冲击姿势	□动作不标准		10		70
		□未保持紧迫用力				
		□安全带翻转或未保持紧且低位				

续表

一级	二级	三级	扣分值/项	扣分	总分
专业能力	座椅、安全带复位	□安全带外露	5		
	判断舱外情况	□未及时判断	5		
		□机门外情况判断错误（否决项*）	否决项扣除所有专业能力分		
	正确操作舱门	□开门前未确认滑梯预位状态	20		
		□开门动作错误			
	操作人工充气手柄	□未操作（否决项*）	否决项扣除所有专业能力分		
	固定自身	□未始终固定自己（观察、开门、封门、指挥撤离）	20		
		□未封门或封门姿势不正确			
	指挥撤离	□未确认滑梯充气完成情况	10		
		□未紧靠辅助空间指挥撤离			
	限时完成操作	□15s内未完成（否决项*）	否决项扣除所有专业能力分		
综合素养	情景意识	□未有应急开门的紧迫感	5		30
	信息沟通	□情绪控制口令、姿势错误	15		
		□封门口令错误			
		□指挥乘客撤离口令错误			
	作风建设	□仪容仪表不规范	10		
		□未能沉着冷静高效应对			
考核场景				总扣分：	总得分：

任务二　组织水上撤离

任务描述

2009年1月，美国东部时间15日下午3点30分左右，美国全美航空公司一架空客A320客机在起飞后不久由于遭遇鸟击，导致两个发动机同时出现故障，瞬间停止工作，使飞机失去了动力，立即陷入了危险的处境。幸运的是机长处置得当，将飞机成功迫降在哈德逊河中（图6-2-1），机上150名乘客和5名机组人员全部获救，奇迹般地创造了水上成功迫降的纪录。

图 6-2-1　水上成功迫降的飞机

地球上有70%的面积是海洋，当飞机的迫降发生在海面上时，机组和乘客们都将面临严峻的考验。通过本任务的学习，了解B737-800机型飞机水上迫降后的撤离程序；能够准确接收撤离指令且快速地打开机门；能够正确使用救生筏并有效组织乘客登筏。

任务目标

1. 发展能力
◎ 能够对飞行机组发出的指令快速做出正确反应。
◎ 掌握乘务员在不同座位上的各种防冲击的姿势。
◎ 能够熟练掌握组织撤离时的指挥口令。

2. 操作能力
◎ 能够熟练地完成15s应急开舱门。
◎ 能够熟练地完成圆形救生筏的操作。

3. 职业素养
◎ 课堂上紧跟老师的学习进度，积极参与舱门模拟器的实操练习。
◎ 双人配合，完成不同情境下的撤离指挥。
◎ 在水上训练课程中，以分组形式完成水上撤离以及水中登筏等求生项目。

任务书

_____是一名经济舱乘务员，某航班在飞行过程中因机械故障，机长决定在附近水域进行紧急迫降，飞机着水后机长发出："水上撤离！Ditching！"的指令，接到任务后，对照水上撤离操作工单，开始对本次任务中的15s应急开舱门和组织乘客进行水上撤离两项任务进行检查与操作。

信息获取

一、圆形救生筏

圆形救生筏是水上迫降时的救生设备之一，用来帮助乘客尽快远离快速下沉的飞机。根据机型的差异，圆形救生筏配备数量各不相同。在客舱内圆形救生筏一般存放在行李架上（图6-2-2）或天花板内（图6-2-3）。

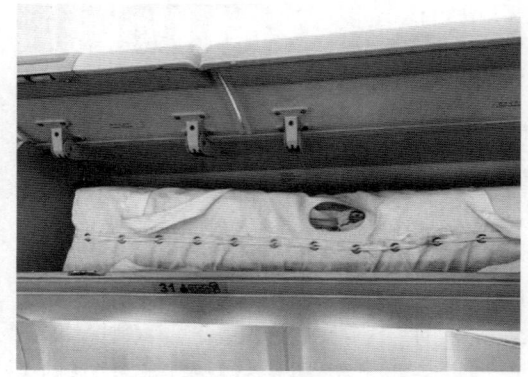

图 6-2-2　存放在行李架上的圆形救生筏

图 6-2-3　天花板内的圆形救生筏

1. 圆形救生筏的外观结构

救生筏和救生包同在一个包装袋内，乘务员在航前需要通过压力指示表检查救生筏的状态（图6-2-4）。如指针处于红色区域内，则表示救生筏压力不足，需寻求机务人员进行检修。

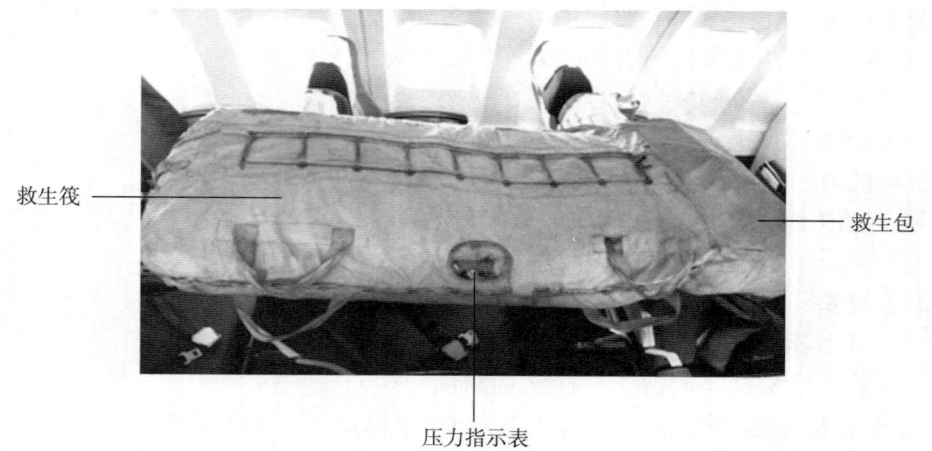

图 6-2-4　圆形救生筏外观结构

2. 圆形救生筏的使用方法

当B737-800机型飞机遭遇水上迫降时，四个地板高度出口处的滑梯仅能作为漂浮设备使用。因此，需要乘务员及时连接好圆形救生筏，供机上人员逃生使用。

（1）从天花板或行李架上取出救生筏，搬至地板高度出口处或翼上应急出口处。

（2）打开圆形救生筏外包装上的红色盖布，取出挂钩（图 6-2-5）。

图 6-2-5　圆形救生筏连接部件

（3）将圆形救生筏上的系留绳连接到客舱内部较为牢固的位置，如地板高度出口处的辅助手柄（图 6-2-6）、乘客座椅下方的行李挡杆等（图 6-2-7）。

（4）一手握住"T"形环，一手将救生筏用力推出客舱。

（5）救生筏掉落的瞬间，外包装的连环锁扣会自动打开。救生筏将在 30s 内自动充气。与之在同一包装内的救生包直接落入水中，通过一根绳子与救生筏相连接。救生筏充气后，分为上、下两层，两面均可正常使用（图 6-2-8）。因此，在抛放救生筏时无须区分正反面。

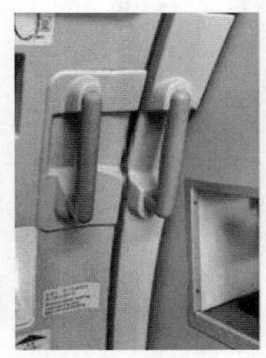
图 6-2-6　辅助手柄

图 6-2-7　行李挡杆

图 6-2-8　充气后的圆形救生筏

二、水上撤离的程序

由于迫降的地点在水上，飞机会快速下沉。因此，有效撤离时间为飞机迫降在水面直至飞机沉没为止。乘务员指挥乘客撤离的速度越快越好。

1. 稳定客舱乘客的情绪

飞机着水后，当听到驾驶舱发出："水上撤离！Ditching！"的指令时，所有乘务员应当快速解开安全带，站立起来，面对客舱过道，双手采取下压的动作稳定客舱内乘客

图 6-2-9　稳定客舱乘客情绪

们的情绪，并发布："镇静！听指挥！Keep calm! Follow instructions!"的口令（图 6-2-9）。

注意：水上迫降时，该口令只说一遍。

2. 确认出口状况

乘务员一手抓住舱壁内侧的辅助手柄，通过舱门上的观察窗观察舱外的状况（图 6-2-10），确认出口是否能够被有效使用。若发现舱外有火情、有浓烟、有障碍物或者水位线过高，乘务员应当立即采取封门措施，用身体挡住开门手柄，并指挥乘客"这个出口不能使用！走那边！This door can not be used! That way!"（图 6-2-11）。

注意：由于 B737-800 机型重心位于机尾部，在水上迫降时，L2 和 R2 门均会在水位线的下方，故撤离时不能使用这 2 处舱门。

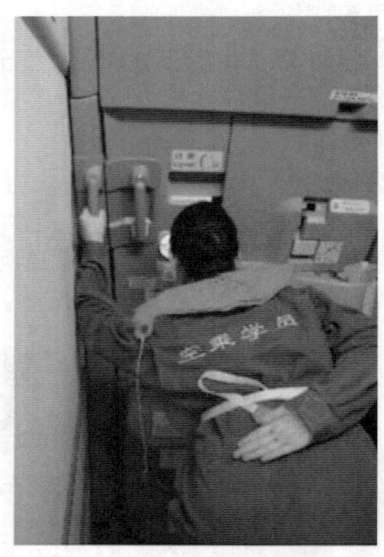

图 6-2-10　观察舱外状况

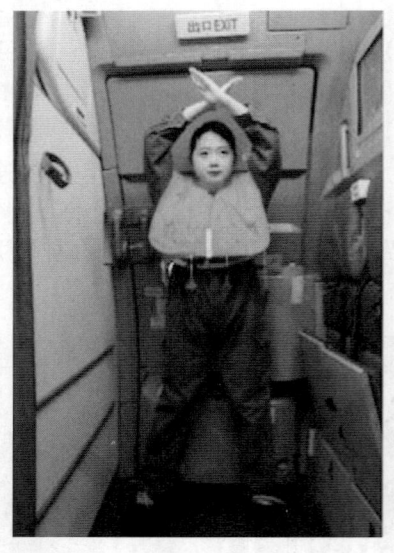

图 6-2-11　舱门不能使用时封门

3. 打开出口释放圆形救生筏

一手抓住舱壁内侧的辅助手柄，一手转动开门手柄快速打开舱门，并释放圆形救生筏。在等待圆形救生筏充气的过程中，为了避免乘客受伤，乘务员应当采取封门措施直至救生筏充气完毕（图 6-2-12），即双手抓住辅助手柄，两腿一前一后呈"弓"字步。同时用口令："解开安全带！不要带行李！脱下鞋子！Release your seat belt! No baggage! No shoes!"指导乘客们准备撤离。

4. 指挥乘客撤离并登筏

救生筏充气完毕，乘务员退到辅助空间，一手抓住舱壁内侧的辅助手柄，用来保护自身安全，避免在撤离过程中意外跌落。另一手高举过头，采用挥动的方式引导乘客们朝这个方向过来（图 6-2-13）。同时用口令："到这边来！救生衣充气！上筏！Come this way!Inflat life vest! On board!"指导乘客在机门口将救生衣充气并登筏（图 6-2-14）。

注意：所有人登筏后必须采用爬行的姿势进行移动，目的是避免救生筏侧翻。

 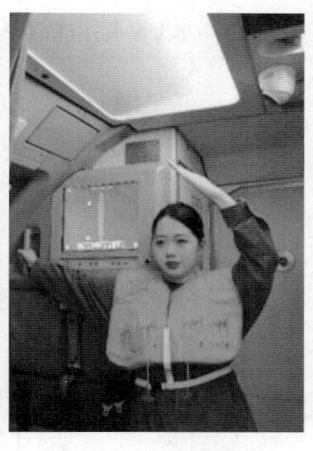 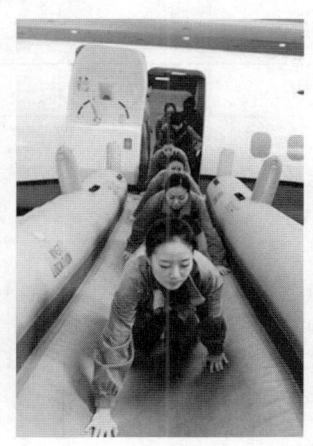

图 6-2-12　救生筏充气时封门　　　图 6-2-13　指挥撤离　　　图 6-2-14　撤离时登筏

三、乘客撤离后的清舱程序

当乘客们撤离完毕后，乘务员们需要对各自负责的区域进行检查，避免将行动不便或已经受伤的乘客遗留在座位上。

1. 各号位乘务员

在各自的负责区域内携带相应的应急设备，从客舱的前、后部同时进行清舱检查，乘务员使用应急手电筒辅助照明，着重检查洗手间及每一排乘客座位（图 6-2-15），同时用口令："还有人吗？听到请回答！Anybody else? Answer me!"进行呼唤。前、后乘务员相遇交接后，各自返回自己负责的舱门处登筏撤离。

2. 乘务长 / 客舱经理

乘务长 / 客舱经理作为客舱内的总指挥，需要和机长一起紧随乘务员之后再一次清舱。两人由前至后检查完，返回前舱，从 L1 门处登筏撤离。

注意：若 L1 门不能使用时，就近选择其他出口进行撤离。

3. 救生筏上的操作

所有人员登筏后，为了保障救生筏的平稳，乘务员需要指导乘客们在救生筏上分散坐下（图 6-2-16），并快速使用小刀割断系留绳，使救生筏与下沉的机体分离。

 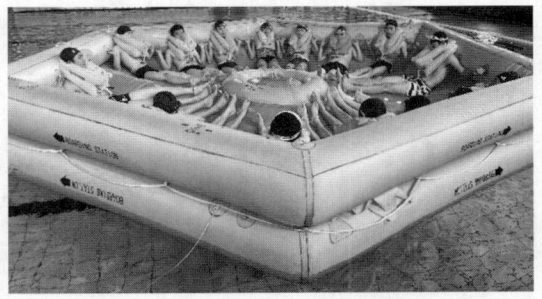

图 6-2-15　乘务员清舱检查　　　　　　图 6-2-16　所有人员登筏后分散就座

四、组织水上撤离指挥口令

水上撤离指挥口令见表 6-2-1。

表 6-2-1　水上撤离指挥口令

状　态	口　令
无计划的应急撤离时	乘务员："穿上你座位下的救生衣！Life vest is under your seat! 脱掉鞋！Take off shoes!"
当飞机在 500ft AGL 时（约在飞机触地前 1min），机长使用 PA	机长："防冲击！防冲击！Brace！Brace！" 乘务员："低头弯腰！紧迫用力！Bend over! Brace!"（重复口令）
飞机完全停稳，机组发布就位指令	机长："客舱机组各就各位！"
乘务员迅速解开安全带站立起来，并控制客舱	乘务员："镇静！听指挥！" "Keep calm! Follow instruction!"
机长发布撤离指令（高音频蜂鸣声）	机长："水上撤离！Ditching!"
乘务员观察并判断舱外情况	乘务员："无烟、无火、无障碍，水位正常，可以开门！"
乘务员打开出口，拉人工充气手柄，封住门	乘务员："解开安全带！不要带行李！脱下鞋子！" "Release your seat belt! No baggage! No shoes!"
出口已打开，滑梯/救生筏充气完毕后退至辅助空间，一只手抓住辅助手柄，另一只手指挥乘客进行撤离	乘务员："到这边来！救生衣充气！上筏！" "Come this way! Inflate your life vest! On board!"
当乘客通过非地板高度出口撤离时	乘务员："到这边来！救生衣充气！上筏！" "Come this way! Inflate your life vest! On board!"
当舱门无法打开（门把手卡住、舱外有烟、火、障碍物、水位过高时），乘务员用身体挡住开门手柄，面向客舱，双臂十字交叉，高举过头；如果舱门已经打开，滑梯/救生筏充气失效时，乘务员两手抓住辅助手柄进行封门	乘务员："这个门不能使用！走那边！/往前走！/往后走！" "This door can not be used! That way! /Go forward!/Go backward!"（重复口令） 乘务员："这个门不能使用！走那边！/往前走！/往后走！" "This door can not be used! That way!/Go forward!/Go backward!"（重复口令）
遇到无计划的紧急撞击时	乘务员："系好安全带！低头弯腰！紧迫用力！" "Fasten your seat belt! Bend over! Brace!"
当飞机着陆后，机长指示无须撤离时	乘务员："镇静！听指挥！原位坐好！" "Keep calm! Follow instruction! Stay in your seat!"
清舱	乘务员："还有人吗？听到请回答！" "Anybody else? Answer me!"

任务计划

一、注意事项

（1）进入实训舱应穿空乘学员训练服、鞋套，以空中乘务员标准进行盘发、化妆，佩戴三根指针的手表（时针、分针、秒针），按规定佩戴首饰。

（2）学生实训及操作设备期间，实训舱内必须有教师进行指导和监护。在非监控阶段，学生不得随意进出、使用相应实训设施设备。

（3）学生应留意实训舱附近的站立禁区（通常用黄黑警戒线标识），不得随意踏入，以免造成危险。

（4）学生在进行陆地迫降前的客舱准备时，应爱惜舱内实训物品，按程序操作，使用完的实训物品应及时归位并固定。

二、制订组织水上撤离操作流程

在教师的指导下，查阅相关资料及教学视频，小组讨论并制订水上应急撤离操作流程。

任务决策

各小组选派代表阐述任务计划，小组间相互讨论，提出不同看法，教师总结点评，完善方案。

任务实施

在教师的指导下完成乘务组分组，每位乘务员在教师规定的时限内完成表 6-2-2。

表 6-2-2 "15s 应急开舱门（水上撤离）"任务实施表

飞机状态	机长口令	乘务员程序	乘务员口令	结果记录
500ft AGL	"500ft，防冲击，防冲击！"	系好安全带，做出相应乘务员位置上的防冲击姿势	"低头弯腰！紧迫用力！" "Bend over! Brace!"（重复口令）	是□ 否□
飞机停稳	"客舱机组各就各位！"	解开安全带并确保安全带完全固定在座椅垫内，起身面向客舱双手以下压的姿势镇静乘客情绪	"镇静！听指挥！" "Keep calm! Follow instructions!"	是□ 否□
	"水上撤离，水上撤离！Ditching! Ditching!"	一手抓住舱壁内侧的辅助手柄，透过观察窗观察并判断舱门外情况	"无烟、无火、无障碍，水位正常，可以开门！"	是□ 否□
		打开舱门，一手抓住辅助手柄一手拉人工充气手柄，两手同时握住辅助手柄封门，两腿一前一后呈"弓"字步站立，面朝客舱采取封门措施，直至圆形救生筏充气完成	"解开安全带，不要带行李，脱下鞋子！" "Release your seat belt! No baggage! No shoes!"	是□ 否□

续表

飞机状态	机长口令	乘务员程序	乘务员口令	结果记录
飞机停稳		退至辅助空间让出撤离通道，一手握住辅助手柄，另一手高举过头指挥乘客撤离	"到这边来，救生衣充气，上筏！" "Come this way! Inflate your life vest! On board!"	是□ 否□

质量检查

一、乘务组自检

各乘务组根据任务实施的记录结果（表 6-2-3），对本小组的作业内容进行再次确认。

表 6-2-3　任务实施记录表

序号	检查项目	检查结果
1	仪容仪表与着装符合空乘实训规范	是□ 否□
2	已知晓实训安全守则	是□ 否□
3	已确认水上撤离的性质	是□ 否□
4	已按照应急开门标准单（水上）进行操作	是□ 否□
5	已掌握相应口令	是□ 否□

二、教师检查

教师根据各乘务组作业完成情况进行质量检查，选择优秀乘务员进行作业情况展示，针对任务实施过程中出现的问题提出改进措施与建议。

课后提升

15s 应急开舱门是飞机紧急迫降后乘务员组织乘客撤离环节中的关键操作程序，也是一名合格乘务员必须熟练掌握的实操技能。应急开门训练需要在舱门训练器上进行反复练习，请同学们扫描二维码观看 15s 应急开舱门操作（水上）的视频，可以根据视频内容进行模拟练习，并自行熟记相关指导口令。

项目二　水上迫降 15s 开门程序

评价反馈

学习小组能够按乘务组分工形式进行责任区域的合理分工，按乘务长和号位乘务员的安全职责来合作完成水上迫降后组织撤离的练习任务。完成相应作业任务后，结合个人、小组在课堂中的实际表现进行总结与反思。

请小组成员填写表 6-2-4 "15s 应急开舱门（水上撤离）"作业评分表，完成本次工作任务评分。

表 6-2-4 "15s 应急开舱门（水上撤离）"作业评分表

班级		姓名			
一级	二级	三级	扣分值/项	扣分	总分
专业能力	防冲击姿势	□动作不标准	10		70
		□未保持紧迫用力			
		□安全带翻转或未保持紧且低位			
	座椅、安全带复位	□安全带外露	5		
	判断舱外情况	□未及时判断	5		
		□机门外情况判断错误（否决项*）	否决项扣除所有专业能力分		
专业能力	正确操作舱门	□开门前未确认圆形救生筏预位状态	20		
		□开门动作错误			
	操作人工充气手柄	□未操作（否决项*）	否决项扣除所有专业能力分		
	固定自身	□未始终固定自己（观察、开门、封门、指挥撤离）	20		
		□未封门或封门姿势不正确			
	指挥撤离	□未确认圆形救生筏充气完成情况	10		
		□未紧靠辅助空间指挥撤离			
	限时完成操作	□15s 内未完成（否决项*）	否决项扣除所有专业能力分		
综合素养	情景意识	□未有应急开门的紧迫感	5		30
	信息沟通	□情绪控制口令、姿势错误	15		
		□封门口令错误			
		□指挥乘客撤离口令错误			
	作风建设	□仪容仪表不规范	10		
		□未能沉着冷静高效应对			
考核场景			总扣分		总得分

项目七
撤离后求生

🛬 工作情境

2021年1月28日,一名36岁巴西飞行员安东尼奥·塞纳从巴西亚马逊河北岸的阿伦克尔市起飞,原定飞往附近城市阿尔梅林,不料他所驾驶的塞斯纳210轻型飞机引擎失灵,只好紧急迫降在亚马逊丛林的一片空地上。搜救队因找不到飞机残骸,暂时无法开展搜救行动。面对危机重重的雨林,如果你是塞纳,会如何在撤离飞机后在这片土地上寻求生存呢?让我们依靠自己的专业知识,顽强的求生欲望,生存到搜救队的到来吧!

📖 学习目标

◎ 熟练掌握撤离后陆地求生的技能。
◎ 熟练掌握撤离后水上求生的技能。
◎ 会熟练使用机上或飞机上求救设备。
◎ 能够根据真实情境有效应用相应环境的野外求生基本方法。
◎ 能运用野外求生知识在不同环境下生存。

任务一　陆上求生

📋 任务描述

一架载有 13 名机组人员和有 293 名乘客的民航飞机在飞行途中出现了机械故障，被迫进行紧急迫降。飞机迫降地点位于北美一个人迹罕至的岛屿上，这里毫无人烟，也没有任何基础设施。面对这种情况，如果你们是机组人员，该如何带领乘客迅速采取行动来确保生存？

💬 任务目标

1. 发展能力
◎ 掌握机上陆地撤离后的求生方式。

2. 操作能力
◎ 掌握陆上求生的技能。
◎ 熟练掌握能在陆上发出求生信号的方法，能运用陆地野外求生知识生存。

3. 职业素养
◎ 熟练运用求生的方法，培养在野外求生的能力学会遇事冷静，培养灵活应变的能力。

📄 任务书

＿＿＿＿＿＿是一名实习乘务员，乘务组接到了由机长决定的陆地迫降任务，待成功陆地迫降，机上所有乘客及机组人员撤离后，我们发现，大家身处沙漠之中。这时，你需要完成一些在陆地上的求生工作，请根据选择一个任务描述中的内容制作一份求生方案。

▶ 信息获取

一、基本原则

1. 维持生命

陆地求生场景下，维持基础生命体征为生存科学的核心准则，应始终遵循生存三要素（维持体温、获取水源、保障营养供给）以确保生理机能正常运转。

2. 获取救援

陆地求生场景中，获取救援应作为优先行动准则，需建立主动求救机制（如信号发送、位置标示、资源分配），并严格遵循时效性原则，以提升获救概率。

二、求生要素

求生，意思是想方设法避开生命危险（威胁），维持自己生命状态。当飞机迫降后，幸存者肯定会面对可能出现的形形色色的困难，乘务员必须运用所学的求生知识，确保自身和乘客们的生命安全。

求生的首先条件就是要有强烈的求生欲望，尽可能地保存体能，具备并保持健康与清洁的方法。

1. 强烈的求生欲望

强烈的求生欲望是指一个人在面临危险或挑战时，表现出来的强烈的生存意识。具体来说，一个人在面对危险或挑战时，可能会感到恐惧、不安和焦虑，但是一个求生欲很强的人会迅速采取行动，以最大限度地保护自己并寻求生存的机会。这些人可能会采取一系列的行动，如寻找食物、水源、安全的避难所、医疗帮助等，以尽可能地减少风险和危险。

求生欲很强的表现如下。

（1）保持冷静和清醒：在面对危险时，保持冷静和清醒是求生欲强的表现之一。这样的人不会惊慌失措或失去理智，而是会通过思考和分析来寻找最佳解决方案。

（2）快速反应：求生欲强的人通常会快速采取行动，以应对危险或困境。他们可能会立即寻找出路、发出求救信号或采取其他必要的行动，以确保自己的安全。

（3）创造生存条件：求生欲强的人会积极创造生存条件，以应对不利情况。他们可能会建造简易的庇护所、寻找食物和水源，或者使用可用的资源来制作工具、武器或照明设备。

（4）适应环境：在面对困难和挑战时，求生欲强的人通常会积极适应环境。他们会根据实际情况和需要，采取灵活的策略和行动计划，而不是坚持固有的想法和方法。

2. 保存体能

保存体能首先应尽量睡觉减少体能消耗，每天应睡 8 小时以上。保证水和食品的供应，但不要为此过分劳累。不要做漫无目的的走动或大声呼叫，不做超出能力范围的事。在身体条件允许的情况下，适当锻炼身体，但不可以过量。同时，也要注意保暖御寒，防止暴晒，避免身体过冷或过热。如在极端环境下，可以通过建造掩体，来应对寒风、烈日与风沙的威胁。最后，要注意避免流汗导致身体水分流失。

3. 保持健康与清洁

（1）保护双脚

① 行走是陆地求生时唯一的交通方式，不要让脚受伤。

② 脚受伤后必须立即求助医治。

③ 注意脚部清洁和保暖。

④ 陆地上尽可能穿上鞋和袜子。

（2）保护眼睛

① 使用太阳镜或护目镜、用布片或树皮遮挡眼睛（中间留一条狭缝用于观看）等方法保护视网膜，防止雪盲。

② 用炭笔涂黑眼睑下方可以减少雪晕。

③ 不要揉搓眼睛，防止外伤感染。

三、陆地撤离后的准备工作

当客机在陆地迫降后,机组成员要面对的可能是恶劣的自然环境。在救援人员赶到之前,机组成员应做好应急求生的准备。准备工作包括以下内容。

(1)远离客机,避免火侵害。
(2)做好符号标记,以便救援人员寻找。
(3)对受伤人员实施救助,并寻求乘客中医务人员的帮助。
(4)清点幸存者人数,将其分为几个小组,每组人数10~20人。
(5)尽可能多地携带饮料、食物、毛毯等物品。
(6)准备好应急求救设备。
(7)利用现有材料建立临时避难所。
(8)当确定客机已无危险后,可返回客机附近等待救援。

四、陆地求生具体操作步骤

1. 准备工作

当陆地迫降应急撤离在荒凉偏僻地区,救援人员无法及时赶到时,乘务员应组织好幸存者并做好陆地求生的准备。

2. 携带有用物品

(1)乘务员尽可能多地携带饮料、食品和毛毯。
(2)携带应急医疗箱、急救箱等医疗救护用品,便携式氧气瓶。
(3)携带应急定位发射器、手电筒、扩音器等救援设备,以便发布求救信号。
(4)客舱经理/乘务长还应携带舱单,核对乘客人数。
(5)获取急救和求生指导。

3. 撤离至安全区域

(1)指挥乘客撤离至安全区域,通常是飞机的风上侧、距离飞机至少100m的区域。
(2)集合并清点人数,将幸存者分成几个小组,每个组安排10~20人,指定1名组长负责管理。总指挥由机组人员担任(按机上指挥权的接替顺序排序),具体任务和行动由总指挥下达至组长,组长再分配至每一人。
(3)寻求医务人员开展救护。
① 区别伤员伤势,依次开展救护,顺序是呼吸困难者、大出血者、骨折人员和惊恐人员。
② 如有死亡人员,应与生还者分开,避免造成恐慌。
(4)当飞机发动机已冷却,火已经熄灭,并无进一步爆炸或起火的危险时,设法返回机舱获取更多有用物品。

4. 搭建避难所

(1)避难所可以防风、防雨、御寒和遮阳等。寻找、搭建避难所应利用一切可用资源,并寻求有野外生存经验的乘客帮助。
① 山洞、凸出的大岩石下面、大树下、雪房、未损毁的飞机都是天然、较好的避难所。
② 利用没有爆炸的飞机残骸(机身、机翼、滑梯、壁板等)、石块、树枝、树叶、泥土、毛毯等搭建避难所。

③ 利用应急滑梯、救生船、机舱内的塑料板及绝缘板搭建的空间。

（2）选择避难所应避免有潜在危险的地方。

① 选择山洞为避难所时，要考虑山洞内部的潮湿环境，同时还要提防山洞里可能存在的其他生物。

② 冬季时，不宜依靠机身建立避难所，因为金属散热较快。

③ 不宜在低洼潮湿的溪谷处建立避难所，以免被潮水冲走。

④ 不宜在茂密的草木丛中建立避难所，以免被毒虫叮咬。

五、陆地生存要点

（1）充分休息，保存体力，每晚应睡 7~8h。

（2）保持避难所的清洁，脏物应存放在离住处较远的地方。

（3）尽可能保持自身清洁，以使自身处于良好的精神状态。

（4）沙漠中生存应尽可能躲避太阳照射，以减少体内水分蒸发，寻找水源和食物的工作最好在傍晚、清晨、夜间进行。

（5）丛林地带生存应避免蚊虫叮咬，在阴冷的天气里，尽可能保持身体干燥和温暖。

（6）在身体条件允许的情况下，适当锻炼身体，但不要超量。

（7）除必须转移到安全干燥地区以外，幸存者应留在遇险地区等待救援。人员要集中，避免走散，随时清点人数。

六、其他环境求生

1. 丛林求生

由于丛林中有丰富的食物和水源，因此丛林求生是最容易的。丛林求生最大的困难是克服幸存者自身的混乱情绪和预防昆虫植物引起的疾病。丛林求生时要注意以下几点。

（1）穿戴上救生衣或颜色鲜艳的物品，使自己在丛林中显得明显。

（2）卸下救生滑梯和救生船，建立避难所。

（3）启动应急定位发射机。

（4）熟悉救生包里的物品。

（5）发送求救信号时要选择开阔地带，避免引发丛林火灾。

2. 严寒/极地求生

若飞机迫降在雪地，冬季气温通常在零下，且伴有大风，尤其是在极地地区，气温一般在 -60~-50℃。当人体发生颤抖，表明人体体温已经开始下降，若体温低于 30℃，则极易发生生命危险。因此，严寒/极地求生时要注意以下几点。

（1）撤离时携带救生衣做御寒保护。

（2）卸下救生滑梯和救生船，建立避难所，指挥乘客尽快进入避难所避寒。

（3）启动应急定位发射机。

（4）在保证安全的前提下，机组成员可返回客机，收集客舱内的毛毯和枕头，再分配给幸存者。

（5）不得饮用含酒精的饮料，引用含酒精的饮料会使人体的体温升高，加速热量散失。

（6）机组成员应经常指挥乘客做温和的运动，如屈伸腿部，运动手指、脚趾等。

（7）不要让乘客同时入睡，安排人员轮流值班。
（8）时常为避难所通风。
（9）不要在暴风雪来临时迁移。
（10）避开浮冰，避免陷入冰水中（在冰水中 4min 会使暴露部分冻僵，7min 会丧失意识，15~20min 会死亡）。

注意：体温低于 30℃对身体有害。

（11）熟悉救生包内的物品。
（12）生火。
① 利用生火烘烤取暖。
② 利用岩石、圆木、泥土等在生火堆旁搭建土墙，将热量反射至身体上或避难所内。
③ 食用加热的食品和饮料。
（13）避免身体弄湿或长时间待在潮湿的环境中，尽可能搭建避难所。
（14）小组聚集取暖，几个人组成一个小组，面向中心手臂相搭，挤成一团，防止热量失散。
（15）穿戴所有衣物，将身体、手和脚裹起来进行保暖，并理解和做好"COLD"求生原则，"COLD"求生原则的含义如表 7-1-1 所示。

表 7-1-1 "COLD"求生原则的含义

英文简写	英文全称	中文含义
C	CLEAN	保持清洁
O	（AVOID）OVERHEAT	避免过热，适当通风
L	LOOSE	身体过热时，衣服宽松，允许热量散发
D	DRY	保持内衣和外套干燥

3. 沙漠求生

沙漠主要是指地面完全被沙砾覆盖、空气干燥的荒芜地区。通常情况下，沙漠地区的气候干燥、雨量极少，年降水量在 250mm 以下。另外，沙漠地区的日平均温差变化极大，最高可达 70℃。因此，沙漠求生相对比较困难，沙漠求生时需要注意以下几点。

（1）携带救生衣，以备夜间御寒。
（2）卸下救生滑梯和救生船，建立避难所，指挥乘客尽快进入避难所避寒。
（3）启动应急定位发射机。
（4）整理现有物资，将水源保留给失血者、呕吐病人或腹泻病人。
（5）尽可能躲避太阳照射，最好在清晨、夜间寻找水源和食物。
（6）熟悉救生包内的物品。
（7）寻找水源。
① 从绿洲、河床底部的水洞、沟坎中寻找水源。
② 仙人掌类植物中富含水分。

③ 昼夜温差大时，凝结水蒸气取水。
④ 在沙丘的最低处，奋力下挖可能会找到水源。
（8）防止体液缺损。
① 及时补充水分，流汗是人体降温机制，体液减少时，也会大汗不止。
② 夜间生火取暖或煮水饮用（灌木或大型动物粪便都很易于燃烧）。
③ 全身着衣，白天不要脱下衣服，否则会增加汗量，衣服应宽松。
④ 使用头巾，可以防晒和隔热，还能防止沙暴迷眼。
（9）保护好眼睛。
（10）不要光脚或穿凉鞋在热沙中行走，防止皮肤烫伤。
（11）防止食物变质，食品开启后应尽量吃完。

4. 应对酷暑

（1）搭建避难所，可在树荫下，防止阳光直射，保持通风。
（2）避免白天外出，注意休息，如必须外出，应戴上遮阳帽/罩。
（3）尽量把工作安排在夜间，行动不图快，慢慢做。
（4）阳光下尽量穿白色或浅色衣服，不要脱下湿衣服，防止皮肤晒伤。
（5）多喝水，适当补充盐分。

七、其他应急求生基本技能

1. 建立信号与联络

客机迫降后，幸存者建立信号与联络的方法有以下几种。国际通用的求救信号"SOS"，可以直接在地上写出，也可通过无线电、灯光和声响等方式发出。

2. 求救方式

（1）使用应急定位发射机发射求救信号：陆地和水上都可以使用，同时在民用遇难、军用遇难和全球卫星搜救三个频率上发射遇难呼救信号。
（2）看见救援飞机或船只时，使用救生包内的日夜烟火信号弹和反光镜发送求救信号。
（3）手电筒光：发送"SOS"莫尔斯代码（三短、三长、三短）求救信号。
（4）使用哨子声响：发送"SOS"求救信号，也可用1min发出6次哨音，包括挥舞6次或闪光6次，间歇1min后，重复发送。
（5）生火燃烧：白天使用烟雾、晚上使用火光发送求救信号。
（6）利用飞机残骸，如滑梯、救生衣等颜色明显的物品，或玻璃、整流罩反光等发送求救信号。
（7）使用手机信号发送求救信号，保持手机信号和电源的续航时间至关重要，手机可利用充电宝充电，尽量节省电量，每隔一段时间求救一次，不要同时使用手机。

3. 信号方式

（1）光火信号：收集干柴和干草等，点起三堆火，利用等腰三角形排列的三堆火焰是一种国际通用遇难信号。火堆的距离应相隔25m，火堆应选择在开阔的地带，避免森林，为防火势蔓延，火堆周围可搭建防火小墙。
（2）烟雾信号：火光求救信号在白天不明显，使用烟雾是更好的选择，方法同火光信号的搭建方法，在火堆上添加绿草、绿叶、苔藓、蕨类植物或任何其他潮湿的物品，更容易使火堆升起大量浓烟。

（3）图形信号：用树枝、石头或衣物在空地上堆砌出"SOS"或其他求救符号。国际公认的求救符号有 5 种，见表 7-1-2。

（4）地对空信号：

① 使用树木、树叶、石头、雪等天然醒目材料或火光或烟雾等，摆成需要救助的图像，吸引空中救援人员的注意。

② 信号图像宽度不小于 1m，长度应至少 2.5m（8ft），并尽可能使之醒目。

③ 国际公认的求救符号可见表 7-1-2。

表 7-1-2　国际公认的求救符号

符　　号	含　　义
→	表示求救者的方向
X	表示求救者需要医疗救助
Y或N	表示"是"或"不是"
V	表示求救者需要帮助
SOS	表示需要救援

制作求救信号时，应注意以下几点。

① 做好发信号的一切准备，保证信号的有效性。

② 定时检查求救信号，确保信号在 24h 内都有效。

③ 为了防止铺设的物体产生阴影，求救符合应该沿东西方向铺设。

④ 用火作为信号时，应选择离树较远的孤立地带，避免引起火灾。

⑤ 保护好信号材料不受冷、受潮。

（5）空对地信号：当救援飞机看到地面的求救信号后，一般会采取以下方式中的一种作为应答。

① 白天客机摇摆机翼；晚上闪烁两次着陆灯/航行灯。该行为表示收到信息并会采取救援行动。

② 客机向右盘旋或亮起红灯。该行为表示收到信息但不理解符号的含义。

（6）身体语言：通过肢体动作，向空中救援人员发出信号，做动作时，幅度尽量大，表达清晰。

（7）标记信号：

① 当离开失事地点或营地时，应分段做好标记，例如制作一些大型的箭头形状表明行进的方向，使搜寻人员能理解寻找，也便于自己返回。

② 用岩石或碎石片摆成箭头形状表示行进方向。

③ 用棍棒支撑在树杈间，顶部指着行进方向。

④ 在一束草的中上部系上一结，顶端弯曲表示行进方向。

⑤ 在地上摆放分叉的树枝，分叉点指向行进方向。

⑥ 用小石块垒成一个大石堆，在边上再放一小石块指向行动方向。

⑦在树干上刻写箭头形状,箭头表示行进方向。
⑧用木棒或石头摆成交叉标记,表示此路不通。
⑨用岩石、木棒或灌木摆成3条平行线形状,表示有危险或紧急。

八、陆地撤离求救设备

1. 应急定位发射机(型号 ADT 406S)

应急定位发射机,型号 ADT 406S,如图 7-1-1 所示。

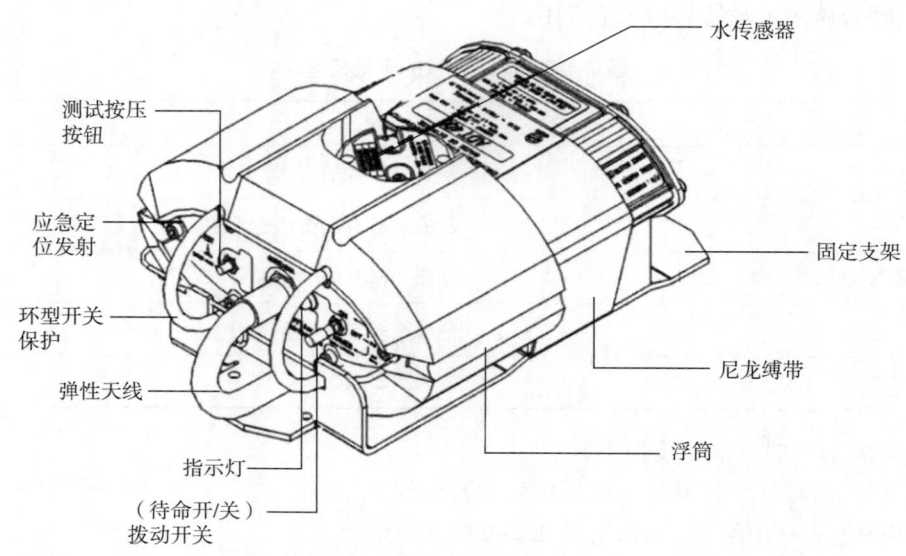

图 7-1-1　应急定位发射机(型号 ADT 406S)

应急定位发射机也称信标机(Emergency Locator Transmitter,ELT),用于为应急撤离后的救援提供一个方位信号,陆地和水上都可以使用,同时在民用遇难、军用遇难和全球卫星搜救三个频率上发射遇难呼救信号,它的航前检查方法如下:①固定在指定位置且数量正确;②开关保护盖在位,天线固定完好;③开关置于 ARMED 位置。

型号 ADT 406S 的应急定位发射机使用方法如下。

1)水上使用方法(自动激活)
(1)取下天线保护盖,天线自动竖直。
(2)确认发射机开关在 ARMED 位。
(3)将绳索展开系在救生船上。
(4)将发射机缓慢浸入水中。
(5)水传感器激活发射机,指示灯亮,工作报警鸣响。
(6)终止发射时,将发射器从水中取出平放在救生筏上即可。

2)陆上使用方法(手动激活)
(1)取下天线保护盖,天线自动竖直。
(2)确认周围没有障碍物,天线呈竖直状态。
(3)将开关转换至 ON 位置。

（4）发射机开始自测程序。
（5）自测后 30s 开始发射信号，信号发射期间，指示灯亮，工作报警鸣响。
（6）终止发射时，将开关调至"OFF"的位置即可。
3）注意事项
（1）发射机工作时，天线必须保持在垂直状态，周围无障碍物。
（2）发射机在飞机上存储时，必须远离液体，不得随意拆卸。
（3）一旦发射机被意外激活，立即关闭发射机并向最近的航空管制报告。
（4）每次只使用一个。
（5）使用时间一般为 48h。

2. 应急斧

紧急情况时用于劈开轻型结构、去除壁板、窗户等。应急斧把手为绝缘材质，可绝 2400V 电压，可以防止使用者不慎接触高压电触电。

任务计划

一、注意事项

（1）进入实训舱应穿空乘学员训练服、鞋套，以空中乘务员标准进行盘发、化妆，佩戴三根指针的手表（时针、分针、秒针），按规定佩戴首饰。
（2）学生实训及操作设备期间，实训舱内必须有教师进行指导和监护。在非监控阶段，学生不得随意进出、使用相应实训设施设备。
（3）学生应留意实训舱附近的站立禁区（通常用黄黑警戒线标识），不得随意踏入，以免造成危险。
（4）学生在进行陆地求生实训时，应爱惜舱内实训物品，按程序操作，使用完的实训物品应及时归位并固定。

二、制订陆地求生方案

在教师的指导下，查阅相关资料及教学视频，小组讨论并制订陆地求生方案。

任务决策

各小组选派代表阐述任务计划，小组间相互讨论，提出不同看法，教师总结点评，完善方案。

任务实施

在教师的指导下完成乘务组分组，完成表 7-1-3 "陆地撤离后求生"任务实施表及表 7-1-4 "陆地撤离后求生设备使用"任务实施表。

表 7-1-3 "陆地撤离后求生"任务实施表

担任号位			机型	
任务实施流程				
作业内容	具体作业内容		具体情况记录	结果记录
求生方案	（1）组内每位成员的分工			是□ 否□
	（2）撤离客机的步骤			是□ 否□
	（3）离开客机后的处置步骤			是□ 否□
	（4）获取食物和水源的方法			是□ 否□
	（5）辨别方向的方法			是□ 否□
	（6）是否需要建立避难所及其原因			是□ 否□
	（7）发送求救信号的方法			是□ 否□

表 7-1-4 "陆地撤离后求生设备使用"任务实施表

担任号位			机型	
任务实施流程				
作业内容	具体作业内容		具体情况记录	结果记录
应急定位发射机（ADT 406S）	水上使用方法	（1）取下天线保护盖，天线自动竖直		是□ 否□
		（2）确认发射机开关在 ARMED 位		是□ 否□
		（3）将绳索展开系在救生船上		是□ 否□
		（4）将发射机缓慢浸入水中		是□ 否□
		（5）水传感器激活发射机		是□ 否□
		（6）指示灯亮，工作报警鸣响		是□ 否□
	陆上使用方法（手动激活）	（1）取下保护天线盖，天线自动竖直		是□ 否□
		（2）确认周围没有障碍物，天线呈竖直状态		是□ 否□
		（3）将开关转换至 ON 位置		是□ 否□
		（4）发射机开始自测程序		是□ 否□
		（5）自测后 30s 开始发射信号		是□ 否□
		（6）信号发射期间，指示灯亮，工作报警鸣响		是□ 否□

续表

作业内容		具体作业内容	具体情况记录	结果记录
应急定位发射机（ADT 406S）	注意事项	（1）发射机工作时，天线必须保持在垂直状态，周围无障碍物		是□ 否□
		（2）发射机在飞机上存储时，必须远离液体，不得随意拆卸		是□ 否□
		（3）一旦发射机被意外激活，立即关闭发射机并向最近的航空管制报告		是□ 否□
		（4）每次只能用一个		是□ 否□
		（5）使用时间一般为48h		是□ 否□

质量检查

一、乘务组自检

各乘务组根据任务实施的记录结果（表 7-1-5），对本小组的作业内容进行再次确认。

表 7-1-5　任务实施记录表

序号	检查项目	检查结果
1	仪容仪表与着装符合空乘实训规范	是□ 否□
2	已完成号位分工	是□ 否□
3	已确认各自区域应急设备	是□ 否□
4	已按照陆地撤离后求救设备使用单完成检查	是□ 否□
5	已将应急设备归位	是□ 否□
6	已知晓实训安全守则	是□ 否□

二、教师检查

教师根据各乘务组作业完成情况进行质量检查，选择优秀乘务员进行作业情况展示，针对任务实施过程中出现的问题提出改进措施与建议。

课后提升

陆地撤离后的求生是客舱乘务员必须掌握的技能，请同学们检索网上相关信息，观看陆地求生相关的视频，也可以扫描二维码学习应急定位发射机的使用，根据视频内容进行模拟练习。

应急定位发射机

评价反馈

学习小组能够按乘务组的合理分工与安全职责来合作完成陆地迫降后的求生任务。完成表 7-1-6 "陆地撤离后求生——应急定位发射机"作业评价任务后,结合个人、小组在课堂中的实际表现进行总结与反思。

表 7-1-6 "陆地撤离后求生——应急定位发射机（ADT 406S）"作业评分表

班级			姓名			
乘务组成员			号位			
一级	二级		三 级	配分	得分	判定依据
标准程序应用	设备使用	航前检查	□未检查在指定位置且数量正确扣 5 分	5		
		水上使用方法	□未取下天线保护盖扣 5 分	5		
			□未确认发射机开关在 ARMED 位扣 5 分	5		
			□未将绳索展开系在救生船上扣 5 分	5		
			□未将定位发射机缓缓浸入水中扣 5 分	5		
			□未等水传感器激活定位发射机扣 5 分	5		
			□未观察水里应急定位发射机指示灯是否亮起,是否工作扣 5 分	5		
		陆上使用方法（手动激活）	□未取下保护天线盖扣 5 分	5		
			□未确认周围没有障碍物,天线呈竖直状态扣 5 分	5		
			□未将开关转换至 ON 位置扣 5 分	5		
			□未等待应急定位发射机 30 秒自测扣 5 分	5		
			□未观察应急定位发射机信号发射期间,指示灯亮,工作报警鸣响扣 5 分	5		
		注意事项	□未观察发射机工作时,天线必须保持在垂直状态,周围无障碍物扣 5 分	5		
			□未确保发射机在飞机上存储时,必须远离液体,不得随意拆卸扣 5 分	5		
			□一旦发射机被意外激活,未立即关闭发射机并向最近的航空管制报告扣 5 分	5		
			□未确保每次只能使用一个定位发射机扣 5 分	5		
			□不清楚每只定位发射机使用时间大约为 48 小时扣 5 分	5		

续表

一级	二级	三级	配分	得分	判定依据
核心素养	情景意识	□未能将应急定位发射机快速从支架上释放扣5分	5		
	信息沟通及协作	□未汇报应急定位发射机使用情况或汇报不准确扣5分	5		
	判断与决策	□未有效判定水上使用方法或是陆上使用方法扣5分	5		

任务二　水上求生

✈ 任务情境

飞机迫降到海面，机体在逐渐下沉，形成危险漩涡，客舱乘务员在水上撤离时释放的撤离滑梯此时漂浮在海面，相当于一艘艘救生筏，当机上所有人员登上救生筏后，乘务员将会拉动断开手柄，使救生筏与机体分离，并组织所有身着救生衣的乘客一起用手拨动水面，共同将救生筏驶离正在下沉的机体。当救生筏来到安全区域，客舱乘务员清点人数、检查乘客身体状况，对受伤乘客进行简单急救处理，利用身边的一切资源进行自救。同时使用应急定位发射机，向外界发出求救信号，以便尽早获得救援。通过本任务的学习来识别救生筏和救生包内的物品，并熟练掌握这些物品的作用及相应的使用方法。

任务目标

1. 发展能力
◎ 能够快速识别救生筏上和救生包内的求生物品。
◎ 掌握水上求生的基本技能。

2. 操作能力
◎ 能够熟练地使用救生筏上和救生包内的求生物品，掌握修补钳的实际操作。
◎ 能够熟练地掌握水中拖带的救人技能。
◎ 能够熟练地完成水中取暖的技能指导。

3. 职业素养
◎ 课堂上紧跟老师的学习进度，积极参与水上训练厅内的实操练习。
◎ 10人为一组，互相帮助完成救生筏上天蓬的支撑。
◎ 情景模拟练习中，组员之间积极配合，完成双人制的水中拖带的救援任务。

任务书

_____是一名乘务员，某航班在遭遇水上撤离之后，组织乘客们展开自主救援。接到任务后，对照救生筏及救生包内应急设备的操作工单，开始对本次任务中的相关求救设备进行识别与操作练习。

▶ 信息获取

一、圆形救生筏上的求生设备

圆形救生筏没有正反面之分，充气展开后分为上、下两层，每一层均可以从提示之处找到相应的求生设备。

1. 钩形小刀

（1）安装在系留绳的旁边。为了避免救生筏在充气的过程中被刀尖刺破，故特别设计为圆头的钩形状（图 7-2-1）。

（2）用来割断系留绳，将救生筏与飞机脱离开。

2. 登筏软梯

供落水者登筏使用（图 7-2-2）。

3. 定位灯

（1）与救生衣上的指示灯一样，是利用水驱动电池工作的（图 7-2-3）。

（2）位于登筏软梯的附近，可以为乘客在黑暗环境中从水中登筏时提供照明。

（3）灯光也可以帮助营救人员在恶劣的天气中识别救生筏的位置。

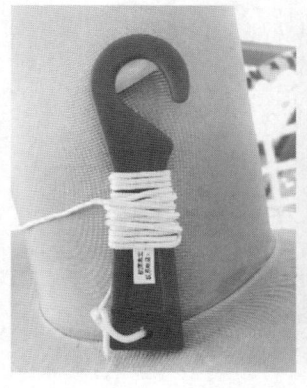
图 7-2-1　钩形小刀

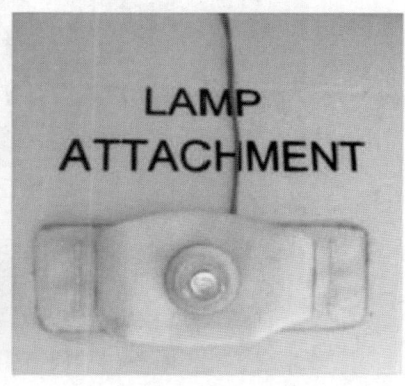
图 7-2-2　登筏软梯　　　　图 7-2-3　定位灯

4. 充气阀门

（1）当救生筏充气不足时或破损修复后，可以通过充气阀门连接人工充气泵向里补气（图 7-2-4）。

（2）若救生筏充气充足时，为了避免在阳光暴晒后产生热胀效应，可以打开充气阀，按压阀门开关来排除部分气体（图 7-2-5）。

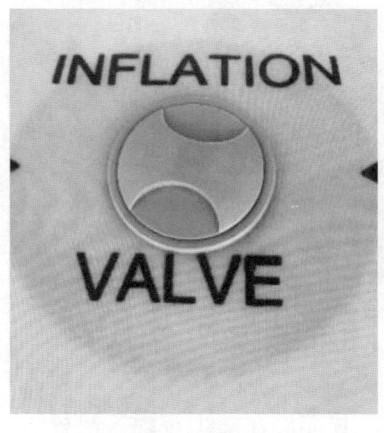
图 7-2-4　充气阀门

图 7-2-5　按压式的排气阀门

5. 海锚

（1）该海锚为一个伞状的尼龙织物，用绳子系在救生筏的外侧边缘（图 7-2-6）。

（2）海锚的作用为减少救生筏在水上的漂荡或原地打转。

（3）抛放海锚时，应先将它完全展开，然后在救生筏逆风的一侧放入水中。

6. 救生绳

（1）救生绳是一根连接着橡皮环的缆绳（图 7-2-7）。

（2）可以用来营救落水者，即将橡皮环抛给落水者，将其拉至登筏软梯附近；或将橡皮环套在自己手上，下水去营救落水者。

（3）救生绳长 7~8m，可用于救生筏与救生筏之间的连接。

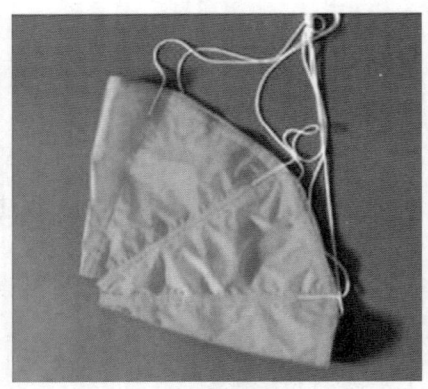 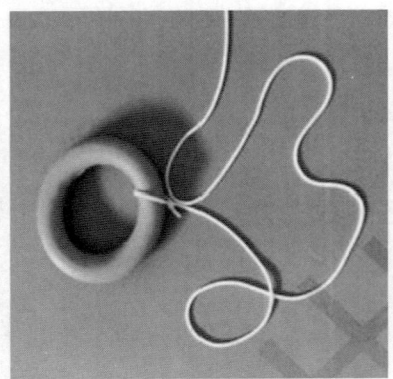

图 7-2-6　海锚　　　　　　　　图 7-2-7　救生绳

7. 救生包

在救生筏充气时，救生包将自动落入水中，当救生筏远离飞机后可以将其从水中捞出，使用救生包内的各种物品展开自救（图 7-2-8）。

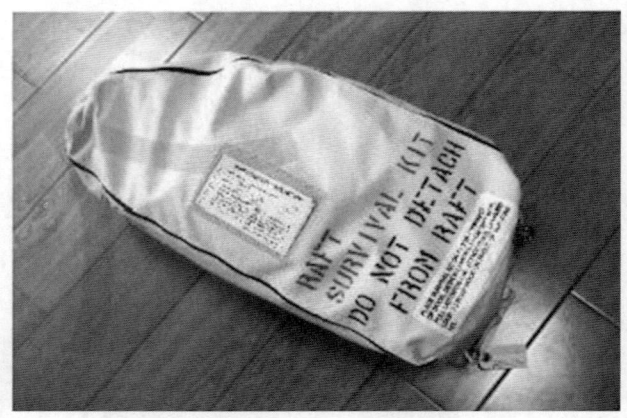

图 7-2-8　救生包

二、救生包内的求生设备

救生包是为应急撤离后的自救而提供的设备。其存放在救生筏内、滑梯包内或客舱靠近出口的行李架内。如存放在行李架内，乘务员必须在撤离时携带离开。

1. 求生手册

（1）求生手册是由防水材料印制而成的（英文版），浸水后不易腐烂（图 7-2-9）。

（2）求生手册用来提供救生筏及相关设备维护和详细的求生说明。

图 7-2-9　求生手册

2. 水净化药片

（1）水净化药片用来净化收集到的雨水等（图 7-2-10）。

（2）一片药片可以净化一升水，净化时间为 10min。

（3）若水质过差，可增加净化药片数量，并延长净化的时间。

（4）净化后的水必须控制饮用。

（5）该水净化药片不能用来净化海水。

3. 多功能小刀

（1）多功能小刀专门用来维护设备使用的（图 7-2-11）。

（2）在野外求生时，也可用以切割食物。

（3）使用时，需将小刀上的绳子固定在手上，防止小刀滑入水中。

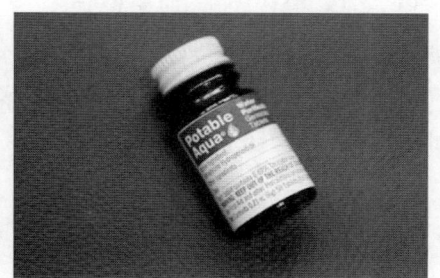

图 7-2-10　水净化药片

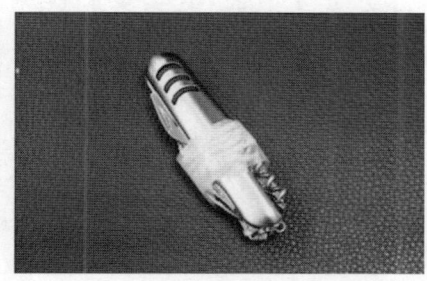

图 7-2-11　多功能小刀

4. 饮用水

（1）饮用水指的是可以直接引用的淡水，一般会配备 8 袋软包装的饮用水，每袋 125mL 左右（图 7-2-12）。

（2）饮用水需要妥善保管，必要时才能够使用。

5. 口哨

（1）口哨可以反复使用，在使用前，应当先将口哨上的绳子固定在身上（图 7-2-13）。

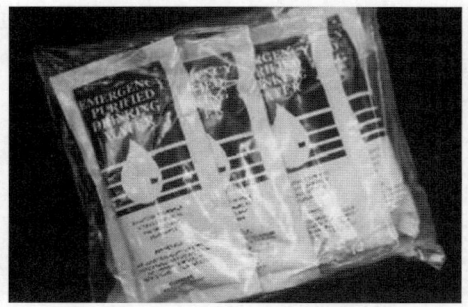

图 7-2-12　饮用水

图 7-2-13　口哨

（2）在大雾天或夜晚时，可以采用吹口哨的方式召唤幸存者。

（3）在野外求生中，可以通过口哨吹出"SOS"（三短、三长、三短）的求救信号。

6. 海水染色剂

（1）海水染色剂可以将救生筏周围的水域变成荧光绿色，以此来发出求救信号（图 7-2-14）。

（2）撕去最外层的透明薄膜，将黑色绳子系在救生筏上。

（3）橙色的染色剂储藏部位遇水即化，可以将救生筏周围 300m 染成荧光绿色（图 7-2-15）。

图 7-2-14　海水染色剂　　　　　图 7-2-15　遇水后显示的荧光绿色

（4）可以用手拨动海水来增加水的流速，使染色剂可以尽快散开。

（5）海水染色剂的持续使用时间为 45min。若是波涛汹涌的海面，使用的时间会缩短。

（6）使用时应当选择在救生筏的逆风位（即风的上侧）。

7. 信号反光镜

（1）使用信号反光镜可以对过往的飞机和海上的船只折射太阳光，发出求救信号（图 7-2-16）。

（2）将绳子套在脖子或手腕上，防止在使用过程中掉落。

（3）将有涂层的一面贴近眼睛。

（4）将反射光源照到参照物上，通过观察孔可以看到一个白色小亮点。

（5）慢慢移动反光镜，使白色小亮点与目标重叠。

（6）镜面反射光视程可达到 23km。

（7）信号反光镜可以反复使用。

8. 水驱动手电筒

（1）水驱动手电筒可以用来照明及发射求救信号（图 7-2-17），光照范围在 15km。

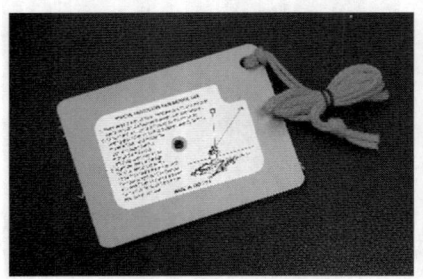 

图 7-2-16　信号反光镜　　　　　图 7-2-17　水驱动手电筒

（2）打开手电筒上的盖子，将海水灌入，或固定好绳子，将手电筒直接放入海水中。
（3）当光减弱时，可以再次灌入海水，继续使用。

9. 日夜烟火信号弹

（1）日夜烟火信号弹用于向外界发射应急求救信号，有白天使用和夜晚使用两种功能。
（2）橘黄色、平滑的一端用于白天（图7-2-18）。
（3）打开塑料保护盖，拉动圆形金属拉环（图7-2-19）。

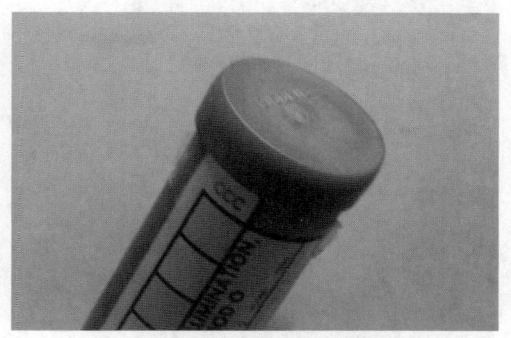

图 7-2-18　橘黄色、平滑的一端

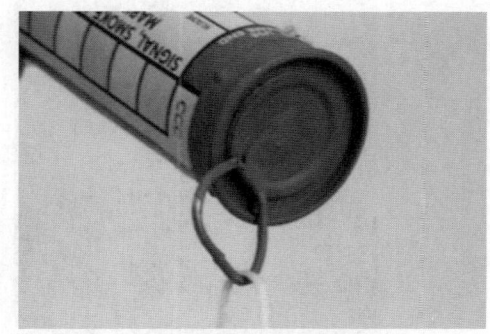

图 7-2-19　圆形金属拉环

（4）开关启动后，能发射出明亮的橘红色烟雾。
（5）在晴朗、无风的天气可以在12km外看到，烟雾将持续20s。
（6）橘红色、有三个凸出圆点的一端用于夜晚（图7-2-20）。
（7）打开塑料保护盖，拉动金属环形拉环（图7-2-21）。

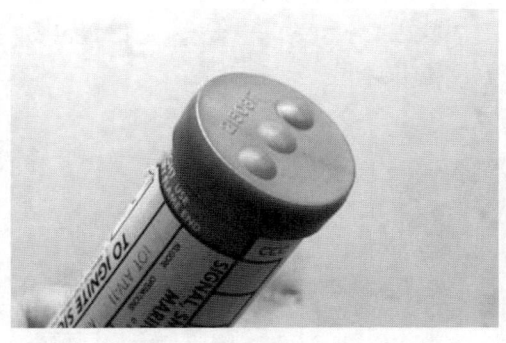

图 7-2-20　三个凸点的一端

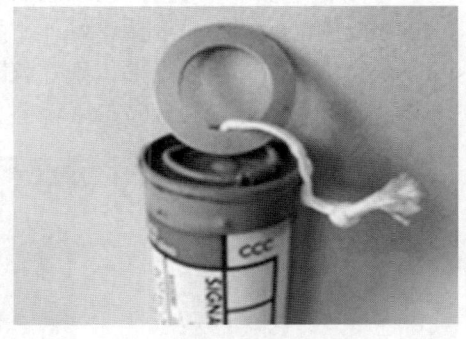

图 7-2-21　金属环形拉环

（8）开关启动后，信号弹将会喷射出闪亮的红色光柱。
（9）在晴朗的夜晚可以在5km外看到，亮光将持续20s。
（10）烟火信号弹在使用时会发热、发烫，操作时可以戴上手套。
（11）在水上迫降时，应该在救生筏的风下侧握住信号弹，并伸出筏外，与水平面成45°角的位置进行释放。防止因燃烧产生的物质掉落烧坏救生筏或烫伤筏上的人员。
（12）由于持续发射信号时间较短，故只有在能够被营救的飞机或船只看到或接近时才能使用烟火信号弹。
（13）使用完，将燃烧过的一端浸入水中。冷却后，保存好信号弹未使用的一端，在需要时可以继续使用。

10. 修补钳

（1）修补钳专门用来修补有破损的救生筏面。外观看似一个贝壳（图 7-2-22）。修补钳分为上、下两片，由一根铅丝连接（图 7-2-23）。

图 7-2-22　修补钳

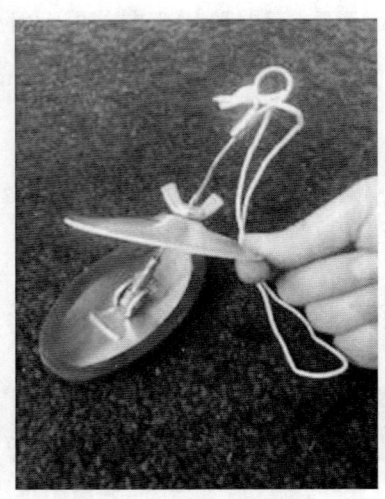

图 7-2-23　修补钳结构

（2）将绳子套在手腕上，防止修补时滑落。

（3）若破损口过小，无法正常塞入修补钳，请用多功能小刀将破损口切割至大小适合的位置。杜绝用手将破损口撕开，打开修补钳（图 7-2-24）。

（4）将带有橡胶圈的垫片塞入破损处。

（5）拉住铅丝，小幅度调整修补钳的位置（图 7-2-25）。

（6）确认破损部位已全部位于橡胶圈内，将盖片压下封严。

（7）放下翼形螺帽并旋转拧紧（图 7-2-26）。

图 7-2-24　切割破损口

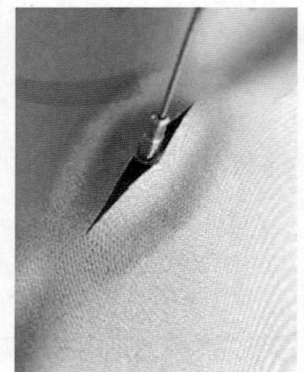

图 7-2-25　调整修补位置

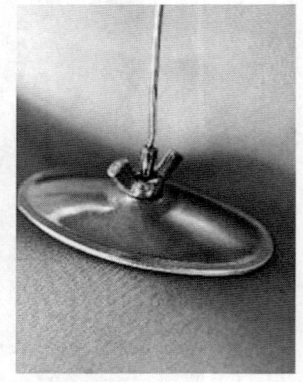

图 7-2-26　固定修补钳

11. 人工充气泵

（1）人工充气泵主要用于向救生筏气囊充气（图 7-2-27）。

（2）打开救生筏上的充气 / 排气阀门。

（3）将人工充气泵放在阀门上进行旋转固定。

（4）反复按压人工充气泵的风箱，使救生筏充气。

（5）充气完毕，将人工充气泵移开并关闭充气/排气阀门。

12. 舀水桶和吸水海绵

（1）救生包内配有一个折叠式舀水桶（图 7-2-28），以及数块吸水海绵（图 7-2-29）。

（2）舀水桶既可以用来收集淡水，也可以用来舀出救生筏内的积水。

（3）海绵用于吸收救生筏内的积水。

图 7-2-27　人工充气泵

图 7-2-28　舀水桶

图 7-2-29　吸水海绵

三、水上求生

当飞机在水域上方遭遇紧急情况，机长决定采取水上迫降后，所有机组人员将以最快的速度，利用机载救生设备指导乘客们离开迅速下沉的飞机，并运用熟练掌握的水上求生知识和专业技能，帮助乘客们克服水上的困难和危险，延长遇险人员生存的时间，直至脱险获救。

1. 水中拖带

当落水者因受伤或体力不支而无法游向救生筏时，乘务员应当下水对落水者进行营救，一手抓住落水者颈后部的救生衣（图 7-2-30），采用适合的泳姿将落水者拖带到救生筏的附近（图 7-2-31）。

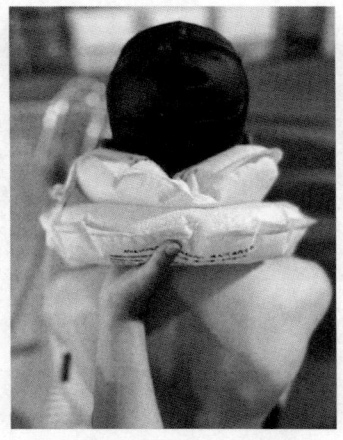

图 7-2-30　救生衣抓握处

图 7-2-31　水中拖带

2. 水中取暖

水中取暖分为单人取暖和多人取暖两种方式。通过紧密的身体接触，可以减少热量的散失，同时通过互相依靠来节省体力，确保人们能够在困难条件下保持浮力并等待救助。这种姿势通常在需要保暖或节省体力的情况下采用，如在寒冷的环境中或者等待救援时。

水上求生操作程序

（1）单人水中取暖应采取 HELP 姿势（heat escape lessening posture），即散热减缓姿势，两腿弯曲并拢，两肘紧贴身旁，两臂交叉抱住膝盖，尽可能地贴近胸部，这样能最大限度地减少身体表面暴露在冷水中，降慢了体热的散失速度；同时，使头部露出水面，以保持视野和避免伤害（图 7-2-32）。

（2）多人水中取暖应采取"HUDDLE"姿势（类似体育比赛围成一圈布置战术），即在单人取暖动作的基础上，多人紧紧靠拢，臂部交叉抱紧身体，围成一团，以尽量减少热量损失（图 7-2-33）。

图 7-2-32　单人水中取暖

图 7-2-33　多人水中取暖

3. 水中登筏

利用救生筏上的登筏软梯以及辅助手柄完成由水中登筏。双手抓住登筏软梯，确保每一步脚掌都能在梯绳上踩稳（图 7-2-34），直到能够抓住辅助手柄后，采用向上蹬的力量一步跨入救生筏（图 7-2-35）。

图 7-2-34　踩稳登筏软梯

图 7-2-35　水中登筏

4. 救生筏天蓬的支撑

支撑救生筏上天蓬的目的，可以防风、防雨、防晒，也可以在寒冷的环境中起到保暖的作用。此外，由于天蓬的颜色为鲜艳的红色，支撑后能够起到醒目的作用，在辽阔的水面上容易被救援队发现。支撑天蓬时，首先需要正确固定支撑杆（图 7-2-36），然后在筏上人员的通力合作下将天蓬固定到支撑杆上，再将天蓬向下拉，包住上层气柱（图 7-2-37）。若迫降时天气炎热，可将天蓬固定完之后向上翻起让空气流通（图 7-2-38）。

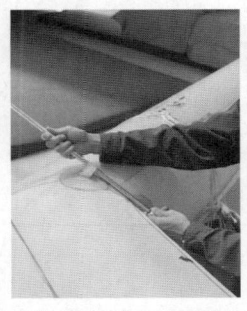  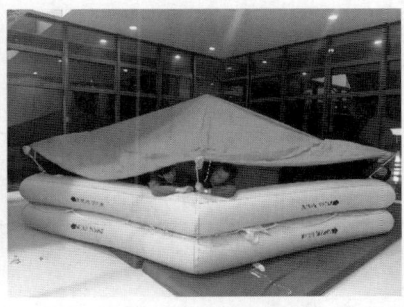

图 7-2-36　固定支撑杆　　图 7-2-37　支撑完的救生筏　　图 7-2-38　天蓬翻起的救生筏

任务计划

一、注意事项

（1）进入水上训练厅前，学生应准备水上训练装备，身着专业连体泳衣，佩戴泳帽，在教师指导下正确穿着救生衣。

（2）学生实训及操作设备期间，实训舱（水上训练厅）内必须有教师进行指导和监护。在非监控阶段，学生不得随意进出、使用相应实训设施设备。

（3）学生在水中训练全程应保持注意，保存体能，听从教师的指令，不得擅自在深水区域活动，以免造成危险。

（4）搭建天蓬等实训活动需要多人以小组为单位进行，团结协作，注意爱惜救生筏等充气设备，不得携带尖锐物品入内。

二、制订圆形救生筏支撑天蓬的流程

在教师的指导下，10 人为一组查阅相关资料及教学视频，小组讨论并制订圆形救生筏支撑天蓬的流程。

任务决策

各小组选派代表阐述任务计划，小组间相互讨论，提出不同看法，教师总结点评，完善方案。

任务实施

扫描二维码观看支天蓬教学视频,在教师的指导下完成乘务组分组,确保在小组合作的前提下,根据表 7-2-1 完成圆形救生筏天蓬支撑的步骤。

救生筏天蓬搭建

表 7-2-1　圆形救生筏天蓬支撑的步骤

步　　骤	操作要求
1. 固定支撑杆	穿过固定环扣与铆钉连接,中央支撑杆需连接后固定
2. 展开天蓬	确保有字的一面向内,且储水袋在内部
3. 连接天蓬	确保天蓬上的两处窗口对准登筏软梯
4. 整理天蓬	将天蓬包裹住救生筏的上层气柱

注:在救生筏上的所有操作均不能站立。

质量检查

一、乘务组自检

各乘务组根据任务实施的记录结果,完成表 7-2-2,对本小组的作业内容进行再次确认。

表 7-2-2　任务实施记录表

序号	检查项目	检查结果
1	仪容仪表与着装符合空乘实训规范	是□　否□
2	已知晓实训安全守则	是□　否□
3	已确认小组合作操作	是□　否□
4	已按照救生筏支撑天蓬的步骤进行操作	是□　否□
5	已按照操作要求全程在天蓬内按标准操作,未站立	是□　否□

二、教师检查

教师根据各乘务组作业完成情况进行质量检查,选择优秀乘务员进行作业情况展示,针对任务实施过程中出现的问题提出改进措施与建议。

能够快速识别救生筏和救生包内的应急设备,并可以熟练地使用这些应急设备进行自救或呼救是乘务员必须掌握的技能,由于这些设备并不是常见设备,受到条件限制,故要求学生在课上认真听讲并做好课堂笔记,在课后请同学们登录教学平台,观看相关应急设备的教学视频,加以巩固重要的知识点。

评价反馈

学习小组能够按要求在实训设备教室进行互助学习。完成表 7-2-3 "救生筏和救生包内应急设备的作用"作业评分任务后,结合个人、小组在课堂中的实际表现进行总结与反思。

表 7-2-3 "救生筏和救生包内应急设备的作用"作业评分表

班级			姓名		
乘务组成员			号位		
一级	二级	三　级	配分	得分	判定依据
救生筏上的设备	钩形小刀	□未能正确说出名称和该设备的作用扣5分	5		
	救生绳	□未说出救生绳的两种作用扣5分	5		
	海锚	□未能识别或未能说出操作方法扣5分	5		
	定位灯	□未能识别或不能说出启动方式扣5分	5		
救生包内的设备	水净化药片	□未能正确识别、不能说清使用方法和使用时间扣10分	10		
	海水染色剂	□未能正确识别、不能说清使用方法和使用时间扣10分	10		
	信号反光镜	□未能正确识别、不能说清使用方法和照射距离扣10分	10		
	日夜烟火信号弹	□未能正确识别扣10分,不能说清使用方法和使用时间扣10分	20		
	水驱动手电筒	□未能正确识别、不能说清使用方法和照射距离扣10分	10		
	修补钳	□未能正确识别、不能正确在修补架上操作扣10分	10		
	人工充气泵	□未能正确识别、不能说清使用方法扣10分	10